品牌评价研究丛书

文化品牌评估系统研发与应用

RESEARCH AND APPLICATION OF
CULTURAL BRAND EVALUATION SYSTEM

主　编　王建功
副主编　尉军平
　　　　江　成

社会科学文献出版社
SOCIAL SCIENCES ACADEMIC PRESS (CHINA)

本书受国家重点研发计划项目"视听媒体收视调查与文化品牌评估理论与技术"(编号:2017YFB1400500)资助

《文化品牌评估系统研发与应用》
编委会

主　编　王建功

副主编　尉军平　江　成

编　委（以姓氏笔画为序）

于　霄　　王　惠　　王平生　　王亚星　　王连洲
王宗水　　王建功　　孔泾源　　刘昱辰　　江　成
李大鹏　　李光斗　　李保民　　吴天林　　汪宏帅
沈新亮　　张　健　　张聪明　　周　君　　高希希
龚方雄　　尉军平

主编单位简介

亚洲星云品牌管理（北京）有限公司（英文简称 Asiabrand）是亚洲首家品牌价值系统化服务机构，于 2005 年在北京成立。Asiabrand 以亚洲品牌评价专家委员会和亚洲品牌研究院等科研机构为智库，开展品牌评价、品牌增值和品牌金融服务三大核心业务，致力于构建品牌金融生态链；拥有多项自主知识产权、专利技术和品牌评价独立科研成果，具有国家高新技术企业和中关村高新技术企业资质。

Asiabrand 在核心自主知识产权、科技成果转化能力、研究开发的组织管理水平、成长性指标等四项综合评定指标方面均符合国家审核标准，获得"国家高新技术企业"和"中关村高新技术企业"资质认定。

Asiabrand 自主知识产权研究成果突出，拥有由国家版权局颁发的六大计算机软件著作权登记证书。

2018 年 2 月，Asiabrand 凭借核心评价技术优势以及多年品牌评价经验，成功中标国家重点研发计划项目。在"现代服务业共性关键技术研发及应用示范"重点专项中，承担"视听媒体收视调查与文化品牌评估理论与技术"项目"文化品牌评估系统研发与应用"课题的研究工作。

Asiabrand 专家智库亚洲品牌评价专家委员会成立于 2006 年，由国内外知名品牌专家学者和专业人士组成，是最具权威性和影响力的品牌研究、评价专家智库之一。该专家委员会由摩根大通原亚太区董事总经理、中国投资银行主席龚方雄先生任主席，北京市人民政府新闻办原主任王惠女士任执行主席，亚洲品牌研究院院长周君先生任常务副主席。李保民、孔泾源、王亚星、王连洲等国内著名专家学者以及英国皇家建筑学会会长、知名设计师 Nigel Coates，英国"超级品牌"评委、品牌战略沟通专家

Emma Brock 等国内外各行业品牌专家共 50 人出任委员，组织编写了《亚洲品牌评价体系》和《企业品牌价值评价标准》（企业版）。

亚洲品牌研究院是亚洲品牌评价专家委员会的执行机构。

Asiabrand 连续十五年发布被誉为"亚洲品牌第一榜"的"亚洲品牌500强"榜单，为提升中国企业对品牌的认知，推动企业品牌价值有形化、资产化做出了重要贡献。

Asiabrand 还建立了集品牌评价、授信、贷款于一体的"品牌评价网"，将传统品牌评价手段提升到"人工智能＋大数据应用"的高度，并引入区块链技术，以更加安全、可控的手段，帮助企业进行品牌评价和品牌金融服务，为中小企业融资开辟更加便捷、更加可持续发展的线上融资渠道。

主要编撰者简介

王建功 著名品牌管理专家,品牌证券化开拓人,Asiabrand 创始人兼 CEO,外交部中国亚洲经济发展协会常务副会长,北京信息科技大学工商管理硕士(MBA)导师,"2013 癸巳年十大孔子儒商奖"得主;曾任《经济日报》之《中国经济信息》杂志社社长助理,国家发改委《中国改革》杂志社社会部主任、事业发展中心主任;长期致力于品牌管理事业,率先提出品牌证券化理论,被新华网誉为品牌证券化开拓人;清华大学经济管理学院国际经济专业结业;公开发表《试论品牌证券化》(《宏观经济研究》,2017 年第 10 期)等专业论文,著有《王建功论品牌》(经济日报出版社,2017)等专业论著。

尉军平 菲律宾黎刹大学(Jose Rizal University)工商管理博士研究生,中国政法大学工商管理硕士。亚洲品牌研究院副院长,研究方向为品牌管理、品牌评价。近年来参与了中国质量认证中心、海南供销大集酷铺商贸有限公司等单位的品牌价值评价项目,参与了"中国建筑装饰行业品牌建设及其价值评价""中医药非物质文化遗产品牌研究报告"等品牌评价项目,"亚洲品牌 500 强""中国品牌 500 强"等品牌榜单的研究工作,《中国企业品牌价值评价报告》等著作的编写工作。在《文化产业导刊》等期刊发表《文化企业的品牌价值评价方法研究》《文化品牌互联网影响力评估研究》《浅析文化与科技的融合》等品牌研究论文。

江 成 博士,首都经济贸易大学管理工程学院副教授,硕士生导师,首都经济贸易大学后备学科带头人、优秀中青年骨干教师,北京市优秀青年骨干教师，国家自然科学基金通讯评审专家。获得北京市委组织部"北京市优秀人才"培养资助。主要从事复杂网络理论与应用、社交媒体大数据建模与分析，以及人工智能算法优化研究。主持、参与完成国家自然基金项目、北京市社会科学基金项目、北京市自然基金项目、北京市教育委员会科技项目、企事业单位委托项目等 10 余项课题，发表国际知名 SCI 期刊论文和国内高水平期刊论文 20 多篇。目前担任 *Soft Computing* 客座编辑、*Knowledge-Based Systems* 期刊杰出审稿人。

目　录

绪　论 ·· 001

第一章　文化品牌的内涵 ·· 004
第一节　文化的概念与内涵 ·· 004
第二节　文化产业与文化品牌的内涵 ·· 010

第二章　品牌评估的方法 ·· 025
第一节　以财务因素为主的评估方法 ·· 027
第二节　以"市场因素+财务因素"为主的评估方法 ···················· 029
第三节　以"消费者因素+财务因素"为主的评估方法 ················ 032
第四节　以"消费者因素+市场因素"为主的评估方法 ················ 032

第三章　文化品牌评估的研究现状及意义 ··································· 034
第一节　文化品牌评估的研究现状 ··· 034
第二节　文化品牌评估的意义 ··· 051

第四章　文化品牌评估的相关研究 ··· 057
第一节　文化品牌评估的因素 ··· 057
第二节　文化品牌评估的指数设计 ··· 060
第三节　文化品牌价值评价体系 ·· 064

第四节　文化品牌评估模型 …………………………………… 066

第五章　文化品牌互联网影响力研究 …………………………… 073
　　第一节　文化品牌互联网影响力的基本概念 ………………… 074
　　第二节　文化品牌互联网影响力评估模型 …………………… 077
　　第三节　文化品牌互联网影响力评估的技术路径 …………… 088
　　第四节　文化品牌互联网影响力对于品牌价值的影响 ……… 094
　　第五节　文化品牌互联网影响力指数系统 …………………… 095

第六章　文化品牌资源数据库研究 ……………………………… 114
　　第一节　大数据应用 …………………………………………… 114
　　第二节　大数据采集、存储和处理技术及应用 ……………… 115
　　第三节　数据评价模型 ………………………………………… 151

第七章　品牌知识库－文化品牌智能决策支持系统 …………… 152
　　第一节　系统功能 ……………………………………………… 152
　　第二节　创新点 ………………………………………………… 171

第八章　文化品牌评估的应用研究 ……………………………… 172
　　第一节　中国文化品牌互联网影响力指数排行榜 …………… 172
　　第二节　中国文化品牌评估案例 ……………………………… 192

附录一　企业品牌价值评价标准 …………………………………… 213
附录二　文化品牌影响力评价标准 ………………………………… 234
附录三　文化品牌互联网影响力评价标准 ………………………… 246
附录四　互联网文化品牌决策管理体系标准 ……………………… 253
附录五　互联网文化品牌热点事件影响力评价标准 ……………… 260
参考文献 ……………………………………………………………… 269

绪 论

20世纪90年代以来，以信息技术革命为中心的科学技术迅猛发展，国际竞争日益激烈。作为民族凝聚力与创造力的重要源泉，文化在国家竞争中占据了重要的地位，已经成为一个国家综合国力的重要因素。随着人类社会发展面临的环境与资源问题日益突出，文化产业发展的重要性被越来越多的国家所重视，英国提出的发展文化创意产业，日本提出的"文化立国"战略等，[①] 都体现了发展文化产业被上升到了国家战略的高度。文化产业是世界经济发展的必然选择，也是科学进步的必然结果和文化崛起的必然要求。

改革开放通过不断优化文化产业发展的环境，从而产生了积极广泛的影响，极大地促进了中国文化产业的发展与繁荣。文化及相关产业保持平衡快速增长，占GDP比重稳步提升，在经济转型升级、可持续发展中起到了重要的推动作用。

2004年，中国文化及相关产业增加值仅为3440亿元，占GDP比重为2.15%。2016年，中国文化及相关产业增加值为30785亿元，比上年增长13.0%，占GDP的比重为4.14%，比上年提高0.17个百分点。2017年，中国文化及相关产业增加值为34722亿元，占GDP的比重为4.2%，比上年提高0.06个百分点。2018年，中国文化及相关产业增加值为41171亿元，占GDP的比重为4.48%，比上年提高0.28个百分点。2019年，中国文化及相关产业增加值为44363亿元，比上年增长7.8%，占GDP的比重为4.5%，比上年提高0.02个百分点。

---

① 范周：《中国文化产业40年回顾与展望》，商务印书馆，2019，第2页。

中国文化的发展经历了萌芽期、初步形成期、快速发展期，当下中国文化产业已经进入全面提升期，成为中国经济高质量发展推动力量中的一支重要引擎。①

党的十四大提出"积极推进文化体制改革"②，文化产业发展开始由单纯的"以文补文"进入初级发展阶段，主要表现为文化产业快速发展，文化需求朝着娱乐型、多样化和可参与性方向发展，民营资本在激活文化市场活动、发展文化产业方面发挥了重要的作用。③

2002年，党的十六大第一次在党的正式文件中科学地区分了文化事业与文化产业。2009年7月，国务院常务会议审议通过《文化产业振兴规划》，将文化产业列入"十一五"国家产业振兴规划，2010年10月提出在"十二五"期间"推动文化产业成为国民经济的支柱性产业"，文化产业正式列入国家战略性支柱产业。④

党的十七大提出"推动社会主义文化大发展大繁荣"，文化产业被纳入国家发展战略。⑤

近年来，建设社会主义文化强国已成为党和政府的工作重点之一。习近平总书记在党的十九大报告中强调："文化是一个国家、一个民族的灵魂。文化兴国运兴，文化强民族强。没有高度的文化自信，没有文化的繁荣兴盛，就没有中华民族伟大复兴。要坚持中国特色社会主义文化发展道路，激发全民族文化创新创造活力，建设社会主义文化强国。"⑥ 同时，党的十九届四中全会也提出要"深化文化体制改革，加快完善遵循社会主义先进文化发展规律、体现社会主义市场经济要求、有利于激发文化创新创造活力的文化管理体制和生产经营机制。健全现代文化产业体系和市场体系，完善以高质量发展为导向的文化经济政策。完善文化企业履行社会责任制度，健全引导新型文化业态健康发展机制"⑦。在建设社会主义文化

---

① 范周：《中国文化产业重大问题新思考》，商务印书馆，2019，第2页。
② 范周：《中国文化产业40年回顾与展望》，商务印书馆，2019，第6页。
③ 刘震：《改革开放以来我国文化体制改革进程的全景分析》，《清江论坛》2013年第9期。
④ 张晓明：《中国文化产业发展之历程、现状与前瞻》，《山东社会科学》2017年第10期。
⑤ 范周：《中国文化产业40年回顾与展望》，商务印书馆，2019，第1页。
⑥ 习近平：《坚定文化自信，建设社会主义文化强国》，《求是》2019年第12期。
⑦ 本报评论员：《用制度优势开创文化兴国新局面——论学习贯彻党的十九届四中全会精神》，《经济日报》2019年11月7日第5版。

强国的时代背景下，我国文化品牌发展将迎来重要机遇期和攻坚期。

文化产业的发展状态是衡量一个国家软实力的重要指标，进入移动互联网时代，全球文化与经济形势发展迅速，各个地区与城市通过打造体现自身特色的文化产业来提升综合实力。[①]

在全球化方面的竞争愈发激烈，企业相互间的竞争已经发展为全方位、深层次的品牌综合实力竞争。品牌已经成为一个企业整体发展战略中的重要组成部分，更是国家综合实力与企业全方面竞争实力的重要体现。[②]

文化品牌的建设遵循市场规律的运转，离不开消费者的价值评估和消费偏好，因此在品牌打造的过程中对文化品牌的价值进行评估就显得至关重要。目前业界和学界都对品牌价值的评估提出了很多方法，并进行了应用，但是国内和国外都没用形成统一的评价体系，而且都有相应的缺陷，因此品牌价值评价的结果对于品牌的建设并没有很强的指导意义。目前的评价指标大多选取于市场情况和公司财务，而文化产业的盈利核心是无形资产，该文化内核是否被消费者接受与推崇是关键，对于文化企业的品牌评价并不适用于单纯的市场和财务指标，应该更加关注其植根于民族的社会价值。因此，针对我国文化企业特点建立品牌价值评估的评价体系显得尤为重要。

针对"互联网+"时代下文化品牌大数据缺乏应用挖掘、缺少完善评估的现状，本书从文化品牌的内涵研究、文化品牌的研究现状与案例分析等相关研究切入，在对文化品牌资源数据库及文化品牌评估模型等研究的基础上，通过对文化品牌个案、中国企业文化品牌100强排行榜及中国文化品牌互联网影响力指数排行榜等文化品牌行业榜单的发布及分析，为全面构建符合现实需要的文化品牌互联网影响力指数体系提供理论支撑，并给力实现文化互联网影响力评估及大数据智能决策在文化品牌评估中的应用。

案例研究是对两个文化品牌及其价值所做的诊断和评价。

附录是企业品牌价值评价和文化品牌评价相关企业标准。

对文化品牌评估系统研发与应用的研究具有重要的理论与实践意义，不仅弥补了关于文化品牌评估研究方面的不足，而且有助于促进文化产业的发展与繁荣。

---

① 尉军平：《文化企业的品牌价值评价方法研究》，《文化产业导刊》2019年第4期。
② 尉军平：《YZ公司品牌管理研究》，中国政法大学硕士学位论文，2020。

第一章
文化品牌的内涵

第一节 文化的概念与内涵

一 文化的概念

文化究竟是什么？文化概念究竟怎么定义？这些其实是常谈常新的话题，随着人类文明的进步和人类历史的变迁，人不断创造出越来越灿烂辉煌的文化，因此，文化概念的内涵和外延也是不断丰富的。

文化一词的含义十分的丰富，古今中外学者对文化的界定也众说纷纭、莫衷一是。一开始，文化一词的意义是简单和笼统的，仅仅指教育、教化，因此，文化的含义十分狭窄。随着人类历史的不断发展，人通过自身的劳动改造了客观世界，自然客观世界和社会客观世界都不断留下了人的烙印，体现出人的本质特性，同时也就体现出文化范围的扩大和文化内涵的丰富。人们不仅把人类创造的物质成果当作文化，还将社会心理、哲学、艺术、风俗习惯、宗教以及一切意识形态都纳入文化的范畴，甚至社会制度和人的特定行为也被纳入文化范畴。[①]

对于文化一词，中国最早的概念出现在《易传·象传》之释贲卦中："故小利有攸往，天文也；文明以止，人文也。观乎天文，以察时变；观

[①] 刘鹏：《文化软实力竞争与我国文化软实力建设的路径选择》，《中共浙江省委党校学报》2011年第5期。

乎人文，以化成天下。"① 这里的"文"与"化"是相互独立的两个范畴，人要以"文"去"化"天下，使天下达到理想的境界。许慎在《说文解字》中说："文，错画也。象交文。今字作纹。"② 这里的"文"通"纹"，意即有事物的纹理。而"化"是变化的意思，最后引申为改造、教化等含义。如《周礼·大宗伯》曰："以礼乐合天地之化。"③ 人们采用一定的生活方式去适应千变万化的自然界，一开始是以适度的行为方式与粗糙的艺术活动去改造自然界与人类自身。在原始社会，由于生产力水平的低下，人类改造自然的能力低下，但是通过人与自然关系的进一步发展，人认识到的客观规律越来越多，遵循这些规律办事则能顺利发展，反之，则要遭受自然的惩罚。在这种情况下，人在有意识地改变自己的行为方式，以适应自然。汉朝刘向《说苑·指武》曰："凡武之兴，为不服也；文化不改，然后加诛。"④ 这里是把文化与武功放在相对的位置上，"文化"着重从思想上去治理人民，具有典型教化的含义。⑤

而在西方，文化一词最早来自拉丁文，如德文、英文和法文，而拉丁文的"文化"又来自词干，这个词干最基本的意思就是培育、耕种土地。因此，可以认为文化一词的本义是培育。这种观念的产生与人类早期的农业社会是密切相关的，随着农业的发展、生产力的提高，人类有了更多的时间去从事管理、理论和艺术活动，于是产生了新的文化概念，后来西塞罗把文化理解为精神方面的含义，认为文化是心灵的培育，这里对文化的定义已经与中国的"凡武之兴，为不服也；文化不改，然后加诛"中的"文化"的含义十分接近，都有教化、从思想上治理人民的意思。泰罗尔在1871年所出版的《原始文化》一书里，认为从叙述的人类学的广义来看，文化是一个复杂的总体，包括智识、信仰、艺术、道德、法律、风俗以及人类在社会里所得的其他的一切的能力和习惯。⑥ 这里的文化是一个广义的范畴，它包括了物质和精神两方面的要素。

---

① 陈序经：《文化学概观》，中国人民大学出版社，2005，第22页。
② 陆扬、王毅：《文化研究导论》，复旦大学出版社，2006，第2页。
③ 陆扬、王毅：《文化研究导论》，复旦大学出版社，2006，第2页。
④ 陈序经：《文化学概观》，中国人民大学出版社，2005，第18页。
⑤ 杨佩夫：《论文化对人的自由发展的作用》，安徽大学硕士学位论文，2010。
⑥ 陈序经：《文化学概观》，中国人民大学出版社，2005，第22页。

关于东方与西方对文化的不同界定，我们发现东方的文化偏重于从人与自然的和谐关系中解释，而西方的文化偏重于从人与自然的对立关系中解释，凸显了主客二元的分离。然而，二者之间的共同特征是文化离不开人，文化是由人创造的。马克思从广义的角度认为，文化即"人化"。[①]

1982年在墨西哥城举行的第二届世界文化政策大会上，联合国教科文组织成员国给文化下了这样的定义：文化在今天应被视为一个社会和社会集团的精神和物质、知识和情感的所有与众不同的、具有显著特色的集合总体，除了艺术和文学，它还包括生活方式、人权、价值体系、传统以及信仰。[②]

在这个文化的定义里，物质的要素、精神的要素被包含了，此外还有人的生活方式、价值取向和权利，等等。文化不是单纯地被解释为人的文化，而是社会有机体的文化，且从每一个社会有机体中可以得出与众不同的文化，它强调了文化所应具有的强烈的个性。有学者据此定义推出："文化就是错综复杂的意义和意识的社会生产和再生产，是社会意义和意识的生产、消费和流通的过程。"[③] 这是认识到了文化的实质，文化的实质就是对人类的实际意义。这种实际意义体现于它与人的生产活动和生活方式密切相关，而且，文化对人精神方面的巨大影响也是不可忽视的。

众多学者也对文化有着不同的界定，这让我们知道文化与人的活动是密切相关的，文化就是人本质的外化，是人本质的对象化。"文化是人类在改造世界的对象性活动中所展现出来的体现人的本质、力量、尺度的方面及其成果。简言之，文化便是人化，是人类所创造的'人工世界'及其人化形式的那一方面。文化的内涵既体现在人们的活动成果和活动方式中，也体现在人们的精神生产、观念形态和思维方式中。"[④] 可以说，文化是指人类活动及其一切物质成果和精神成果的总和，是人为了自身发展的目的而创造出的一切物质财富和精神财富的总和，是人类文明程度的标志。

对于文化本身的理解，我们所要注意的是应该辩证地看待文化，文化是一个社会历史范畴，只有在"人猿相揖别"时，文化才真正产生，文化

---

① 杨佩夫：《论文化对人的自由发展的作用》，安徽大学硕士学位论文，2010。
② 梁权、谢天雪：《新形势下信息文化与人才素养的建构》，《河北企业》2007年第3期。
③ 陆扬、王毅：《文化研究导论》，复旦大学出版社，2006，第12页。
④ 肖前：《马克思主义哲学基本原理》，中国人民大学出版社，1994，第686－687页。

与人类同时出现。但是，随着人类由低级向高级发展，由蒙昧走向文明，文化也在不断地发生改变，文化也由低级向高级发展，由落后向先进转变。文化概念的内涵也就越来越丰富，文化概念的外延也越来越宽泛。

二　文化的内涵

第一，文化在本质上是精神生产，即特定社会阶段作为整体的物质生产方式和物质生活方式在社会意识中能动的反映。文化的这一本质决定了文化的内容就是社会意识，就是人们（既指作为整体的社会人，又指作为特定社会发展阶段的特定个人、群体和整体。对不同的人的理解就有了文化的全人类性、阶级性、民族性、个体性等不同层次）与对象化的世界的交往实践在意识中的反映。从文化的本质内容看，特定社会的生产方式（最基本的是物质资料的生产方式）整体地、一般地制约着文化及其发展，决定着文化的整体性和历史性；特定社会的生活方式则具体地制约着文化及其发展，决定着文化的多样性、多层次性。

第二，人类社会实践的历史性决定着文化的历史性、可继承性。因此，文化之所以能够被看作是国家的软实力，就在于文化是对一个国家的生产方式和生活方式的观念反映，具有切切实实的物质基础，能够（以抽象的或具体的、真实的或歪曲的方式）展现出一个国家的综合状况，从而产生对内或对外的凝聚、同化等能力。文化正是在由经济基础决定的社会有机体内，同包括经济基础在内的各种因素的相互作用中推动社会发展的。这种"相互作用"体现了文化能动地反映着社会存在。在不同社会发展阶段中，文化的能动性有不同的表现，从国家主体的角度来看，文化的积极能动性主要表现为：一是作为生产力系统的重要组成部分推动国家经济实力的发展；二是作为政治价值观推动国家政治实力的增强（对内的凝聚力和对外的吸引力）；三是作为教育、文学、艺术等精神产品满足社会成员对增加知识、满足精神愉悦和提高个人素质的需求。这些作用正是文化作为软实力资源的重要功能所在。[1]

第三，文化是过程和结果的统一体。作为社会有机体内部的精神层

---

[1] 童世俊：《提高国家文化软实力：内涵、背景和任务》，《毛泽东邓小平理论研究》2008年第4期。

面，文化既是对整体的社会有机体历史进程和成就的能动反映，也作为这个历史进程和成就本身中的一个运动因子而起作用。运动着的文化是运动过程和结果的统一体，是文化内部矛盾以及文化同经济、政治等因素的矛盾变化的必然结果。从这个意义上讲，文化是过程和结果的统一体。文化的过程性即文化的连续性。一方面强调文化是具有历史延续性的、不断调整、不断变化发展的整体，文化包括对过去的延续、对现存的反映，还包括对未来的追求；另一方面强调不同文化在当下的发生、传播、冲突、融合以及文化同经济、政治等社会因子的相互碰撞、相互激励、相互转换等具体运动境况。理解这一点是进一步研究文化软实力动力机制的前提。文化的结果性即文化作为一种运动的暂时中断性，一方面强调文化是以往全部历史因素合力的结果，当下文化的种种表现是历史发展的必然结果，既不是人们头脑中理性的自我运动的产物，也不是非理性的无意识运动偶然的火花；另一方面强调文化是社会结构进一步演进的必要条件，只能立足在现有社会既有物质基础和文化成就之上考虑未来社会以及同这个社会相适应的文化发展的可能路径。①

第四，文化是精神内容和物质载体的统一体。任何社会意识最终都必须通过一定的物质内容表现出来，即便是关于纯粹思辨的形而上的哲学，也是通过一定的语言文字来进行阐释，没有文字记载的远古社会的文化也是通过人造物的形式被我们所认识。从这个意义上讲，文化是社会意识和物质载体相结合的过程和结果，潜在的社会意识只有通过与一定物质载体相结合才能现形为文化。进一步讲，文化对社会发展的能动作用也只能通过与物质载体相结合才能展现，正如马克思所说："理论一经掌握群众，也会变成物质力量。"② 这里所说的物质载体是从物质含义角度来讲的广义的范畴，不仅指人类实践活动的物质工具，还包括实践活动主客体、实践活动过程本身和实践活动的各种形式。精神内容和物质载体的结合有不同的表现，从人类实践活动的领域来看，包括自然、人类社会、思维三大领域，对应着人与自然的物质交换实践、人与人的社会关系实践以及人的精

---

① 刘鹏：《文化软实力竞争与我国文化软实力建设的路径选择》，《中共浙江省委党校学报》2011年第5期。
② 刘靖北：《四句经典表述给理论传播带来的启示》，《青年记者》2019年第7期。

神生产实践。因此，精神内容和物质载体的结合从历史唯物主义的观点看就表现在精神生产实践中。精神生产实践既是物质生产和生活实践的产物，又表现为一定的物质性的形式和过程。

第五，文化的核心是科学知识和理念以及价值观念。人与动物的区别在于社会性，这种社会性不同于生物学意义的蚁群、狼群的本能群居，而是有着明确的目的，并把这个目的贯穿于整个实践活动始终的社会性。正是在这种由特定生产关系决定的社会交往实践中，繁衍出了丰富多彩的文化。人的这种实践活动具有两个核心要素：实践的客观条件和实践的主观目的，前者是后者的物质基础和决定因素，后者是前者变化的初因和动力。两者的结合，在既定的时空内产生了无限丰富的物质实践种类，这些物质实践活动反映在社会意识中就产生了无限丰富的精神（生产）产品，即文化实践活动。因此，文化的核心就是两个要素：一是作为对实践客观条件的认识和把握的科学知识和理念，二是作为对实践主观目的的认识和把握的价值观念。首先，人对客观物质世界的认识和改造是在一定目的指引下进行的，人对目的的追求贯穿了实践活动的始终。这个目的就是价值观念，它包含了人对自身、对自然、对社会以及对这几个因素之间关系的价值判断。就具体历史状况下的具体的人而言，这个价值判断是基于具体社会生产和生活结构中的个人的既定目的，而对已经展开的、正在展开的和尚未展开的对象化世界的种种复杂物质现象、本质的基本认识。对这种价值判断的认识必须放在具体社会形态中来分析，比如在资本主义社会中的整体价值观念是以资本扩张逻辑为核心的价值判断，不管在这个社会中的文化形式何等复杂多样，最终都要围绕着这一价值观念以不同维度的肯定或否定来表现自身的存在。其次，任何的实践目的都要在特定的客观实践条件下积极认识和把握实践领域的客观规律才能实现，这种对客观规律的把握表现在文化中，就成为文化的另一个核心科学知识和理念。在人类最早期，人们对客观规律的把握以敬畏的态度通过感性经验的方式存在，比如远古巫术文化等；进入阶级社会后，对科学知识的把握是以被统治阶级意识（即以维护统治阶级利益为目的的价值观念）蒙蔽的方式畸形存在的。比如西方中世纪宗教势力对科学探索的打压，中国封建社会始终不成体系的技术文化，以及资本主义社会中以资本扩张为标准的科学文化和理念。无论在不同社会形态中的科学知识和理念的文化表现形态如何，它都作为生产方式中的重要因素对整个社会结构和进程产生关键性的影响。最后，科学知识和理念以及价值观念是文化的核心，是从文化的本体角度而言的。其核心内容并不是直接表现出来，而是通过诸如哲学、宗教、伦理、社会各项制度设计、技术应用等表现出来。从文化软实力的角度来看，两者作用有所不同，科学知识和理念作为反映世界客观规律的思想观念，更多的是为综合国力提供智力支持，是文化软实力发展的客观导向；价值理念作为反映人的自我目的和自然目的、他人目的、社会目的之间关系的思想观念，更多的是为综合国力提供精神动力，是文化软实力的主观导向。两者对于文化软实力都是不可或缺的，没有了价值理念的正确导向，科学知识不仅不会成为文化软实力，反而会成为破坏文化软实力和国家综合国力的因素。比如二战时期，德国纳粹党对科学知识的滥用给全人类造成沉重灾难，也使德国国家形象和国内人民大受损失。没有了科学知识的正确理解，单纯的价值理念也会成为国家文化软实力和综合国力的灾难。[①]

第六，文化具有可分享性和可传播性。文化作为精神生产，从属于人类生产实践范畴。人类的生产实践内在包含着生产力、分工和交往的发展，这三者的发展程度决定着国家、民族的整个内部结构和不同国家、民族之间的关系。精神生产的交往关系是精神生产的内部规定性，也是精神生产自然历史过程的必经阶段，更是考察国家内部结构和国际关系的重要方面。所以文化这一概念本身就表明了文化具有可传播和可分享的特性。马克思从世界历史的角度理解人类生产实践，认为生产力的发展必然导致生产行为和交往行为的社会化程度不断提高，最终实现生产的全球化。人类的精神生产也必将越来越具有世界历史性的意义。

第二节　文化产业与文化品牌的内涵

一　文化产业的内涵

由于各国文化背景、经济发展水平、分类标准、文化需求以及对文化

[①] 霍桂桓：《文化软实力的哲学反思》，《学术研究》2011年第3期。

产业的特征与内涵认识等的巨大差异，不同国家的学者从不同角度对文化产业进行定义。"文化产业"概念最早出现于阿多诺和霍克海默在1947年出版的《启蒙辩证法》一书中。[1] 时至今日，国内外对文化产业也没有统一界定。因学科、视角和关注点的不同，各国文化产业的内涵存在明显差异。

（一）文化产业的定义

1. 不同学者对文化产业的定义

学术界对文化产业概念的研究，以澳大利亚麦觉里大学的大卫·索斯比（David Throsby）的观点最具代表性和影响力。在他看来，文化产业"是通过具有创意的生产活动提供的文化产品与文化服务，它们具有知识产权与传递某些社会意义的功能"[2]。他在《经济与文化》一书中用一个同心圆来界定文化产业的行业范畴。音乐、舞蹈、戏剧、文学、视觉艺术、工艺等创造性艺术处于这一同心圆的核心，并向外辐射；环绕这一核心的是那些既具有上述文化产业特征同时也生产其他非文化性商品与服务的行业，包括电影、电视、广播、报刊和书籍等；处于这一同心圆最外围的则是那些有时候具有文化内容的行业，包括建筑、广告、观光等。[3] 相对于其具体界定内容而言，大卫·索斯比的界定方法更具有创新性和借鉴价值，在国际上影响较大。对文化产业概念界定较有影响的其他学者有：贾斯廷·奥康纳（Justin Oconnor），在这位英国曼彻斯特大学教授的眼中，"文化产业是指以经营符号性商品为主的那些活动，这些商品的基本经济价值源自于它们的文化价值"[4]。他同时对16类传统的文化产业作了界定。尼古拉斯·加纳姆（Nicholas Garnham），这位英国著名的媒体理论家于1983年在地方经济政策及计划中体现了文化产业的概念。在他看来，"文化产业指那些使用同类生产和组织模式如工业化的大企业的社会机构，这

---

[1] 向勇：《文化产业导论》，北京大学出版社，2015，第47-48页。
[2] 周正兵：《大卫·索斯比文化经济学思想述评》，《山东大学学报》（哲学社会科学版）2016年第6期。
[3] 苑捷：《当代西方文化产业理论研究概述》，《文化研究》2004年第5期。
[4] 林拓、李惠斌、薛晓源：《世界文化产业发展前沿报告》，社会科学文献出版社，2004，第6页。

些机构生产和传播文化产品和文化服务"①。美国著名学者斯科特（Allen J. Scott）在 2004 年提出了自己的观点。他认为，"文化产业是指基于娱乐、教育和信息等目的的服务产出，和基于服务者特殊嗜好、自我肯定和社会展示等目的的人造产品的集合"②。

通过以上分析可以看出，对文化产业的定义，虽然学者们的观点大不相同，但他们都强调了以下几个方面：第一，文化产业以文化要素为内容；第二，文化产业以实现商业价值为目的；第三，文化产业以服务为手段；第四，文化产业以创意为发展方向。强调文化为生产要素，揭示了文化产业的文化属性；对文化的商业价值的认同，使文化被纳入产业范畴；对文化的服务性的强调，使文化产业更多地被归入第三产业服务业的范畴；对创意的重视，意味着文化产业进入了新的更高层次的发展阶段。③

2. 部分国家和国际组织对文化产业的定义

世界上部分国家和国际组织，按照传统的三次产业分类法、生产要素集约程度分类法、两大部类分类法等，对文化产业进行了分类。英国创意产业特别工作组于 1998 年提出，创意产业主要包括"广告、建筑艺术、艺术和古董市场、手工艺品、时尚设计、电影录像、交互式互动软件、音乐、表演艺术、出版业、软件及计算机服务、电视广播和设计等 13 个门类"④。美国国际知识产权联盟于 1990 年提出，美国版权产业分为"核心版权产业、交叉产业、部分版权产业和边缘版权产业，具体包括出版文学、音乐、电影电视、广告、软件、绘画艺术、播放工具的制造与批发零售、服装、珠宝、家具、室内设计、瓷器、墙纸、地毯、电讯与互联网服务、大众运输服务等"⑤。欧盟于 2000 年在其信息规划中提出，内容产业是指那些"制造、开发、包装和销售信息产品及其服务的产业，产品范围包括：各种媒介的印刷品（书报杂志等）、电子出版物（联机数据库、音像制品服务、游戏软件等）、音像传播内容（影视录像和广播）、用作消费

① 李凤亮、宗祖盼：《中国文化产业发展：趋势与对策》，《同济大学学报》（社会科学版）2015 年第 1 期。
② Scott A. J. , "Cultural-products Industries and Urban Economics Development: Prospects for Growth and Market Contestationin Global Context", *Urban Affairs Review*, 2004, 39 (4): 461–490.
③ 孙连才：《文化产业教程》，中国传媒大学出版社，2012，第 22 页。
④ 刘军：《美国文化产业发展现状与启示》，《乌蒙论坛》2008 年第 3 期。
⑤ 刘军：《美国文化产业发展现状与启示》，《乌蒙论坛》2008 年第 3 期。

的各种数字化软件等"①。

目前，不同国家和国际组织，不仅对文化产业的定义互不相同，而且对文化产业的称谓和名称也不同。比如说，在美国、英国、法国、日本、韩国以及联合国教科文组织就分别有不同的定义和称谓。文化产业的不同称谓，是不同国家产业战略、产业政策取向的具体反映，是实际考量本国文化产业发展状况和产业利益的重要体现。基于各国对文化产业定义不同这一实际情况，在对文化产业进行国际比较和实证研究时，我们必须尊重各国关于本国文化产业的官方界定及统计标准。离开这一前提，实证研究也就失去了基础和意义。

在我国，国家统计局于2004年公布了《文化及相关产业分类》，这是我国首个关于文化及相关产业分类的官方文件。其中将文化产业定义为："为社会公众提供文化、娱乐产品和服务的活动，以及这些有关活动的集合。"② 并在统计口径上将文化产业分成三个层次："（1）核心层，包括新闻、出版、广电和文化艺术等；（2）外围层，包括网络、娱乐、旅游、广告、会展等新兴文化产业；（3）相关服务层，包括提供文化设备生产、文化用品和销售业务的行业，主要指可以负载文化内容的硬件产品制作业和服务业。"可以肯定地说，关于文化产业的这一定义，适应了我国文化产业的统计需要，充分体现了我国的具体国情，但没有指出文化产业的市场特征，导致实际统计操作中文化事业与文化产业的混淆。因此，根据这一定义无法确定统一的文化产业范围。尽管如此，官方层面的定义更具权威性和指向性，而且也是一个重要标志。这不仅为文化产业的统计比较，而且也为文化产业在实践中的发展奠定了重要基础。

党的十七届六中全会召开后，为进一步明晰和规范文化及相关产业的口径和范围，更好地适应文化产业统计工作和实践发展需要，国家统计局、中宣部和国务院有关部门以《国民经济行业分类》（GB/T 4754—2002）为依据，经过认真研究和仔细修订，颁布了《文化及相关产业分类（2012）》标准，并从2012年开始，统计年报正式实行。根据这个分类，我国文化及相关产业被分为五层："第一层分为'文化产品的生产'和'文化相关产

---

① 刘军：《美国文化产业发展现状与启示》，《乌蒙论坛》2008年第3期。
② 王仲君、彭娟娟：《出版业与文化的相关性分析》，《统计与决策》2007年第5期。

品的生产'两部分；第二层分为10个大类，主要依据是管理的需要以及文化生产活动的自身特点。这10个大类分别是'新闻出版发行服务'、'广播电视电影服务'、'文化艺术服务'、'文化信息传输服务'、'文化创意和设计服务'、'文化休闲娱乐服务'、'工艺美术品的生产'、'文化产品生产的辅助生产'、'文化用品的生产'、'文化专用设备的生产'等；第三层依照文化生产活动的相近性分为50个种类；第四层是具体的活动类别，共计120个小类；第五层是对于含有部分文化生产活动的小类设置延伸层，共计29个。"相比《文化及相关产业分类》（2004），这次修订（2012）主要体现在三个方面：第一，进一步完善了文化及相关产业的定义，指出文化产业是"为社会公众提供文化产品和文化相关产品的生产活动的集合"。从范围表述看，则从内涵、外延两个层面，进一步解释了文化产品的生产活动、文化相关产品的生产活动。第二，对文化产业原有类别结构和具体内容做了进一步调整，更好地适应了文化产业的发展变化。第三，对文化产业的定义，用"四个方面"来替代原有的"三个层次"，不仅适应了文化体制改革深入推进的需要，而且适应了文化产业实际发展的需要。"'四个方面'指文化产品的生产活动、文化产品生产的辅助生产活动、文化用品的生产活动和文化专用设备的生产活动。"这个分类对我国文化产业的统计范围、层次以及内涵、外延首次作了明确界定，为推动文化产业统计工作深入开展、推动文化产业自身实现持续健康发展奠定了扎实根基。

对文化产业，联合国教科文组织作了如下定义："按照工业标准生产、再生产、储存以及分配文化商品和服务的一系列活动。"[1] 其不足之处在于，过于强调工业标准，忽视了文化产业与制造业等传统产业的重要区别。工业标准更多基于传统产业的特点，根据生产要素条件和生产加工要求来归纳确定，而文化产业与其他传统类型的产业相比，无论是产业内涵、产业特性、发展方式还是产出的社会效应，都有其特殊的产业个性。

（二）文化产业的特征

1. 文化性与商品性的兼容

文化产业集文化性与商品性于一身，文化产品集精神和物质双重属性

---

[1] 张晓春、卢润德：《当前我国文化产业存在的问题及对策》，《商场现代化》2007年第29期。

于一身。一方面，文化产品作为物质形态，具有物质属性，通过市场传播成为商品；另一方面，文化产品是思想感情产品，精神属性是其本质属性。在生产、消费过程中，文化产品包含的精神因素得以传承，并对人们的生活习惯、文化心态、知识结构乃至世界观产生潜移默化的影响，进而对人的行为产生影响，同时这种影响也作用于社会，推动着一定的社会文化环境的形成。[①]

2. 高技术与高智力含量

文化产业是知识、技术、人才密集型的产业领域。因此，在整个文化产业发展的链条中，都必须以知识和创意为核心来推进、展开。同时也要看到，文化产业的生产环节、流通环节、交换环节、消费环节，都必须借助一定的物质条件。离开了这些物质条件，精神创造就无法表现。当今，在文化领域，一些高新技术，比如数字电脑、录音录像、印刷复制、网络传输等得到广泛应用。通过这些技术，文化艺术品不但被大量复制，而且被大批量生产，从而推动文化产业发生革命性的变化，真正成为经济效益和社会效益都十分可观的朝阳产业。例如，迪士尼把高新技术应用于文化娱乐业，得到了很高的经济回报；百老汇的音乐剧，利用现代声光电技术，展示了音乐的魅力。[②]

3. 传播的大众性和消费的娱乐性

文化产业所创造的文化具有大众性和通俗性，是普通大众都能欣赏、接受和消费的文化。大众化迅速发展的原因，不仅在于它贴近生活实际，而且在于它能及时满足大众的文化艺术消费需求。特别是面对生活节奏加快、工作和生活双重压力加大以及精神状态紧张的现实，现代人需要休闲娱乐、放松消遣，而文化产品和服务恰好满足了这种需求，因此具有广阔的市场空间。同时，文化产业市场营销活动的全部社会意义在于文化的传播。通过多种途径把文化内容送到消费者身边，借助大众文化消费促进文化的普及与传承。

[①] 魏鹏举：《中国文化产业投融资的现状与趋势》，《前线》2014年第10期。
[②] 孟晓驷：《高科技、全球化浪潮中的文化创新》，《光明日报》2000年11月16日。

二 文化品牌的内涵

(一) 品牌的定义

品牌（Brand）原始词义是"烧灼、烙印"。① 这一词义演变为现代的品牌内涵大致经历了三个阶段。

第一阶段是"烧灼"留下的痕迹，最早是烧灼在牛、马、羊、驼身体上的痕迹，以辨别与别家牲口的不同。这个阶段中国将此类作为称作"烙印"，即用特殊的铁质造型烧红烙在牲口臀部，可以追溯到4000年前。据史书记载，商朝王亥即用此法区分牛群，此法被西北地区军民沿用到20世纪。商纣王由此创发"炮烙"刑罚，到春秋时代，郑国首颁刑法，将刑法铸于刑鼎之上，罪者抱于烧红的刑鼎之上，称为"炮烙"，到宋朝改为用烙铁烫伤罪犯面颊，称为"金印"，以区分于百姓。

第二阶段，演变为标识。即将制作者名字或代号贴在产品上，以表示对这件产品的质量负责，同时也标志与同样产品的质量区别。此时的标识已有差异化的内涵。这一阶段中国人将此类作为称作"物勒工名"。最早可追溯到公元前500年。《吕氏春秋·孟冬》记述孟冬月："是月也，工师效功，陈祭器，按度程。毋或作淫巧以荡上心。必功致为上。物勒工名，以考其诚，工有不当，必行其罪，以穷其情。""物勒工名"的规制被沿用至清朝。

第三阶段，将标识改为商标，成为优质品质和产品的标志，以表示与同类产品的差异性，并宣誓文化与责任。这就是现代品牌的概念。中国现代品牌概念可追溯至盛唐，一个餐馆的商标为"邢娘"，西安出土的唐代遗址发现大量标有"邢娘"标识的餐具。而西方最早的品牌出现在1835年，即苏格兰的"Old Smuggler"。

学术界对品牌有很多种不同的定义，它们分别反映了不同的侧重。美国市场营销学会（AMA）最早给品牌下的定义为：品牌是一个名称、名词、标记、符号或设计，或是它们的组合，其目的是识别某个销售或某群销售者的产品或劳务，并使之同竞争对手的产品和劳务区别开来。② 美国

---

① 王玉娟：《品牌资产的概念界定及其与评估的关系》，《集团经济研究》2007年第13期。
② 田地：《论品牌战略问题》，《商业文化月刊》1999年第2期。

广告大师大卫·奥格威认为，品牌是一种错综复杂的象征，它是品牌的属性、名称、包装、价格、历史、声誉、广告风格的无形组合。品牌同时也因消费者对其使用的印象及自身的经验而有所区别。[1]

品牌概念可分为两大类，代表性品牌及功能性品牌。前者是指关于存在的产品或者服务，除其自身明显的物理性能，代表性品牌能够给购买者带来一致的信念或意义。后者是消费者对不同品牌的不同属性给予不同的赋值或评价，如此，消费者在对质量、可靠性、速度、口味等属性进行评价时，品牌能够提供一定的参考。

市场营销专家菲利普·科特勒（Philip Kotler）认为品牌从本质上说是销售者向购买者长期提供的一组特定的特点、利益和服务的允诺。[2] 还有学者认为：品牌是商品的商业名称及其标识的通称，通常由文字、标记、符号、图案、颜色以及它们的不同组合等构成。品牌通常由三部分构成：（1）品牌名称，即品牌中可以用语言称谓的部分，也可称为"品名"。品牌名称有时同企业的名称一致，有时不一致。（2）商标，即企业采用的商品标识，通常采用文字、图形或文字与图形相结合的方式组成。（3）其他品牌标志，即其他可以识别却无法用语言读出来的部分，包括各种符号、文字、设计、色彩、字母或图案等。加利福尼亚大学伯克莱分校的大卫·A.艾克（Aker）提出构筑品牌资产的五大元素为：品牌忠诚、品牌知名度、心目中的品质、品牌联想、其他独有资产。[3] 作为公司的无形资产，品牌资产往往又构成公司最有价值的资产。这种资产的增值与消费者密切相关。20世纪90年代后，科学技术的发展对市场营销发展产生了极大的影响。不同的竞争者趋向于产品同质，竞争者之间的差异将更多地体现在非产品的人员、服务和形象方面。随着跨国公司国际经营的深入，研究者发现不仅仅需要关注一国消费者的个性，还需要在品牌全球化的过程中协调多国消费者的各个特性。从上面对品牌的不同界定可以看出，品牌是在整合先进生产力要素、经济要素条件下，以无形资产为主要经营对象、以文化为核心的综合系统。就其实质而言，它代表销售者（卖者）对交付给

---

[1] 佚名：《从品牌形象到品牌资产》，《广告主》2012年第12期。
[2] 贺鹏：《中小企业品牌建设的策略》，《企业研究》2009年第4期。
[3] 吴洪刚：《互联网加速品牌资产升值与贬值》，《河南畜牧兽医》（市场版）2015年第9期。

买者的产品特征、利益和服务的一贯性承诺，体现出特定的商品属性、特定的利益、生产者的某些价值感、特定的民族或企业文化、产品的个性及消费者群体类型。其中，价值感、文化、个性构成了品牌的基础，体现了品牌间差别的存在方式。品牌是以物质为载体，具备并实行某种标准和规范，以达到一定目的为原则，并据此设定自身运动轨迹，因而带有显著个性化倾向的、具备优势存在基础的相关事物，是精神、物质、行为有机融合的统一体。

品牌研究者由于所处环境与研究角度不同，得出的品牌定义也不尽相同。从研究者的视角进行分类，主要有以下三种观点。

第一种观点认为品牌就是"标识"。即品牌作为特殊的个性标志符号，使得各个品牌得以区分。菲利普·科特勒这位美国著名的营销学者认为，客户选择服务或商品的时候，一个重要的界定标准就是其选择的服务或商品与其他竞争者有着明显的区别，这就是品牌。① 我国学者杨欢进认为，不同商品代表着不同的牌子，拥有各自的商标，这就是品牌。②

第二种观点认为品牌就是"实力"。越来越多的研究者认为，品牌是一种可以与同行展开全面竞争的综合实力，这个"实力"体现了品牌所拥有产品的质量高低或所提供服务的优劣。

第三种观点认为品牌就是"资产"。这种观点认为，品牌可以为企业带来溢价，在商品经济时代，不仅为企业的并购提供了巨大的资产增值空间，而且在企业融资过程中提供了重要的无形资产担保。

这三种观点体现了品牌作为一种个性标识，不仅为企业提供全方位竞争的综合实力，而且是一种重要的资产。

（二）品牌的特征

品牌具有排他性。品牌是用以识别生产或销售者的产品或服务的。品牌拥有者经过法律程序的认定，享有品牌的专有权，有权要求其他企业或个人不能仿冒伪造。品牌是一种无形资产，品牌价值我们并不能像物质资产那样用实物的形式表述，但它能使企业的无形资产迅速增大，并且可以作为商品在市场上进行交易。

---

① 王新新：《品牌本体论》，《企业研究》2004年第8期。
② 崔巍：《我国房地产企业品牌建设的分析与研究》，《中国房地产》2016年第2期。

品牌具有表象性。品牌是企业的无形资产，不具有独立的实体，不占有空间，但它最原始的目的就是让人们通过一个比较容易记忆的形式来记住某一产品或企业。因此，品牌必须有物质载体，需要通过名称、术语、象征、记号或者设计及其组合来表现自己，和其他竞争者的产品或劳务相区分，使品牌有形式化。

品牌具有简单性。品牌的物质载体一定要响亮、容易记忆和容易传播，即要求品牌至简至易，纯粹自然。品牌的简单性不仅仅是指字数的多少，还包括了阅读习惯、是否顺口、避免歧义等诸多方面。

品牌需要有内涵。不具备任何内涵的品牌只是一个空壳，内涵是一个品牌的灵魂。品牌的内涵就是品牌所要表达的中心思想和企业的核心意图，一般来说是与企业战略紧密联系的。一个不具备内涵的品牌就像是有形没有神的雕像，很难获得市场的认可以及顾客的忠诚。品牌是多种元素与信息的结合体，品牌以自身内涵的丰富性和元素的多样性向受众传达多种信息。企业把品牌作为区别于其他企业产品的标识，以引起消费者和潜在消费者对自己产品的注意。从消费者角度看，品牌作为综合元素与信息的载体一同存储于大脑中，成为他们搜寻的线索和记忆的对象。

品牌具有心理影响力。品牌作为多种元素与信息的载体，作为产品质量与企业信誉的象征，时刻影响受众，引起受众注意，激发消费欲望，引导消费潮流，传播消费文化，因而它具有影响力。品牌转化具有一定的风险及不确定性，品牌的成长存在一定风险，对其评估也存在难度，对于品牌的风险，有时由于企业的产品质量出现意外，有时由于服务不过关，有时由于品牌资本盲目扩张，运作不佳，这些都给企业品牌的维护带来难度，给企业品牌效益的评估带来不确定性。

品牌具有识别功能。品牌代表一种产品、一个企业，企业可以利用这一优点展示品牌对市场的开拓能力，还可以帮助企业利用品牌资本进行扩张。品牌是企业参与市场竞争的武器，品牌代表着企业的形象和地位，是企业联系市场的桥梁和纽带，是企业的身份证。强势品牌能够在竞争中占据有利位置，留住老顾客，吸引新顾客，为企业树立良好形象，提高市场的覆盖率和占有率，为企业赢得最大限度的利润。

因此，从某种意义上说，品牌是企业参与市场竞争的资本、武器。我们可以从以下两个角度对品牌的内涵作出界定。其一，从企业角度来说，品牌是商标、名称符号、技艺和文化表现等的总和，是企业及产品的标志，也是能为企业带来超额利润的无形资产；其二，从消费者角度来说，品牌是消费者对企业及其产品或服务的认知的综合，品牌的强弱体现了消费者对品牌的偏好与忠诚度。

（三）品牌的内涵

中国文化与西方文化最大的区别在于他的哲学性。"Brand"译成中文就有了哲学的内涵——品牌。"品"由三个口组成，众口归一谓之品；而"牌"则由片与卑组成，"片"指扁而薄的物品，"卑"即"谦卑"。在古代汉语中"卑"同"俾"，指职责，代表物。由此，"牌"就是招牌或代表产品品质的标识。

由品牌两字的内涵可以将品牌理解为："品"为制造者的品德、产品的品质与客户的品评；而牌，则是不虚夸、不虚假的差异化标识。

综上所述，可见品牌至少应包含以下内容：一是品牌是制造者的良心，是道德的商业准则；二是品牌是质量的保证，是产品和服务差异化功能的体现；三是品牌是制造者的责任。

于是我们得到了以下结论：一是品牌的内涵即社会责任和产品责任（制造差异化优势）；二是品牌的目的即制造客户；三是品牌的价值即文化价值（价值理念，差异化战略）+技术创新价值（制造产品的功能和品质保障）+市场价值（产品与客户的相关度，客户宽度+客户深度+品牌稳定度）。

（四）品牌的相关定义

从上述品牌的内涵可以看出，品牌是商品经济发展到高级阶段必然产生的经济现象。因此，品牌是基于竞争而形成的价值资产；是道德的商业逻辑，缺乏道德价值文化的品牌不具有品牌价值；是社会组织最有价值的资产，是可以直接作用于产品溢价的特殊资产；产生于品牌构建的经济关系中，经济关系的优劣决定品牌的价值多寡；其寿命决定于品牌经济关系的质量。

因此，对于文化类企业来说，可以给出以下关于品牌的概念。

品牌是存在于商品竞争中的、能不断为文化类企业带来超额收益的、文化类企业最有价值的资产。

品牌资产是指文化类企业在品牌建设中基于成本投入而形成的资产。品牌资产由两部分构成，即品牌建设中形成的可以分期摊销的长期资产和可以变动成本投入的当期应摊销完成的品牌成本。

品牌成本是指文化类企业在市场营销和实现品牌领导管理建设中所投入的成本。如营销成本、管理成本等与品牌建设相关成本。因品牌成本属性更接近于文化类企业经营费用支出，且与产品销量构成直接因果关系，因此应比照变动成本当期摊销。当期摊销的品牌成本因其构成剩余价值和积累价值，具有净资产价值。

（五）文化品牌定义

文化品牌是一种文化现象和文化象征，是文化产业品牌化的结果，是文化的精神价值与经济价值的双重凝聚，是有形资产与无形资产的容纳器，对文化产业有着巨大的提升和带动作用。有研究者将文化品牌定义为文化品牌是文化产业品牌化的结果。作为品牌的一个类型，文化品牌是相关文化、艺术、娱乐、休闲、新闻、出版、传播等行业的品牌，主要涵盖了文化艺术、新闻出版、广播影视、网络传播、休闲娱乐、文化旅游、会展收藏、体育健身等八个主要领域及其他衍生领域。[1]

（六）文化品牌的特性

文化品牌特性很大一部分来源于文化产品本身的特点，如精神性、意识形态性、创意性、价值延伸性、增值性。但我们也认识到，文化品牌是文化产业品牌化的结果。探究文化品牌的特性不能脱离对文化产业的特征的分析，文化产业除了具备系列化、标准化、分工精细化、消费大众化的四个工业化特征之外，由于生产、加工和再分配的文化产品是为了满足大众精神文化需求，所以以"人"为中心，不断挖掘人的文化需求，就成了文化产业化发展的基础。随着科技的进步，文化产品的展现方式不断创新，多元化的文化体验形式应运而生，这些都极大丰富了文化产业的科技内涵。[2] 综合对文化产品和文化产业特征的研究，文化品牌还具有以下的特性，一是品牌内涵植根于受众心智中的"文化印记"。文化产品往往是

---

[1] 李艳：《文化产业的品牌管理》，《理论建设》2008年第4期。
[2] 欧阳有权：《我国文化品牌发展现状、问题及对策》，《黑龙江社会科学》2008年第5期。

围绕一整套"源文化"打造的,而"源文化"往往是存在于受众的心智当中的。如美国 Netflix 公司通过对互联网关注度最高的话题,以及观众的收视习惯和偏好进行深入的数据挖掘,打造了火爆全球的《纸牌屋》影视剧,就是根据大众普遍的"文化印记"塑造品牌的成功案例。二是品牌的转化性和跨越性十分明显。文化品牌由无形性向有形性的转化非常普遍,如美国职业篮球联赛在获得全球巨大收视成功时,更为自己的品牌衍生商品积蓄了庞大的购买人群。更为突出的是,文化品牌的跨行业传播是传统品牌所无法比拟的,如《爸爸去哪儿》是一档亲子类户外真人秀节目,在电视收视端取得巨大成功后,同名电影又获得了惊人的票房佳绩,类似的文化品牌"跨界"案例比比皆是。三是品牌的价值呈现网络效应和类马太效应。文化产品属于体验性产品,消费者没使用前是不知道其品质的,只有体验过才知道质量如何,因此消费者更加注重口碑的评价,这也导致了网络效应和类马太效应的出现,即越多人使用的文化产品,其品牌价值越大;越畅销的文化产品,消费的人越多。

(七)文化品牌的传播规律

诺贝尔经济学奖获得者赫特说过:"随着信息时代的发展,有价值的不是信息而是你的注意力。"在文化产品数量爆炸式增长的今天,文化品牌的竞争说到底是注意力的竞争,因此对文化品牌传播规律的研究要围绕"注意力"这一核心稀缺资源展开。在传统品牌传播中,有三个规律值得文化品牌借鉴:波浪原则、类马太效应和充电池原理。

波浪原则是提醒企业在传播的轮次上要把握时间间隔,既要坚信每一个传播轮次都会有一个影响周期,通常为 3~6 个月,又要清楚创新宣传可能比让消费者恢复记忆的成本更高,倘若能形成了一波未平一波又起的态势,自然会使各个事件产生的品牌影响形成叠加的效果。

类马太效应源于经济学中的马太效应,我们在研究文化品牌的特性时已经提到文化品牌的类马太效应实际上是指,在品牌传播中,某种宣传导向一旦占据主流地位,将会有越来越多的人接受这种宣传。所以,在进行品牌概念推广时一定要首先努力使自己的概念成为目标受众中的主流。

充电池原理本是化学到经济学上的一个概念转换,在我们学习的过程中也有一个类似的原理,它就是"学习首印论"。"学习首印论"说的是如果你在看到一个事物第一眼时没能够很好地记住它，那么你以后对它印象深的可能性就很小了。也就是说，在品牌传播过程中，如果第一次没能给目标受众留下深刻印象，那以后的推广就会收效甚微。

（八）文化品牌的构成要素

文化品牌的构成要素分为显性要素和隐形要素。显性要素是文化品牌外在的、可见的，能够给消费者的感官带来直接刺激的那些东西，主要有文化品牌名称。这是形成文化品牌的第一步，也是建立文化品牌的基础。[1]

文化品牌名称在文化品牌体系中起着提纲挈领的作用，是文化品牌传播和消费者文化品牌——记忆的主要依据之一。它是文化产品同质性和一贯性的保证，是一种象征货真价实的标志同时也是文化品牌内容的概括和体现，它不但概括了文化产品特性，而且体现着企业的经营理念和文化。文化产品视觉标志是文化品牌用以激发视觉感知的一系列识别物，给人以更直观、更具体的形象——记忆，帮助消费者更有效地识别文化产品。视觉标志包括标志物，它是文化品牌中可以被识别，但不是用语言表达的各式图形符号。例如标志字，它是文化品牌中标注的文字部分，通常是名称、口号及广告语等。例如李宁"一切皆有可能"标志色，它是用以体现文化品牌自我个性以区别其他产品或服务的色彩体系。例如湖南卫视"快乐中国"的大红颜色标志包装是显示文化产品个性的具体包装物。

文化品牌的隐性要素是文化品牌的内在因素，不能被直接感知，它存在于文化品牌的整个形成过程中，是文化品牌的核心部分。主要包括文化品牌承诺。承诺方是文化品牌的拥有者，接受方是文化品牌的消费者。身为消费者，一个品牌对他们而言是一种保证，因为它始终如一地履行诺言。好的文化品牌承诺会使消费者在购买文化品牌时有十足的信心。文化产品本身不可能永远保持不变，事实上许多优秀的文化品牌产品都是在不断更新的，但仍受消费者青睐，那是企业经营者灌注在文化产品中的承诺始终保持不变的缘故。一家企业是否拥有优越的技术，对品质是否有很高的要求，对保护环境是否重视，这些文化产品属性与经营理念在很大程度上决定着消费者对文化品牌的情感。

---

[1] 刘金祥：《论创建文化品牌的现实意义》，《现代经济探讨》2012年第3期。

如果一个文化品牌缺乏独特的个性，它就不可能成为真正的文化品牌。文化品牌个性是强势文化品牌必须具备的条件之一，即如何通过对消费者有利的方式表明自己的特色。文化品牌个性转化为目标消费者群心目中将该文化品牌区别于其他文化品牌的一种认知。它组织创造了文化品牌的个性，而这种个性带来的相关暗示，满足了不同人群的需要，从而更好地使文化品牌和消费者之间建立起良好的关系。通常，相对于死气沉沉的文化产品而言，大多数消费者更愿意与那些有特色、有情感的文化品牌打交道。所以，塑造文化品牌形象的重要目标之一就是要确认、发展、维护和加强该文化品牌所具有的个性。消费者是文化品牌的最后拥有者，文化品牌是消费者经验的总和。在文化品牌的整个成长过程中，消费者一直扮演着"把关人"的角色。他们对文化品牌的肯定、满意、信任等正面情感归属，能够使文化品牌经久不衰；相反，他们对文化品牌的否定、厌恶、怀疑等负面感知，必然使文化品牌受挫甚至夭折。消费者的情感是脆弱的，因此，企业应当认真对待每一位消费者的体验。消费者对自己喜爱的文化品牌形成强烈的信赖感和依赖感，融合许多美好联想和隽永记忆，他们对文化品牌的选择和忠诚不是建立在直接的文化产品利益上，而是建立在文化品牌深刻的文化内涵和精神内涵上，维系他们与文化品牌长期联系的是独特的品牌形象和情感因素，这就造就了品牌文化应始终是文化品牌所具有的核心价值。[①]

[①] 何宇：《"一带一路"战略下我国文化产业国际化问题研究》，《郑州大学学报》2017年第2期。

第二章
品牌评估的方法

关于品牌价值评估，目前国内外学者和研究机构都提出了不同的评估模型和方法。

Weston Anson 发表的《无形资产评估》（*Valuation of Intangible Assets*）中提出了五种评估方法，主要包括：成本法、现行市价法、商誉分配法、未来收入法、替代价值法，但并没有涉及公式。[1] 美国芝加哥大学 C. J. 西蒙（C. J. Simon）和苏里旺（M. W. Sullivan）提出股票市值法。[2] 扬·罗必凯公司（Young & Rubicam）开发品牌资产评估电通模型（Brand Asset Valuator，BAV）。[3] Aaker 提炼出品牌资产的"五星"概念模型，即认为品牌资产是由"品牌知名度、品牌认知度、品牌联想度、品牌忠诚度和其他品牌专有资产"组成。[4] 随后 Aaker 构建了品牌价值十要素（Brand Equity Ten）模型，并在 Young & Rubicam、Total Research、Interbrand 公司的研究成果的基础上提出了品牌评估的十指标体系。[5] Keller 提出了品牌知识（CBBE）模型，基于消费者的品牌价值模型，为自主品牌建设提供了关键途径，并提出了构建一个强势品牌需要建立正确的品牌标识、创造合适的品牌内涵、引导正确的品牌反应、缔造适当的消费者–品牌关系。[6] 美国整体研究（Total Research）公司提出了品牌资产趋势模型，主要由品牌的

---

[1] 吴俊：《品牌价值评估理论与方法研究》，上海大学硕士学位论文，2004。
[2] 何丽娜：《品牌创新效应及其测评方法研究》，哈尔滨工业大学硕士学位论文，2006。
[3] 王昕：《数字品牌评估的理论溯源及价值延展》，《国际品牌观察》2019 年第 7 期。
[4] 丁家永：《品牌资产的变化》，《金融博览》2016 年第 3 期。
[5] 严圣杰：《奢侈品品牌资产模型构建与实证研究》，上海交通大学硕士学位论文，2013。
[6] 于君英、沈蕾、杜芹平：《基于顾客的品牌价值评价》，《统计与决策》2011 年第 14 期。

认知度、认知质量、产品满意度三个指标组成。[1] 国际市场研究集团（Research International，RI）提出了品牌资产引擎（Brand Equity Engine）模型，该模型认为品牌资产是由品牌形象所驱动的。[2] 著名品牌评估公司 Interbrand 公司采用以经济用途为基础的推测评估法，并综合消费者研究、竞争分析以及收入的预测，全面考虑财务、消费者、市场及国情等因素，将其贡献直接落实到财务数字上，通过多重推测法体现企业的市场价值。[3] Brand Finance 公司提出的折扣现金流法，它由财会预测、品牌附加值分析、未来收入风险分析、品牌评价和敏感性分析等模块组成。[4] 世界品牌实验室运用"品牌附加值工具箱"（BVA Tools）计算品牌的当前价值。[5]

北京名牌资产评估有限公司参照《金融世界》的评价体系，结合中国的实际情况，建立起了中国名牌的评价体系——MSD 评估方法。[6]

郑成思提出品牌价值评估的两种方法，割插法（自己与自己比）和超额收入计算法。[7] 卢泰宏归纳了国际上品牌价值评估的代表性解决路线和方法，包括两种国际上最有影响的方法和四种基于消费者关系的评估模型，并提出了发展思路和新的评估方向。[8] 徐瑞平、阎东明、孙伟提出了以消费者态度为主的强度因子法。[9] 张伟峰、万威武通过对国内外知名品牌价值的比较，提出适用于有关评估品牌价值的网络优势评估分析方法。[10] 周晓东、张胜前对现有的五种品牌价值评估方法进行了阐述，他们认为溢价法在评价品牌价值上具有优越性。[11] 李友俊、崔明欣将品牌实力分为品牌的关系维度和市场维度两个方面，分别衡量品牌的内在实力和外在表现，他们建立了一套品牌实力评估指标体系，并利用灰色系统方法对品牌

---

[1] 胡彦蓉：《品牌资产评估方法研究》，《经济研究导刊》2009 年第 23 期。
[2] 陈嘉佳：《品牌资产评估模型的研究综述》，《商场现代化》2010 年第 5 期。
[3] 符国群：《Interbrand 品牌评估法评介》，《外国经济与管理》1999 年第 11 期。
[4] 张潇兰：《研究方法及评价指标体系简介》，《中国投资》2006 年第 10 期。
[5] 张露：《企业品牌价值会计计量研究》，《经济研究导刊》2010 年第 13 期。
[6] 张放、赵春艳、张伟：《品牌竞争力评价方法综述》，《当代经济》2009 年第 17 期。
[7] 郑成思：《"自己与自己比"：论商标的价值评估》，《国际贸易》1997 年第 7 期。
[8] 卢泰宏：《品牌资产评估的模型与方法》，《中山大学学报》（社会科学版）2002 年第 3 期。
[9] 徐瑞平、阎东明、孙伟：《基于消费者态度的品牌资产评估方法构建》，《长安大学学报》（建筑与环境科学版）2003 年第 4 期。
[10] 张伟峰、万威武：《国内外知名品牌价值之比较：一种网络优势评估分析》，《商讯：商业经济文荟》2004 年第 2 期。
[11] 周晓东、张胜前：《品牌资产评估方法的分析与比较》，《经济师》2004 年第 4 期。

实力进行衡量，最后利用行业标杆比较法予以量化评估。[①] 黄鹰从品牌价值关系角度出发分析了品牌价值因果定量评价法。[②]

关于品牌价值的评估，目前国内外学者和研究机构都提出了不同的评估模型和方法。综上所述，国内外品牌价值的评估方法主要包括四类：以财务因素为主、以"市场因素+财务因素"为主、以"消费者因素+财务因素"为主、以"消费者因素+市场因素"为主的评估方法。

第一节 以财务因素为主的评估方法

一 成本法

成本法是投资公司的长期股权投资账户按原始取得成本入账后，始终保持原资金额，不会因投资公司的营业结果发生增减变动的一种会计处理方法。[③] 对企业的品牌而言，品牌价值的原始成本在企业的资产中有着不可替代的地位，因此在对企业的品牌价值进行评估时不仅要考虑品牌价值的全部原始价值，而且还要考虑品牌再开发的成本与各项损耗的价值。成本法包括历史成本法和重置成本法，而在对品牌价值进行评估时，主要应用重置成本法。在对品牌价值进行评估时，首先要计算品牌的重置成本。重置成本法是通过估算重新建立一个全系品牌所需的成本的方法。重置成本法的基本计算公式如下：

品牌价值 = 品牌重置成本 − 失效性贬值 − 功能性贬值 − 经济性贬值

品牌重置成本 = 品牌账面原值 ×（评估时物价指数/品牌购置时物价指数）

其中失效性贬值是指品牌在不缺乏维护性投资的条件下算出的失效率。功能性贬值是科技的发展导致的旧品牌与新品牌相比较，功能相对落后引起的贬值。经济性贬值是指品牌的外部影响造成的品牌价值的贬值。这种方法的原理简单，便于操作，容易收集数据。由于品牌价值评估是一个复杂的过程，而成本法属于一种静态的分析方法，有很多因素没有考虑

[①] 李友俊、崔明欣：《品牌价值构成及灰色评估》，《商业时代》2005 年第 24 期。
[②] 黄鹰：《关于品牌价值因果定量评估法的几个问题》，《开放导报》2005 年第 6 期。
[③] 孙永彩：《期股权投资成本法转权益法问题及其对策》，《财会通讯》2011 年第 13 期。

进去，在使用时有一定的局限性。

二 股票市值法

股票市值法是由美国芝加哥大学的教授 Simon 和 Sullivan 提出的。[①] 该方法的基本思路是：以上市公司的股票市值为基础，将有形资产从总资产中剥离出去，然后再将品牌资产从无形资产中分离出来。股票市值法的计算步骤为：

（1）股数总市价 A = 股数 × 股价

（2）无形资产 C = 总市值 A − 有形资产 B

其中有形资产 B 用重置成本法计算，无形资产 C 由三部分所组成：品牌资产 C_1、非品牌因素 C_2、行业外可以导致获取垄断利润的因素 C_3。

（3）无形资产 C = 品牌资产 C_1 + 非品牌因素 C_2 + 行业外可以导致获取垄断利润的因素 C_3，而后确定品牌无形资产的各部分因素，建立函数关系。

（4）建立影响无形资产的各因素和企业整个股市价值之间的数量模型，进而得出各个因素对股市价值的贡献和各因素对无形资产的贡献率。最后得出品牌资产在整个有形资产 B 中所占的比例。然后用公式得出品牌资产 C_1。

$$品牌资产 C_1 = 无形资产 C × 所占比例$$

股票市价法理论比成本法得出的结果理想，但是这种方法需要大量的统计数据，在数据处理上也很复杂，难以确定无形资产的各因素和企业整个股市价值之间的数量模型。另外，该方法是以股价为基础，需要计算股价。根据现阶段发展情况，我国还不具备使用这种方法的条件。

三 未来收益法

未来收益法又称收益还原法，这是确定被评估资产价值的一种资产评估方法。国内的一些品牌价值评估机构都以这种方法为基础。该方法通过估算未来的预期收益，并折算成现值，然后累计，最后得出品牌价值。[②]

[①] 张放、赵春艳、张伟：《品牌竞争力评价方法综述》，《当代经济》2009 年第 17 期。

[②] 戴远、金占明：《品牌价值及其评估方法》，《上海企业》2003 年第 5 期。

使用未来收益法必须具备以下条件：被评估品牌资产必须具有持续获利的收益能力；被评估资产品牌资产的未来收益可以预测，可以用货币计量；所有者所承担的未来经营风险及风险报酬也必须能估算出来。

未来收益法的基本计算步骤如下。

首先我们要知道计算有限期收益折现的方法，该公式为：

$$V = \sum_{i=1}^{n} \frac{R_t}{(1+i)^t}$$

其中：V 为品牌价值，R_t 为品牌在第 t 年的预期收益，n 为品牌预期收益的年限，i 为折现率。收益折现的计算包括有限期收益折现和无限期收益折现。在这里我们只对有限期收益折现进行研究。而后通过前面的公式，要对折现率 i 进行确定。折现率直接影响品牌价值评估的结果。国际上采用的折现率确定方法是资产定价模型（Capital Asset Pricing Model，CAPM）。基本公式为：

$$I = I_f + \beta(I_m - I_f)$$

其中，I 为品牌的折现率，β 为风险报酬系数，I_f 为无风险报酬系数，I_m 为市场报酬率。未来收益法通过品牌预期的收益评估品牌价值，可以了解品牌的获利能力。该方法被认为是目前国际上比较合理、科学、客观的一种评估方法。但是这种方法也有一定的局限性：评估结果有很大的不确定性；从企业的财务因素出发，没有考虑市场和消费者的因素对品牌价值带来的影响。

第二节　以"市场因素+财务因素"为主的评估方法

一　英特品牌法

Interbrand 公司是全球最大的品牌管理顾问公司，它以严谨的技术建立的评估模型在国际上具有很大的权威性。1998 年，Interbrand 公司推出新书《品牌价值评估》，书中介绍了英特品牌法，英特品牌法要考虑客观和主观两方面的事实依据，客观的数据包括市场占有率、产品销售量以及利润所得；主观判断是确定品牌强度。① 两者的结合形成了英特品牌模型的计算公式：

$$V = P \times S$$

其中，V 为品牌价值；P 为品牌带来的净利润；S 为品牌强度倍数。

$$P = 产品营业利润 - 非品牌产品净利润 - 税收$$

按照 Interbrand 公司建立的模型，品牌强度倍数是由七个方面的因素决定。各个因素所占的比重不同，如表 2-1 所示。这七个因素得分越高，品牌竞争力就越强，品牌的预期获利年限就越长。另外，品牌强度倍数很难达到最高值。品牌强度倍数不是一成不变的，它是会随着实际情况在一定的数值范围内变动。

表 2-1 英特品牌评估模型品牌强度倍数

评价因素	含义	权重（%）
领导力（Leadership）	品牌的市场地位	25
稳定力（Stability）	品牌维护消费者的能力	15
市场力（Market）	品牌所在市场成长和稳定情况	10
国际力（Internationality）	品牌穿越地理文化边界的能力	25
趋势力（Trend）	品牌对行业发展方向的影响力	10
支持力（Support）	品牌所获得持续投资和重点支持程度	10
保护力（Protection）	品牌的合法性和受保护的程度	5

另外，英特品牌法的 S 形曲线将品牌实际强度得分转化为品牌未来收益所适用的贴现率。品牌强度越大，对今后评估的收益就越大，对应的贴现率就越小。反之，贴现率就会越大。根据这一曲线所示，强度分值为 100 属于理想品牌，其贴现率假定为 5%；强度分值为 0 的品牌，其贴现率为无穷大。

虽然英特品牌法在世界上广泛使用，但是也同样存在局限性。首先，英特品牌法在确定品牌的净利率和品牌强度倍数时主观意识很强，有较大的不确定性；其次，对于品牌强度倍数中的七个影响因素所占的权重是否

---

① 马骏：《品牌价值评估方法及应用》，重庆工商大学硕士学位论文，2012。

合理,也是英特品牌法今后要研究的问题;再次,英特品牌法是从市场角度和财务角度出发的,没有考虑到消费者因素和其他因素的评价。所以在进行品牌价值评估时要从全方位的角度出发,考虑到影响品牌价值的不同因素,以得出品牌价值的真实结果。

二 北京名牌资产评估事务所品牌资产评估法

1995年,北京名牌资产评估事务所发布了第一份《中国品牌价值研究报告》,这份报告是对我国知名企业的品牌价值的研究与排名。北京名牌资产评估事务所结合中国的具体情况,建立了中国名牌的评价体系,即MSD指标体系(见表2-2),分析出来三个重要指标:品牌开拓占领市场的能力(M),品牌超值创利能力(S),品牌发展潜力(D)。[①] 通过分析可以得出品牌价值(P)。用公式表示为:

$$P = M + S + D$$

表2-2 MSD指标体系

主要指标	代表性指标	权重(%)
品牌开拓占领市场的能力(M)	产品的销售收益	40
品牌超值创利能力(S)	营业利润、销售利润	30
品牌发展潜力(D)	商标、广告、产品出口	30

该方法作为我国国内评估公司提出的品牌价值评估方法,充分考虑了我国品牌市场的具体情况,根据市场因素评估企业的品牌价值。但是该方法也有不足的地方。首先,该方法仅依据企业的财务和市场状况评估企业的品牌价值,没有考虑到消费者关系对品牌价值的影响。其次,该方法的三个指标在选择上主观性很强,所得出的评估结果没有权威性。以"市场财务因素+财务因素"为主的品牌价值评估方法虽然考虑到了品牌的市场表现,但仅从企业财务数据推算出品牌价值,无法提供给企业足够的有用信息,这些方法忽略了消费者因素和品牌发挥作用的中间过程,无法体现消费者对品牌价值的贡献。

---

① 王玉娟:《"中国最有价值品牌评估法"评析》,《财会研究》2007年第12期。

第三节 以"消费者因素+财务因素"为主的评估方法

一 溢价法

运用溢价法衡量品牌价值,主要根据消费者为选择这一品牌愿意支付的金额。在其他条件相同的情况下,如果消费者选择这一品牌愿意支付的金额越多,则说明该品牌越具有价值。[1]

二 品牌价格平衡模型

目前,美国和欧洲使用最为广泛的方法为品牌价格平衡模型(BPTO)。通过这一模型可得出企业产品以及竞争对手产品的品牌价值,确定本产品的市场占有率。[2] 使用这种方法,首先,需要收集相关产品以及竞争对手产品的价格数据,运用 BPTO 进行测试;其次,得到两者的关联度。使用这一模型可以测试企业产品以及竞争对手产品价格的变化对消费者需求的影响,并且得到竞争产品之间的需求变化。

第四节 以"消费者因素+市场因素"为主的评估方法

一 品牌价值十要素模型

1996 年,美国著名品牌专家 David Aaker 教授提出了以消费者为主,同时考虑市场要素的评估方法——品牌价值十要素模型。Aaker 从 5 个方面衡量品牌价值:品牌忠诚度、品质认知/领导性、品牌联想/区隔性、品牌知名度、市场状况。[3] 并且,他根据这五个方面提出了品牌评估的 10 个

---

[1] 柳茂森:《消费者品牌知识对品牌忠诚的影响研究》,重庆大学硕士学位论文,2011。
[2] 李向辉、李晓辉:《基于计算机数据分析的品牌价格平衡模型》,《高科技与产业化》2005 年第 12 期。
[3] 严圣杰:《奢侈品品牌资产模型构建与实证研究》,上海交通大学硕士学位论文,2013。

指标，如表2-3所示。

表2-3 品牌价值十要素指标

品牌忠诚度评估	1. 价差效应　2. 满意度/忠诚度
品质认知/领导性评估	3. 品质认知　4. 领导性/受欢迎度
品牌联想/区隔性评估	5. 价值认知　6. 品牌个性　7. 企业联想
品牌知名度评估	8. 品牌知名度
市场状况评估	9. 市场占有率　10. 市场价格、通路覆盖率

品牌价值十要素模型全面衡量了品牌价值。与其他品牌价值评估方法相比，该模型主要以消费者因素为主，将市场因素和消费者因素相结合，分析品牌价值。该模型是一个十分全面、详细的品牌价值评估方法。其不足之处在于，不能直接运用评估，对于不同行业的品牌价值研究，要根据行业特点将模型中的指标进行相应的调整。

二　品牌资产评估电通模型

扬·罗必凯公司（Young & Rubicam）根据朗涛形象力模型（Landor Image Power）提出了品牌资产评估电通模型（BAV）。这一模型从品牌差异度（Differentiation）、相关度（Relevance）、尊重度（Esteem）和认知度（Knowledge）4个维度进行衡量。[①] 其中，该模型根据消费者评估结果建立了两个因子公式：

$$品牌强度(Brand\ Strength) = 差异度 \times 相关差$$
$$品牌高度(Brand\ Stature) = 认知度 \times 尊重度$$

这两个因子公式构成了品牌力矩阵，用于判别品牌所处的发展阶段。品牌资产评估电通模型从品牌力的角度对品牌价值进行评估，帮助我们更好地判断和管理品牌价值。该模型考虑了消费者因素和市场因素，全面地覆盖了品牌和产品种类。但是该模型并没有考虑到财务方面的因素，在选取定性指标时很难将其转变成定量指标，并且指标的获取也存在各种偏差，影响评估的正确性。

[①] 陈颖：《S卡通品牌评估及再推广策略研究》，中山大学硕士学位论文，2011。

第三章
文化品牌评估的研究现状及意义

第一节 文化品牌评估的研究现状

一 与文化品牌评估相关的研究

世界已经进入品牌经济时代,[①] 品牌的竞争已深入品牌要素的各个环节,构成品牌价值关系的因素也越来越多,而要素之间的关系也越发复杂。因此,对品牌的研究不能限于市场营销角度(这样会使研究方向出现偏离,而只把品牌作为营销工具),也不能受制于会计制度(这样会缩小关注角度降低品牌的价值),而应该从经济学的角度进行分析研究:品牌是价值创造要素、是生产要素,这样定性,更有助于我们分析和量化品牌的价值。

楼艺婵对民族手工艺品牌价值进行了评价,参考 Aaker 的十要素模型构建了知名度、品质感知、忠诚度、品牌联想度以及相关者价值等指标,结合模糊综合评判模型对品牌价值进行了评价,该研究对文化产业品牌价值的评价具有重要意义,但是在设计指标权重时邀请专家打分,而邀请的专家是商科学者并非手工业者,因此该指标权重的准确性有待进一步考察。[②]

王成荣、王玉军以及钱明辉等对我国老字号品牌进行了评价模型的构

[①] 刘平均:《加快推动中国品牌走向世界》,《人民日报》2017 年 7 月 17 日第 7 版。
[②] 楼艺婵:《民族手工艺品牌价值综合评价体系研究——以新华村"寸四""寸发标"银器为研究对象》,《学术探索》2016 年第 3 期。

建，王成荣、王玉军采用的是 THBV（Time-honored Brand Value）评价法的构建，并对北京餐饮业中的便宜坊、东来顺以及鸿宾楼进行品牌价值评价。① 钱明辉等则是采用文本分析的方法使用 Python 软件分析新闻中关于品牌企业的评价信息，以此构建因子分析模型进行品牌价值评价。几位学者采用的方法相对新颖，对文化企业品牌价值研究具有很大的参考价值。②

上述学者均提出了评价指标体系并结合实例进行了分析，为文化企业品牌价值评价研究提供了宝贵的实证经验。而更多的学者则是基于理论提出评价指标体系，同样存在重要的参考价值。③ 如刘思强等基于消费者风险感知理论和行为经济学的前景理论，认为消费者在购买商品时会受到品牌信息的影响，如口碑、知名度、信誉等，即品牌越知名、口碑越好，消费者认定的品牌价值就越高。④ 唐世龙结合顾客价值理论提出，品牌竞争力是指企业品牌相比于其他企业而言，具有的突出的独特优势能力。基于此，他构建了能够体现品牌市场表现力和品牌综合管理能力的理论指标体系。⑤ 基于与唐世龙相同的顾客价值优势理论，余可发在原有的基础上加上了衡量品牌竞争力的工作指标，如企业创新、技术创新等，拓展了评价指标体系。⑥ 欧阳洁等基于顾客权益品牌价值，提出了消费者品牌识别、消费者品牌偏好以及消费者品牌执行价格的三维度品牌评价框架。⑦

我国学者在研究品牌价值评价的同时也越来越注意到文化企业品牌价值的文化特殊性。纪雪洪等认为产品属性会对品牌价值产生影响，因此品牌的评价可以分为两种，一种是对品牌进行综合评价，另一种是对品牌的特定属性进行评价。⑧ 周懿瑾等也认为考察标志性品牌的价值时应该加入

---

① 王成荣、王玉军：《老字号品牌价值评价模型》，《管理评论》2014 年第 6 期。
② 钱明辉、陈丹、郎玲玉等：《中华老字号品牌评价研究：基于新闻文本的量化分析》，《商业研究》2017 年第 1 期。
③ 尉军平：《文化企业的品牌价值评价方法研究》，《文化产业导刊》2019 年第 4 期。
④ 刘思强、杨伟文：《基于风险规避的消费者品牌选择行为的经济学分析》，《消费经济》2010 年第 1 期。
⑤ 唐世龙：《基于顾客价值优势的品牌竞争力评价分析》，《商场现代化》2006 年第 26 期。
⑥ 余可发：《基于顾客价值优势的品牌竞争力评价分析》，《商业研究》2006 年第 8 期。
⑦ 欧阳洁：《基于顾客品牌权益价值的三维度概念模型基本评价框架》，《商业研究》2003 年第 12 期。
⑧ 纪雪洪、张思敏、杨一翁等：《产品微小属性对品牌评价的影响：基于产品核心价值视角》，《预测》2018 年第 5 期。

文化信息，文化信息与品牌相容则对品牌价值产生较为积极的影响，如蕴含孝道等价值观的企业"华夏惠众养老产业机构"在"一带一路"养老产业高峰论坛上得到政府的高度重视与支持。[①] 文化企业所蕴含的特有文化体现了该品牌价值的特殊性，因此对文化企业品牌价值进行评估时要重点考虑文化内涵的特殊性。

学者蒋熙韬、孟鹏和谭昊桐提出，文化品牌价值评价活动可遵循如下流程。

步骤一：界定被评价文化品牌类型。充分了解被评价文化品牌，对其所属类别进行定位。

步骤二：厘清影响文化品牌价值的维度，确定评价指标体系。针对不同类型文化品牌的性质，厘清影响其价值的主要因素，制定合理的评价指标体系。

步骤三：选择恰当的评价方法，制订数据和信息采集方案。根据制定出的评价指标体系，选择恰当的评价方法，针对评价方法，制订数据和信息采集方案。

步骤四：采集评价数据和信息。数据的收集要充分而具体。

步骤五：评定估算。根据所收集的数据，运用恰当的评价方法对文化品牌价值进行详细的估算。

步骤六：检验评价结果，并出具评价结果报告。检验评价结果是否与用其他评价方法评价出来的结果相差明显，如果是，需要重新对评价指标体系中的敏感因素进行分析；如果结果差异在可接受范围内，则可出具评价结果报告书。[②]

二 关于文化品牌互联网影响评估的相关研究

品牌影响力是依托于企业自身品牌而形成的一种溢出价值，不少学者将其定义为一种资产价值，是市场对企业的欢迎和认可度，也是自身差异化竞争优势的体现，企业可以借助品牌影响力实现自身盈利的溢出效应。

---

① 周懿瑾、许娟娟、高辉：《广告信息的文化相容性对标志性品牌评价的影响》，《江苏商论》2011年第3期。
② 蒋熙韬、孟鹏、谭昊桐：《文化品牌价值评价方法研究》，《中国商论》2020年第7期。

同时，品牌影响力也表现为企业在经营过程中形成的一种控制和影响市场的能力，最终左右顾客的购买决策和行为。[1]

文化品牌影响力，即指从事文化生产和提供文化服务的经营性行业在生产、促销、分配文化产品和服务的过程中，自身品牌积累的溢出价值与市场控制能力。文化品牌影响力的主动打造，则需要通过多种传播渠道和策略的综合运用，提升市场美誉度。文化品牌影响力的传播，主要通过大众传媒进行，锁定目标人群，培养用户对文化品牌的认知。过去，文化品牌影响力主要依靠广播、电视、报纸等传统媒体进行传播和构建，得益于传播媒体的权威，可信任度高，数据可掌握，但同时也存在着与受众的互动方式单一、到达率低、呈现的视听冲击力较弱等弊病，有可能花费了高昂的成本，但收效甚微。

进入"互联网+"时代，以互联网技术为支撑的新媒体，成为文化品牌影响力构建应充分挖掘的应用，社交媒体、直播、短视频、社区KOL等成为传播的新兴媒介，拥有更广泛的受众和更新颖的表达方式，文化品牌此时应面向特定用户人群，精准投放广告、发布新闻通稿、积极公关策划，制定有效的互动传播策略等。这也使得品牌之间的影响力竞争变得更加激烈和多元化。因此对文化品牌的互联网影响力进行评价就显得十分重要。

对文化品牌影响力的评估的主要思路就是针对自身行业特点建立一套评价体系，或定性评价，或采用数理方法进行评估。[2]

刘凤军等认为品牌影响力可以从消费者的品牌态度、品牌购买及推荐意愿和企业认同四个维度去界定。[3]

王晓宇认为采用定量数理方式对文化品牌影响力进行评估，可采用方法主要有：链接分析法、投入产出法、层次分析法、模糊综合评价法、BP神经网络法、多因素综合评价法等。[4]

---

[1] 尉军平：《文化品牌互联网影响力评估研究》，《文化产业导刊》2020年第1期。
[2] 尉军平：《文化品牌互联网影响力评估研究》，《文化产业导刊》2020年第1期。
[3] 刘凤军、李敬强、李辉：《企业社会责任与品牌影响力关系的实证研究》，《中国软科学》2012年第1期。
[4] 王晓宇：《微博情境下意见领袖对企业品牌的影响力研究》，安徽财经大学硕士学位论文，2015年。

互联网目前仍高速发展，重塑包括文化产业在内的各行各业的生态格局。《中国互联网络发展状况统计报告》显示，截至 2020 年 12 月，我国网民规模为 9.89 亿，互联网普及率达 70.4%。人们通过互联网接触媒介信息，以互联网思维建立对某一品牌的形象感知，这为文化品牌传播品牌文化提供了契机与挑战。

（一）互联网语境下的文化品牌影响力

在互联网时代的传播背景下，大数据、云计算、虚拟与现实以及 AI 的快速发展，促进了媒介技术的迭代，给文化品牌传播带来了机遇与挑战。

文化品牌在互联网的传播语境中，传播模式的改变主要来自传播渠道和受众的变化。得益于互联网高新媒介技术和惠普平台，传播渠道更加多元，精准广告、短视频营销、社区口碑营销等都成为文化品牌传播的新渠道。在受众方面，互联网为品牌培养了一个新的群体——"粉丝"，成为潜在的消费群体。

互联网重塑了文化产业的产品和商业模式，宋宝香等认为新的传播路径为培育强粉丝关系，由此建立忠诚度和品牌美誉度，再通过二级传播向更广泛的受众传播品牌文化。[①] 互联网为文化品牌的传播提供了有效的途径与方式，杨玉新认为文化品牌在互联网中的传播变得更加自由和高效。"互联网 +"的传播模式使过去的高传播成本降低，并且创造了更多的品牌附加值，带来经济和社会层面的双重效益。[②]

互联网为文化品牌传播带来便捷的同时，也加大了人为操纵的可能性，如"水军"的存在，干扰了互联网用户的独立判断，数据变得不再可控，此时文化品牌的影响力便掺入了水分，破坏了原有的市场。[③]

（二）互联网背景下对文化品牌影响力的评估

互联网背景下，文化品牌影响力的塑成受到多种因素的影响，针对其进行的评估也变得错综复杂，这意味着评价体系不再是过去的一套标准，

---

① 宋宝香、杨璧霞：《移动互联网时代服装企业提升品牌影响力的路径研究：基于优衣库的案例分析》，《中国棉花加工》2017 年第 5 期。
② 杨玉新：《"互联网 +"背景下大连文化创意品牌的发掘与构建》，《长春大学学报》2017 年第 5 期。
③ 尉军平：《文化品牌互联网影响力评估研究》，《文化产业导刊》2020 年第 1 期。

互联网特性的注入需要更广泛多元的评判维度、评估对象以及评价内容。

陈珺等提出在大数据应用的互联网背景下，品牌影响力评估指标体系用来评价文本在跨媒体渠道传播取得的效果，每个传播渠道的评估，都应包括阅读、互动等影响力指数。对于互联网背景下文化品牌影响力的评估，评价维度与指标都向互联网特性靠拢。① 在对公共数字文化网站的互联网影响力评估中，戴艳清等以网络计量学为工具，拟了网站流量、网站链接度和搜索引擎可见度三个角度，下设9个评价指标。② 微信公众号影响力评估主要指指数构建与量化评估，包括单一评价法、多维观照的综合评价法，张思怡、钟瑛将一级指标拟为活跃度、传播度、互动度和覆盖度，并在此四个维度下设置九个二级指标，建立了一套微信公众号影响力指标体系。③

可以看出互联网背景下品牌影响力的评估，评价维度和指标都需要与时俱进，原则即为针对性、可操作性和数据的可获得性，当前互联网时代大数据、AI 的发展为影响力评估提供了技术便利。

（三）国内文化品牌影响力的现状分析

我国学者和企业机构也对文化品牌影响力的现状进行了分析，涉及文化产业种类和方面较多，可分为城市品牌、文学作品、广播影视以及文化旅游等。学者大多专注于研究某一文化企业品牌影响力，或者不同行业的网络影响力，而将这两者结合起来分析文化品牌的互联网影响力的研究较少。

在研究单一文化品牌影响力方面，魏然采用 RBF 神经网络模型法，构建了城市品牌指标，对河北省的一些城市以及青岛、大连等城市进行了影响力分析。结果显示，青岛和大连在旅游等文化品牌方面的表现最好，远远领先于分析中的河北省城市。④ 刘垚根据《2012 中国文化品牌评估报

---

① 陈珺、陈辛夷、苏宇：《基于大数据的媒体传播分析及影响力评估应用创新》，《中国传媒科技》2017 年第 10 期。
② 戴艳清、戴柏清：《我国公共数字文化网站互联网影响力评估研究》，《图书馆建设》2019 年第 5 期。
③ 张思怡、钟瑛：《微信公众号影响力指数建构与量化评估》，《重庆邮电大学学报》（社会科学版）2019 年第 3 期。
④ 魏然：《城市品牌影响力智能评价与优化策略初探》，河北师范大学硕士学位论文，2008。

告》重点对长三角地区文化品牌进行了分析，他认为该地区文化品牌整体发展较好，但是存在文化品牌缺乏标准、政策限制以及资源争夺影响严重等问题。① 俞敏等对如何提升科技期刊影响力进行了研究，认为品牌是核心竞争力，而我国科技期刊在内容质量上以及对大众媒体的借助上，都有加强的空间。② 金铧对上海文化品牌的国际影响力进行了分析，认为东方卫视是上海打造的能够代表上海形象的国际化卫视，目前能够匹配其特色与地位，也能够满足观众的收视需求，但是在与国外媒体合作和培养国际明星的方面仍有不足。③ 苏勇军以宁波举办的国际港口文化节为案例，对与海洋文化有关的节庆品牌进行了研究，认为宁波港口的文化具有多元化和包容性的特点，但是同样存在不足。首先是对于港口文化的挖掘深度仅停留在"码头文化"是不够的，其次是节庆活动举办中政府的主导模式不利于活动的市场化，应该建立有效的市场化模式。④

在研究行业品牌的互联网影响力方面，数字100市场研究公司对传统品牌影响力模型进行了改进，加入了信息渗透度与消费者信任度等指标，对日化、数码、家电、化妆等行业的品牌网络影响力进行了分析。潘怿娇对城市台电视节目在互联网时代的影响力进行了研究，认为在互联网时代，收视率是不足以代表节目的影响力的，并对我国的《法律天地》与《道德与法》等节目进行了评价，认为好的节目应该以互联网为纽带，增加与观众互动以及开发App等。⑤ 黄群也指出，我国正处于互联网经济迅速发展期，增加品牌在互联网上的流量是提升品牌影响力的一个重要方法。⑥

目前专注于文化品牌互联网影响力的评价与研究较少，但是政府和社会都表现出了高度的重视。在第二届中国传媒品牌高峰论坛上，专家们特

---

① 蔡军、〔美〕托马斯·洛克伍德、王晨升、唐裔隆、刘吉昆主编《设计驱动商业创新：2013清华国际设计管理大会论文集》（中文部分），北京理工大学出版社，2013，第345－348页。
② 俞敏、刘德生：《全媒体时代提升科技期刊品牌影响力策略研究》，《中国科技期刊研究》2016年第12期。
③ 金铧：《上海文化品牌国际影响力研究——以东方卫视为例》，《西部广播电视》2014年第19期。
④ 苏勇军：《海洋类节庆品牌影响力提升研究——以中国（宁波）国际港口文化节为例》，《海洋经济》2012年第2期。
⑤ 潘怿娇：《"互联网＋"时代如何提升城市台节目的品牌影响力——以中山广播电视台〈法律天地〉为例》，《视听》2016年第3期。
⑥ 黄群：《用互联网思维提升邮乐网品牌影响力》，《中国邮政报》2018年第7期。

意就互联网时代下的媒体品牌打造问题进行了讨论，认为期刊与新媒体融合难度较大，但是融合转型是必经之路。王黎明等结合互联网背景，对茶品品牌的开发与设计进行了研究，认为茶产品的设计要与时俱进，在保留茶文化底蕴的同时融合新的价值观。①

通过对国内文化影响力的现状进行分析，可以看出我国目前文化品牌的影响力主要体现在线下，但是在国际化层面和对互联网经济的适应方面做得并不好，如传统期刊与较为碎片化的新媒体难以融合；传统茶产品也逐渐被年轻一代抛弃；城市电台节目与线上观众互动缺乏。因此构建互联网经济时代的文化品牌影响力评价指数，对文化品牌的互联网影响力进行评价是当务之急。②

三　文化品牌评估相关案例

（一）民族文化旅游品牌资产价值评价

本课题以大湘西文化旅游品牌为研究对象，通过品质认知度、市场竞争力、知名度、忠诚度和联想度五个指标体系的构建对民族文化旅游品牌资产价值进行了评估。③ 在对该案例分析前，我们要先了解旅游文化品牌的作用引起了众多学者在旅游文化品牌资产评估方面的不断研究，如 Gartner 和 Konecnik 分析了目标地品牌资产评估因子，认为不仅要看中目标地形象，还要从旅游质量、游客感知和忠诚度等多角度来评估。④ Baloglu、Boo 和 Busser 建立了基于游览者的文化品牌资产模型并应用在多个目标地的研究中。⑤ 我们了解到"顾永键、崔凤军提出了景观地文化品牌资产评估的非经济性和经济性指标体系，并运用品牌资产评估的基本理论将非经

---

① 王黎明、刘文学、王越：《互联网知识经济环境下的茶品开发与设计研究》，《福建茶叶》2018 年第 10 期。
② 尉军平：《文化品牌互联网影响力评估研究》，《文化产业导刊》2020 年第 1 期。
③ 龙湘洋、王忠云：《民族文化旅游品牌资产价值评价研究——以大湘西为例》，《经济研究导刊》2010 年第 31 期。
④ Konecnik, Maja, and William C. Gartner, "Customer-based Brand Equity for a Tourism Destination", *Annals of Tourism Research*, 2007, 34 (2).
⑤ Soyoung Boo, James Busser, Seyhums Baloglu, "A Model of Customer-based Brand Equity and Its Application to Multipled Estinations", *Tourism Management*, 2008, 30 (1).

济性和经济性指标链接起来，提出详实有针对性的评估模型"[1]。该案例还援引了曹晓鲜学者的理论，即"运用文化生态理论、区域品牌资产理论和协同理论分析了民族文化生态旅游品牌资产的内涵、特性及其构成体系，并结合湖南西部地区对民族文化生态旅游品牌资产进行了具体研究"[2]。我们可以看到该篇案例引用了众多学者对旅游品牌资产问题的见解，但大多的研究内容都停留在对特定旅游地的品牌资产研究方面，学界针对民族文化旅游品牌的资产价值评估研究比较少见。

1. 构建了民族文化旅游品牌资产价值评价指标体系

首先，该案例确立了"评价指标体系的构建原则"。（1）系统性原则。根据系统论的观点，决定从多方面来综合评判民族文化旅游品牌资产的价值。（2）顾客主体原则。案例认为，旅游者对旅游品牌价值的形成与实现起到决定性的作用，因而需要考察旅游者对民族文化旅游品牌的认知、态度、文化旅游倾向等因素的影响。（3）层次性原则。对于评价指标体系的构建，案例指出要按照各要素层次的高低和作用的大小不断细分。（4）动态性原则。案例提出，评价指标的设计不仅要有反映现有民族文化旅游品牌资产价值的指标，也要有反映民族文化旅游品牌资产潜在价值的指标。

其次，该案例确立了民族文化旅游品牌资产价值评价内容。案例认为品牌资产之所以有价值，主要是因为它在顾客心中产生了广泛而高度的知名度、良好且与预期一致的产品知觉质量、强有力且正面的品牌联想以及稳定的忠诚度这四个核心特性，所以该案例主要从消费者即旅游者这一角度对民族文化旅游品牌资产价值进行评价。案例具体分析如下。（1）民族文化旅游品牌的品质认知是指游客根据旅游动机，与备选旅游目的地相比，对民族文化旅游地资源和配套设施的全面质量或优越程度的感知。对于民族文化旅游品牌品质认知度的评价，该案例主要通过民族文化旅游资源和基础设施等指标来进行，其中民族文化旅游资源是民族文化旅游品牌品质的重要来源，是最核心的价值，而基础设施的健全程度也会对旅游者对其品牌品质认知度产生重大影响。（2）民族文化旅游品牌市场竞争力是

---

[1] 崔凤军、顾永键：《景区型目的地品牌资产评估的指标体系构建与评估模型初探》，《旅游论坛》2009年第1期。
[2] 曹晓鲜：《基于协同的湖南西部民族文化生态旅游品牌资产研究》，《湖南师范大学社会科学学报》2010年第1期。

指民族文化旅游地或民族文化旅游企业凭借民族文化旅游品牌在激烈的旅游市场上保持竞争优势的能力。在该案例评价过程中，主要从旅游市场和客源市场两个角度来进行，市场占有率等指标较能直接反映出民族文化旅游品牌的市场竞争力，客源市场则决定着民族文化旅游品牌能否保持竞争优势。（3）民族文化旅游品牌知名度是指该民族文化旅游目的地的潜在游客认知或记起该旅游地属于何种资源类型或其突出特点的能力。民族文化旅游品牌形象被游客认可的程度，或其品牌个性、民族文化旅游地的区位特征等因素都会对民族文化旅游品牌的知名度产生影响。（4）民族文化旅游品牌忠诚度是指游客重复购买同一个民族文化旅游品牌产品或反复地向亲友或其他人推荐某个民族文化旅游目的地品牌。民族文化旅游品牌的忠诚度可由游客的满意度和偏好度来衡量，其中满意度包括游客对民族文化旅游产品和服务质量的满意程度，偏好度则主要是游客对民族文化旅游品牌形象的识别程度，并受社会舆论导向的影响。（5）民族文化旅游品牌联想则指旅游者通过某个民族文化旅游品牌，能够联想到的与该民族文化旅游目的地相联系的所有事情。民族文化旅游地的环境和区域社会经济条件都会对民族文化旅游品牌资产价值产生更为持久和根本的影响，旅游地环境的舒适度、安全性、产业发展的条件及受重视程度等与民族文化旅游品牌的建设直接关联，对民族文化旅游品牌资产价值的提升至关重要。

最后，该案例构建起了评价指标体系。该评价指标体系由5个一级指标，10个二级指标，28个三级指标组成，分级明确，实操性高。

2. 针对大湘西民族文化旅游品牌资产价值进行评价分析

该案例结合所构建的民族文化旅游品牌资产价值评价指标体系中的构成层级及相应的测度指标，并依据大湘西民族文化旅游品牌价值的构成，对大湘西的民族文化旅游品牌资产作出了评价分析。

（1）该案例对大湘西民族文化旅游品牌的品质认知度进行了评价。首先，案例研究从大湘西的民族文化旅游资源角度出发，千年古镇凤凰、德夯苗寨、美丽的王村芙蓉镇、南方长城、里耶古城、名人故居，民族风俗等人文旅游资产都具有较强的体验性、感染力和名人效应，这些都是具有较大游客吸引力的品牌资产。其次，随着大湘西旅游业的不断发展，各项旅游设施也在逐步完善，如交通方面，国家交通运输部提出要尽最大努力支持湘西州交通建设。

（2）案例对大湘西民族文化旅游品牌市场竞争力进行了评价。案例告知我们，大湘西是湖南省旅游资源最为丰富和集中的地方，并且因其为少数民族聚居地，其民族文化旅游资源在旅游市场上具有较强竞争力。从旅游业的整体发展角度来看，从2005~2009年，大湘西的旅游收入在不断增长，但在湖南省旅游收入中所占比例在不断下降，从2005年的22.34%降到2009年的17.99%，这说明其竞争力有减弱的趋势。

（3）案例对大湘西民族文化旅游品牌知名度进行评价。目前，张家界拥有国家等级旅游区（点）14个，湘西州拥有"国字号"旅游招牌13个，怀化市具有国家等级旅游区（点）17家，这些旅游品牌大大增强了大湘西在国内国际旅游市场上的影响力。但其民族文化旅游品牌形象还不是很鲜明，没有将大湘西丰厚的自然景观旅游与民族文化旅游开发很好地结合起来，这在一定程度上制约着该地区民族文化旅游品牌资产价值的提升。

（4）案例对大湘西民族文化旅游品牌忠诚度进行了评价。除了民族文化旅游资源本身的吸引力外，旅游服务对旅游者的影响也很大。在大湘西众多的旅游景点中，有些旅游景区存在欺诈游客的现象，民族文化旅游市场缺乏规范的管理，游客的满意度不高。另外，旅游地存在的负面宣传也在很大程度上减少了游客的旅游品牌忠诚度，如湘西土匪之说等。

（5）案例对大湘西民族文化旅游品牌联想度进行了评价。就旅游地环境而言，大湘西的民族文化旅游景区注重资源开发与保护并存，旅游地环境维护较好，能给旅游者带来一定的舒适度。

至此，我们可以看到该案例以大湘西地区为研究对象，从民族文化旅游品牌的品质认知度、市场竞争力、知名度、忠诚度和联想度等五个维度进行了评价分析，反观该案例的指标体系的构建及应用是比较成功的。

（二）广播媒体文化品牌价值影响因素及评价指标体系研究

该案例认为广播媒体文化品牌价值能为广播媒体自身带来超额利润，可以给大众带来产品的有关信息，好的广播媒体还可以给社会带来积极广泛的影响，广播媒体文化品牌价值有着重要的意义和作用。主要目的即通过对广播媒体文化品牌价值进行评估，研究分析广播媒体文化品牌价值的影响因素，从而提升广播媒体文化品牌竞争力，进而形成核心竞争力。

1. 针对"广播媒体文化品牌价值影响因素"进行分析

该案例认为广播媒体文化品牌价值是集自身、大众、社会于一体的，其影响因素也与三者有关。①

（1）首先，该案例对广播媒体文化品牌价值的自身因素进行了分析。案例指出，当前广播媒体行业日益发生深刻变革，媒体融合正成为时代主题，社会大众接收信息的方式正在改变，媒介变换正在不断加速。广播媒体的市场地位不断受到新兴媒体的挑战，要求广播媒体需要不断紧跟瞬息变换的市场发展，广播媒体文化品牌要提高自身业务能力。这就在核心能力、创造能力等方面对广播媒体提出了很高的要求。广播媒体竞争关键是核心竞争，广播媒体优势也是核心优势。广播节目的内容质量、制作水准、播报方式都会直接影响广播收听率、市场份额等。广播媒体创造能力对广播媒体文化品牌价值的影响也日益增加，包括广播节目中的创新和节目之外品牌的延伸这两个方面。案例也提出，创造能力是对广播节目十分重要的要求，也是广播媒体文化品牌价值得以延续和提升的保证。

（2）其次，该案例对广播媒体文化品牌价值的大众因素进行了分析。案例提出，今天的听众早已不是被动的接收者，他们有选择性地接收信息，积极参与广播媒体，而广播媒体对于听众的看法也十分重视，渴望了解听众需求，以便满足听众的需求。因此，大众因素是广播媒体文化品牌价值的重要部分。对于广播节目来说，受听众欢迎程度起到了决定性的作用。由于广播媒体听众具有人数多、分布广等特点，目前经常采用满意度调查对受听众欢迎程度进行分析。案例提出，一个广播节目的优劣，并不能仅仅从收听率、满意度上来判定，而应该结合一些定性的评价，比如听众评价、广告客户评价等，全面评判广播媒体文化品牌价值。对于品牌来说，"品牌回购是指消费者在购买决策中，多次表现出来对某个品牌有偏向性的（而非随意的）行为反应。它是一种行为过程，也是一种心理（决策和评估）过程"②。对于广播媒体文化品牌而言，广告客户的稳定性和听众对节目的追随度与听众本身的特性和生活经历密切相关。

---

① 孟鹏、谭昊桐：《广播媒体文化品牌价值影响因素及评价指标体系研究》，《中国商论》2019年第24期。
② 孟鹏、谭昊桐：《广播媒体文化品牌价值影响因素及评价指标体系研究》，《中国商论》2019年第24期。

（3）最后，该案例对广播媒体文化品牌价值的社会因素进行了分析。案例表示，社会环境是广播媒体文化品牌的生存环境，广播媒体文化品牌的建立、宣传等工作都受到广播媒体这一大环境的影响，必须在法律法规和政策允许的轨道中进行。因此，案例认为广播媒体文化品牌价值必然会受到社会环境的影响。广播媒体法律政策的建立是广播媒体健康发展的保障，同时也在一定程度上引导着广播媒体的发展走向。目前，我国广播电视行业的管理机构是国家广播电视总局，最高管理行政法规是自1997年9月1日起施行的《广播电视管理条例》。在广播飞速发展的同时，主持人队伍也迅速壮大，而且对于社会的影响力也日渐加深，建立相应的政策法规成为当务之急。广播媒体文化品牌不仅要在国家法律法规及相关政策下发展，还要承担起公共责任。广播媒体作为我国宣传机构，对于广大听众有着宣传政策、传播信息的时代使命和公共责任。

2. 针对"广播媒体文化品牌价值指标体系的建立"分析

这篇案例在研究广播媒体文化品牌价值过程中，分别从自身、大众和社会三个角度对广播媒体文化品牌价值进行评价。其设计的广播媒体文化品牌价值评价指标体系如表3-1所示。

表3-1　广播媒体文化品牌价值评价指标体系

一级指标	二级指标	三级指标
自身	核心能力	节目收听率
		市场占有率
	创造能力	节目个性成长率
		节目创优率
		产品创新率
大众	品牌满意度	听众满意率
		广告客户的满意率
	品牌回购	听众回购率
		广告客户的回购率
	品牌美誉度	听众美誉度
		广告客户的美誉度

续表

一级指标	二级指标	三级指标
社会	法律责任	节目整改率
		政策符合率
	公共责任	宣传率
		监督率

资料来源：孟鹏、谭昊桐：《广播媒体文化品牌价值影响因素及评价指标体系研究》，《中国商论》2019 年第 24 期。

（1）该案例从自身指标角度进行了评价。案例提出核心能力是广播媒体文化品牌价值的主要能力之一，在竞争中处于优势地位的强项，是其他对手很难达到或者无法具备的一种能力。核心能力越强，价值也就越高。核心能力一般包含节目收听率、市场占有率。案例对两个概念进行了界定：节目收听率是指某一时段内收听某广播节目的人数占广播听众总人数的百分比，是重要的量化指标。节目收听率的研究范围不仅要涉及传统市场，如社区人群、车载人群等，还应该涉及新兴媒体等，如互联网上收听人群。市场占有率是指某广播节目在市场同类产品中所占比重。它在很大程度上反映了广播节目的竞争地位和盈利能力，是一个非常重要的指标。通常市场占有率越大，竞争力越强。创造能力是指与其他媒体相比较，广播媒体文化自身独有的创造力，可以体现在内容上、节目上、收听方式上等。创造能力包含节目个性成长率、节目创优率、产品创新率。案例随后也对这些概念进行了界定。节目个性成长率是把目前的广播节目和之前的广播节目相比较，对比得出目前的广播节目的原创程度。打破旧格局，突破新内容，是目前广播节目的发展新趋势。节目创优率是从节目获奖情况的角度进行评价，通过节目创优率来说明节目品质的社会认可性。而产品创新率即是说在广播节目的基础上，创新一些线下活动、广告推广、商业合作等，丰富了广播节目的形式，给听众带来了新鲜感，也会在一定程度上提高广播媒体文化品牌价值。

（2）该案例从大众指标角度进行了评价。案例提出，品牌满意度是指顾客对品牌满意程度，通过对品牌产品的可感知效果与对比预期后所形成的愉悦或失望的状态来表现。提升顾客满意度是做品牌的目标之一，也是鉴定品牌好坏的一项重要指标。广播媒体文化品牌满意度既包括听众对节目的满意度,也包括广告客户对节目广告的满意度。在评价的过程中,要把二者都考虑到。品牌回购是指顾客对品牌产品的再次购买。广播媒体文化品牌回购不仅包括听众对节目的回购,同时也包括广告客户对节目广告的回购。广播媒体文化品牌回购通常可以体现出顾客忠诚性、依赖性、排他性、传承性等。品牌美誉度是指顾客购买品牌产品后对其的好感程度。广播媒体文化品牌美誉度包括听众对节目的美誉度,也包括广告客户对节目的美誉度。品牌美誉度=时期内赞誉该品牌的听众或广告客户数量/时期内听众或广告客户总数量×100%。

(3)该案例从社会指标角度进行了评价。法律责任是指广播媒体文化的发展要在国家法律法规及相关政策下进行。不能做不符合国家法律法规和政策的事情。法律责任包含节目整改率、政策符合率。节目整改率是被整改的广播节目在全部节目中的占比。如果节目被整改,可以说明该节目不符合国家法律法规;政策符合率是指广播节目对相关的政策文件符合程度。广播节目要沿着国家政策的方向发展。公共责任是指广播媒体文化参与公共生活的使命感和责任心,体现了承担责任的程度。公共责任包含宣传率、监督率。宣传率是指广播媒体文化在广大听众内发挥导向性作用,对党中央的政策方针及路线的传播程度;监督率是指在广播媒体的作用下,对社会行为的有效监督程度,在一定程度上促进好的社会风气得到传播。

该案例提出,近年来广播媒体的发展受到电视媒体、平面媒体、新媒体等的强烈冲击,面临着许多的问题,在媒体文化品牌竞争日趋激烈的社会环境下,广播媒体文化品牌价值的发展成为诸多业界人士和专家学者思考的一个重要问题。我们可以看到,该篇案例分析了广播媒体文化品牌价值的影响因素,设计了包括自身、大众、社会在内的广播媒体文化品牌价值评价指标体系,最后在广播媒体文化品牌价值研究的基础上得出结论。基于此,我们可以认为,该案例对于广播媒体文化品牌价值的研究,不仅能够了解广播媒体文化品牌对市场的影响力和文化品牌建设的成效,也有助于广播媒体行业在为听众提供更优质更丰富信息的同时,借助研究成果进行策略变更从而获得更多的溢价收入。

(三)出版文化品牌价值影响因素及评价指标体系

该案例认为出版业是文化产业的重要基础,旺盛发展的出版业可以促进优质文化产品的产出，从而助力我国文化强国战略。出版文化品牌的打造对出版企业的发展至关重要，研究出版文化品牌价值的影响因素以及评价指标体系建构对出版业发展具有积极意义。

1. 针对"出版文化品牌价值的影响因素"进行分析

该案例认为，文化品牌所包含的内容十分广阔，涉及主体、财力、标识、个性、平台、实力等诸多要素，文化品牌的定位则涉及基础性、前瞻性以及价值性三个领域。文化是构成品牌定位的基础，在缺少文化要素的情况下，文化品牌很难获得读者的认同。[①]

该案例分析，品牌价值的利益相关者具有多元化特征，若是从这一角度切入对品牌价值的影响因素进行概括，则可分为以下三个方面。其一，内部因素。包括企业研发投入、管理成效、客户服务质量、营销水平等。其二，外部因素。包括市场竞争、营销环境、国家政策、消费者需求等。其三，承担的社会责任。企业的社会责任对其品牌价值具有负向/正向影响。但要注意的是，上述因素只是针对文化品牌价值影响因素的普适性概括，而在多元化市场环境下，不同品牌的价值构成要素以及影响因素必然也会呈现出普遍的差异性。

该案例提出，出版文化品牌价值的影响因素主要有市场需求、品牌品质、促销组合、技术创新、品牌延伸与保护、支援管理等六项。在对品牌价值进行分析时，可以从三个角度切入。其一，企业角度。设计因素包括产品属性、价值、特点及其市场占有率和市场地位。其二，消费者角度。分析消费者的品牌联想度和品牌忠诚度。其三，社会角度。涉及品牌的关系价值和权利价值等内容。

2. 针对"出版文化品牌的评价指标体系"分析

该案例结合现今我国出版文化产业发展现状，通过对出版文化品牌价值构成要素分析，其品牌价值高低所受的影响主要来自消费者、社会以及自身三个方面，其中自身影响又可以分为企业本身和发展前景两方面，在此基础上建构的出版文化品牌价值评价指标体系，共包含四级指标层次，一级指标为出版文化品牌价值，二级指标为发展价值、消费者价值、企业

---

① 吕莹：《出版文化品牌价值影响因素及评价指标体系研究》，《品牌研究》2020年第14期。

价值和社会价值。在此之下又继续细分，具体内容如下。[①]

（1）发展价值。发展价值之下的三级指标有五项，分别是品牌创新力、品牌营销宣传力度、品牌辐射力、品牌建设和品牌特性。品牌创新力指的是品牌创造价值的能力，主要体现在品牌内涵创新、传播渠道创新以及内容创新三个方面。面对越来越激烈的市场竞争和不断发展变化的消费需求，只有创新才能维持并提高出版文化品牌的价值，持续创新是推动品牌提升的必经之路。品牌营销宣传力度是指通过市场营销使客户认知并了解出版文化品牌以及相应的产品，在消费者心中树立特定的品牌形象，并获得消费者的认可，提高品牌的市场竞争力，为其持续发展奠定基础。品牌营销宣传力度的评价可通过广告投放效果、信息渠道畅通度以及品牌危机处理能力等指标来实现。品牌辐射力指的是品牌所具有的拓展延伸性，简单来讲就是能够在同领域进一步创造效益以及在其他相关领域创造效益的能力。基于成功的品牌，企业可以根据新要素形成全新的产品，快速融入市场，扩大企业的发展空间。品牌辐射力的评价可通过品牌成长力、全球领导力、品牌规模以及品牌趋向等指标来实现。在进行出版文化品牌延伸的过程中，企业要与受众保持良好的沟通交流，增进双向认同，引导读者接受延伸品牌与产品。品牌建设是指通过规划、设计、宣传、管理等手段实现品牌价值的提升，其次级指标包括自主版权和专利权、品牌研发能力、科研经费投入力度、品牌管理机构与专职人员设置情况等四项。品牌特性来源于消费者对其产品和品牌形成的感性认知，具有独特性，集中反映了品牌的差异化价值。其次级指标包括品牌定位明确性、品牌文化独特性、品牌发展理念以及品牌形象等四项。

（2）消费者价值。消费者价值之下的三级指标有三项，分别是品牌忠诚度、品牌认知度以及品牌体验度。品牌忠诚度反映的是消费者认同或喜爱品牌产品或是服务并重复多次购买的过程，体现了消费者的偏好。这一指标的次级指标包括价差效应、品牌偏好度以及品牌推荐指数三项。品牌认知度是消费者认知和理解品牌价值与内涵的重要指标，品牌认知度越高说明企业的知名度越高、理念认可度越高，因此该指标影响着企业的市场竞争力。其次级指标包括品牌历史文化、品牌知名度、品牌知晓度、品牌

[①] 吕莹：《出版文化品牌价值影响因素及评价指标体系研究》，《品牌研究》2020年第14期。

形象等四项。品牌体验度则是消费者从品牌产品或是服务中所体验到的价值的高度层次，其次级指标包括品牌满意度、品牌认可度、品牌信任度、品牌联想度以及品牌感知质量等五项。

（3）企业价值。品牌企业价值的次级指标有两项，分别是财务指标和市场价值指标。财务指标集中反映了企业的经营和财务状况，经过分析可以对企业经营效益的高低进行客观精准的评估。其次级指标包括资产净收益率、销售净利率、资产周转率以及利润增长率等四项。市场价值指标则反映的是品牌所具有的市场地位，是竞争力高低的体现，其次级指标包括细分市场能力、市场占有率、市场影响力以及分销渠道等四项。

（4）社会价值。品牌社会价值的次级指标包括社会责任、关系价值、政府支持度以及法律权利等四项。企业的社会责任履行情况影响着消费者对其名誉的评价，同时社会责任的轻重也可以在一定程度上体现出企业在行业中所处的地位。其次级指标包括支持参与公益活动、增强优秀传统文化凝聚力和创造力、传统正能量、树立正确价值观等几项。企业在打造品牌的过程中必然需要与受众保持良好的关系，而这需要投入多方面的资源，但品牌价值由此提升也会使企业获得利益，这一过程中所体现出的价值就是品牌关系价值。其次级指标包括战略合作伙伴关系、产业链关系以及与顾客关系三项。品牌政府支持力度是指政府对品牌的支持和资助情况，次级指标包括政府关注度和政策倾斜度。企业在进行注册之后会享有法律所赋予的权利，包括版权、商标使用权等均属于品牌法律权利的范畴。其次级指标包括版权受法律保护的情况、法律法规的保护力。

第二节　文化品牌评估的意义

文化品牌凝聚了文化的精神价值和经济价值，是文化自信的重要展示窗口，是国家软实力的重要载体。文化品牌成为检验国家文化产业发展水平、创新能力、综合实力的重要标尺，在国际文化竞争中扮演着越来越重要的角色。[①]

科学评估文化品牌价值，可以帮助文化企业提升影响力，增强投资者

---

① 彭翊主编《中国文化企业品牌发展报告（2018）》，社会科学文献出版社，2018，第2页。

信心，提高顾客忠诚度，并可为文化产业并购、重组提供参考。文化品牌价值评价逐渐成为一个重要的管理工具，被运用于文化企业战略规划、市场营销和财务管理等领域。

文化品牌是社会组织或机构竞争优势的主要源泉和战略财富，对文化品牌开展客观的品牌评估具有重要意义。

一 品牌强国建设的重要支撑

2014年，习近平总书记首次提出"三个转变"的重要论断，要求推动中国制造向中国创造转变、中国速度向中国质量转变、中国产品向中国品牌转变。"三个转变"从发展和全局高度、深刻阐明了科技创新和质量品牌建设的重要性，为推动我国产业结构转型升级、打造中国品牌指明了方向。2015年，国家发布关于制造强国的指导文件《中国制造2025》，"创新、质量"等核心关键词彰显了实施制造强企、质量强企、品牌强企的重大目标与部署。[1] 2016年，有关品牌促进经济发展的意见《关于发挥品牌引领作用推动供需结构升级的意见》由国务院办公厅发布，强调品牌在促进经济发展中的促进作用要得到充分发挥。国家层面再次强调了大力推动自主创新、质量先导、品牌强企的要求，这既是中国经济发展的必然要求，也是中国企业做大做强、应对各种挑战、争夺国际话语权的必由之路。[2]

2017年，中国品牌强国之路迎来了划时代的里程碑事件：国家层面设立了"中国品牌日"。2018年，围绕博览会与论坛两大主题，中国品牌日活动在上海隆重举办。2019年和2020年，李克强总理分别对中国品牌日活动作出重要批示。

国家层面及地方各级相应的一系列品牌主题活动，让国人铭记品牌强国的重大意义，也让各行各业的企业牢记品牌强企之使命，从而全面增进企业与全社会的品牌强国意识，推动中国产品向中国品牌不断转变。

随着一系列国家层面重大利好政策的密集出台，中国品牌走向世界的步伐正在加快。"一带一路"倡议提出，中国企业通过品牌强企走出国门

---

[1] 赵建坤：《推动质量技术创新，助力制造强国战略——纪念中国质量协会质量技术奖设立十周年》，《中国质量》2015年第7期。
[2] 尉军平：《YZ公司品牌管理研究》，中国政法大学硕士学位论文，2020。

参与国际竞争的国际化之路迎来了新的契机。

文化产业的发展状态是衡量一个国家软实力的重要指标，进入移动互联网时代，全球文化与经济形势发展迅速，各个地区与城市通过打造体现自身特色的文化产业来提升综合实力。

文化品牌的建设遵循市场规律的运转，离不开消费者的价值评估和消费偏好，因此在品牌打造的过程中对文化品牌的价值进行评估就显得至关重要。[1]

二 提升品牌价值

文化品牌经过评估，受众可以通过各种渠道得知品牌价值几何，以此可推动和扩大文化企业品牌的市场影响，并配以营销宣传，提高品牌知名度、美誉度，树立形象，展示企业实力。当今市场，文化品牌价值已经成为运营主体的核心竞争力之一。

戴维·阿克（David A. Aaker）认为，品牌资产作为一种资产，能够使企业或客户提供的服务或产品发生增多或减少的变化，这种资产和企业的名称、LOGO等品牌元素息息相关。[2] 吉尔－萨乌拉·艾琳（Gil-Saura Irene）认为，品牌资产作为企业重要的附加价值，是从客户这个角度为企业增加的资产。[3] 诺埃尔·卡彭（Noel Capon）认为，站在企业所拥有的客户层面，品牌管理者要融合其与目标客户群体的多方位资源优势打造和建设这个层面的品牌资产。[4]

徐浩然认为企业之间的竞争已经从传统的质量等方面转化为品牌方面的竞争，拥有深厚文化内涵的品牌具有更强的竞争力，使企业具备了更强的溢价能力和更好的认知度，品牌已经成为企业最重要的资产。[5]

杨振武认为，梳理企业的无形资产，有很多商业竞争方面的要素，但

---

[1] 尉军平：《文化企业的品牌价值评价方法研究》，《文化产业导刊》2019年第4期。
[2] 〔美〕戴维·阿克：《管理品牌资产》，吴进操、常小虹译，机械工业出版社，2019，第16页。
[3] Seric, Maja, Gil-Saura lrene, Mikul ic, Josip, "Customer-based Brand Equity Building", *Journal of Vacation Marketing*, 2017（2）.
[4] Yong J. Wang, Noel Capon, Valerie Lynette Wang, Chiquan Guo, "Building Industrial Brand Equity on Resource Advantage", *Industrial Marketing Management*, 2018（72）.
[5] 徐浩然：《企业品牌理论研究及战略运用》，《南京社会科学》2008年第7期。

这些要素中最重要的就是品牌。中国经济需要中国品牌的强有力支撑，无论是企业（通过打造著名品牌走出国门参与国际舞台的竞争）还是一个国家，品牌都是一个重要的名片、一笔宝贵的财富。①

梁城城、胡智、李业强、吕昊阳认为，品牌价值的具体来源主要有货币和非货币两个方面的价值，这些价值是伴随着品牌的形成而逐步形成的，通过这方面的价值评价，可进一步发现和提升品牌价值方面的功能。②

随着信息时代知识经济的快速发展，包括广播、电视、电影、新闻、出版、娱乐等在内的文化产业创造了巨大的社会财富，在国民生产总值中的占比越来越大，成为影响国与国之间综合国力竞争的重要因素。而文化品牌又是文化产业市场竞争的核心要素资源，是衡量国家整体文化产业实力的重要标志，只有当文化品牌实现了振兴，才能实现综合实力的全面振兴。文化产业是智能化、知识化的高附加值产业，其产品价值以几倍、几十倍的速度增值，大力发展文化品牌可以提升第三产业在 GDP 中所占的比重，开拓和占领国内外市场。文化品牌属于无形资产，对无形资产价值的评估相对于有形资产价值评估而言较为困难，导致文化类企业在经营过程中难以获得银行的信贷支持，融资相对其他类型企业难度大，不利于其品牌建设。科学评价文化品牌价值是文化类企业有效降低融资难度、提升品牌竞争力、赢得发展空间的重要基础。

三 为企业战略发展提供科学定位

王亚星认为，现在已经进入品牌为核心的竞争时代，品牌全方位的管理活动越来越受到企业的重视，作为品牌管理的一个重要环节，品牌价值评估决定了企业生存与发展的水平，决定了企业品牌管理的质量。因此，对企业的品牌价值进行合理、科学的评价非常重要。③

肖红民认为，作为企业整个发展战略的一个重要组成部分，品牌战略是一个企业打造知名品牌的长远规划和终极理想，要以考量企业所处的内部与外部条件的优势整合为前提，从而确定品牌建立、定位、维护等主要

---

① 杨振武：《擦亮中国品牌"金名片"》，《人民论坛》2015 年第 15 期。
② 梁城城、胡智、李业强等：《国际品牌价值评价方法及最新进展》，《管理现代化》2018 年第 6 期。
③ 林深：《亚洲品牌崛起》，《中国经济周刊》2007 年第 21 期。

内容。[1]

沙海琴认为，企业市场营销战略的制定要在其精准定位的品牌指导下进行，这对市场营销战略的成败有着至关重要的意义。[2]

在品牌评价方面，作为无形资产的品牌因素越来越受到企业、投资界及行业协会的高度重视。企业因兼并、收购及合资等相关活动日益增多，基于行业特性、区域特别是不同国别区域的文化、信仰等因素的差异，客观、公平的品牌评价对于企业高层做出理智的决策至关重要。

将品牌从其他资产中分离出来，作为一项独立的资产去投入甚至控股新的合资企业，此时需要评估品牌的价值。品牌价值评估为合资与品牌繁衍奠定了基础。以往有的企业在与外商合资时，未对其品牌价值进行合理的评估，草率地把自己的品牌以低廉的价格转让给外方，造成了企业的重大损失。同样，在与国内公司合资时，也不应忽略本企业的品牌资产价值。另外，在企业重组、改制、上市等过程中也应对品牌资产进行评估，其价值应该直接反映在企业的资产负债表中。品牌价值只有经过评估之后，才能兑现。近年来兴起的品牌兼并、收购热潮，使得许多企业意识到对现有品牌资产的价值进行评估的重要意义，合资企业的不断出现，也产生了传统上认为不能联合的联合品牌名称。

四 为经营者提供管理决策依据

通过品牌评估可以让投资者对公司的价值有较正确的看法，增强投资者的信心，提高投资、融资的交易效率。在品牌特许经营、品牌许可使用、品牌质押贷款等经营活动中，品牌评估尤为必要。对各个品牌价值做出评估，有利于经营者对品牌投资做出明智的决策，合理分配资源，减少投资的浪费。

杨卫认为，客观的品牌价值评价具有重要意义，不仅有助于管理者准确地判断其资源优劣，为科学地分配资源打下坚实的基础，而且能够使管理层在战略规划与决策中更理性，减少盲目投资的失误。[3]

---

[1] 肖红民：《浙江联合动力传媒广告公司品牌战略研究》，宁波大学硕士学位论文，2015。
[2] 沙海琴：《品牌定位在市场营销战略中的地位》，《商场现代化》2018 年第 24 期。
[3] 杨卫：《品牌价值评估客观性研究——对 Interbrand 评估方法的几点改进》，华东交通大学硕士学位论文，2006。

让·诺尔·卡菲勒认为，不同品牌的战略优劣不同，不能仅从单一企业或市场的成功来衡量，要从企业的宏观发展战略高度切入，制定出企业特定形式的品牌战略。① 这个观点阐述了品牌战略要上升到企业宏观战略的高度，要根据企业的发展特性来制定。

夏娟认为，盈利能力是企业品牌建设成果或是引进战略投资合作伙伴等融资活动的重要考量依据，因而企业在打造强势品牌的同时，也需要对自身在不同发展阶段所具有的品牌价值作一个精准的判定。②

梁城城等认为，通过对企业的品牌开展评价，能够帮助企业对自身的价值作出判定，从而梳理出企业自身发展的优劣势，也让企业相对准确地知晓其所在行业品牌发展的情况及品牌影响力的客观排名，这便于企业尽早知道自身和本领域企业发展存在的距离及其和其他企业有差距的具体方面。有了这些重要的反馈信息，企业能够在其发展规划的确定过程中做出更加理性的科学决策。③

总之，研究品牌资产价值评估的原则和方法对于建立和管理品牌资产是非常有意义的。品牌资产是个战略性问题，它是竞争优势和长期利润的基础。企业实施品牌战略的目标不仅要创立品牌、管理品牌，更要建立品牌资产。可口可乐公司前总裁伍德鲁夫曾自豪地对世界宣布：即使公司在一夜之间化为灰烬，凭着可口可乐的品牌资产，可口可乐仍会在很短的时间内重建帝国。④ 钢铁大王卡耐基也有过类似的豪言壮语，一切源于对其品牌价值的自信。

---

① 〔法〕让·诺尔·卡菲勒：《战略性品牌管理》，王建平、曾华译，商务印书馆，2000，第96-98页。
② 夏娟：《品牌价值评估方法的比较分析》，《对外经贸》2012年第5期。
③ 梁城城、胡智、李业强等：《国际品牌价值评价方法及最新进展》，《管理现代化》2018年第6期。
④ 王建功主编《中国企业品牌价值评估报告（2017~2018）》，社会科学文献出版社，2018，第7页。

第四章
文化品牌评估的相关研究

第一节　文化品牌评估的因素

无论哪种品牌评估模型，首先要做的无疑就是研究影响品牌价值的因素，然后根据影响因素确定可以量化的指标，最终构建指标体系，评估品牌资产的价值。基于这样的理念，本文构建了针对文化类品牌的价值评估模型。

一　品牌评价的四大要素

如今的经济发展和市场竞争关系，已不是有品牌与无品牌之间的竞争，而是品牌与品牌之间的竞争。尤其在品牌经济时代，品牌的竞争已深入品牌要素的各个环节，构成文化类企业品牌价值关系的因素也越来越多，而要素之间的关系也越发复杂。经过上文的讨论可以得知，仅凭财报分析法、品牌力评价法、品牌强度评价法等传统评价方法已不能为品牌提供一个客观评价品牌价值的定量模型。

因此，对文化品牌的研究不能限于市场营销角度（这样会使得研究方向出现偏离，而只把品牌作为营销工具），也不能受制于会计制度（这样会缩小关注角度，降低品牌的价值），而应该从经济学的角度进行分析研究。品牌是价值创造要素、生产要素，这样定性，更有助于我们分析和量化文化品牌的价值。

在这些纷繁复杂的要素中寻找出能够全面反映文化类企业品牌价值的关键要素，无异于大海捞针。经济学家约瑟夫·熊彼特认为，从经济学的角度出发，解释经济现象，必须找到经济之外的原因。"一旦我们发现，在这两个现象间有着明确的因果关系，且其中那个作为'原因'的现象出自经济之外，我们的问题就算解决了。但反过来说，要是这个原因本身仍未脱离经济范畴，我们还得继续解释下去，直到我们找到经济以外的原因才告结束。普遍理论也好，具体实例也好，事实都是如此。"[1] 同理，分析品牌现象，必须找到品牌之外的原因，绝对不可以就品牌论品牌，使得品牌概念虚化、泛化。

中国是世界上品牌理念成熟最早、应用最早的国家。前文中已经阐述了品牌的发展史，和对品牌价值评价方法的分析，我们得到了品牌内涵、品牌目的、品牌定义和品牌价值的构成要素。由此可以断定，无论是中国还是国际，品牌的价值体现必须或者至少包含三个要素：差异、产品、客户。差异决定产品，产品服务客户，客户创造价值，客户需求和客户定位决定差异战略。这三点形成一个闭环，而决定这些闭环运行的核心就是文化类企业价值理念。

由此，我们可以得出品牌评价的四大要素。

价值理念是由文化类企业核心理念为依托，以满足市场需求和价值增值为目标的文化类企业价值文化。"物勒工名"告诉我们，品牌从诞生那天起，就负载着责任和义务，这就是品牌最初的价值理念。价值理念决定了品牌的生命力和品牌价值，文化类企业有什么样的价值理念就有什么样的产品和服务，就有相应的市场价值回报。

差异化战略是由价值理念派生的，根据市场需求和自身能力定位而决定的产品价值实现方针。在同质化日益激烈的市场竞争中，差异化是商品竞争的根本。差异化战略决定产品的功能和形态，决定产品价值的实现。

产品是文化类企业价值理念和差异化战略的具体表现形式，是文化类企业连接客户的价值载体。产品的质量和功能创造使用价值和价值，产品差异决定产品的溢价能力。

客户是品牌制造的"标的"，是文化类企业价值实现的保证。需求决定供给，供需形成了市场，供给既满足需求又引导需求。客户需求是问题的制造者，客户是品牌价值的购买者。

---

[1] 〔美〕约瑟夫·熊彼特：《经济发展理论》，郭武军译，中国华侨出版社，2020，第12页。

二 四大要素建立品牌价值评价体系

影响品牌评价的要素分为原生要素和派生要素（见图4-1），派生要素由原生要素衍生而来。原生要素影响品牌价值的根本。原生要素缺失，品牌将不再具有探索价值；派生要素则影响原生要素的价值发挥，进而影响品牌价值的大小。

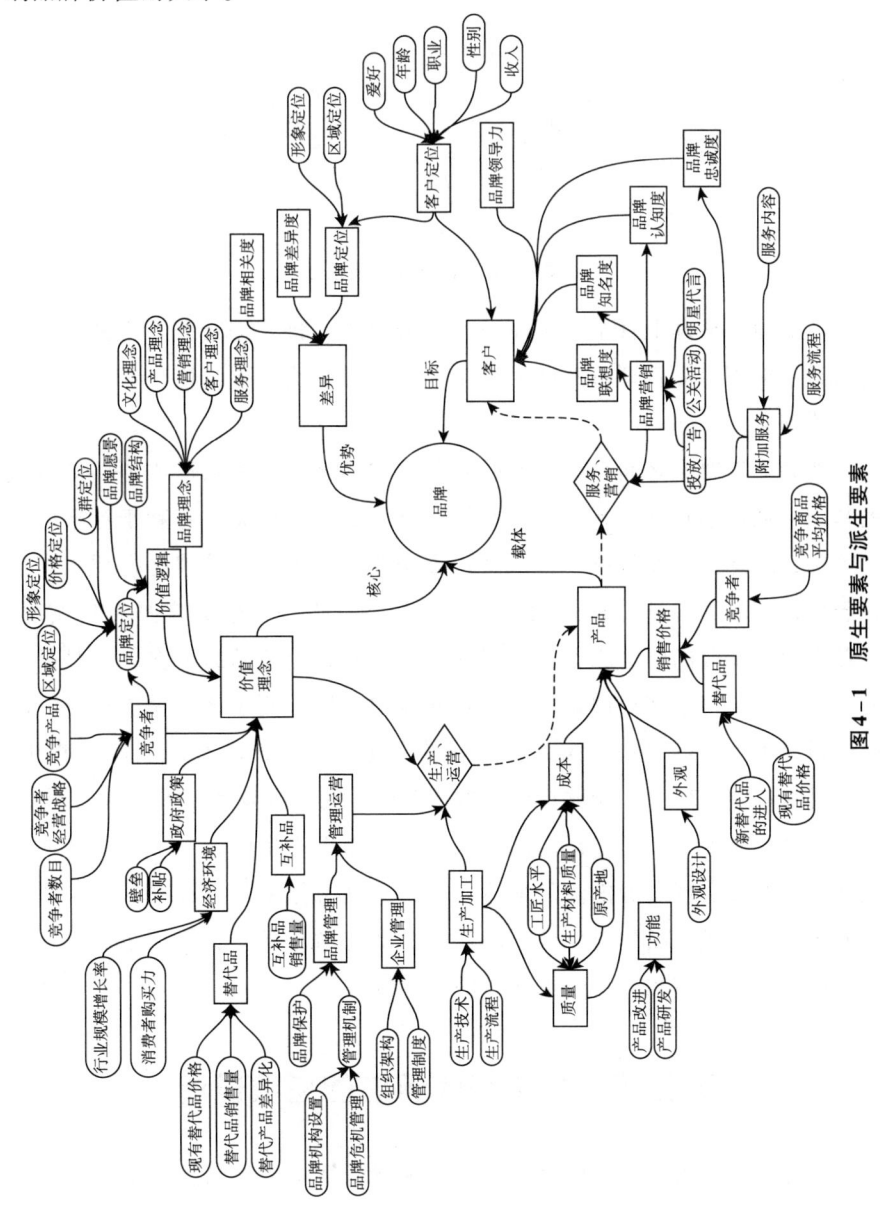

图4-1 原生要素与派生要素

在品牌要素之间，存在互相作用影响的关系，甚至要素本之间也有关系。例如，客户需求和满足客户需求是个动态循环的过程，客户要素自身产生了自相关关系。大致关系如图 4-2 所示。

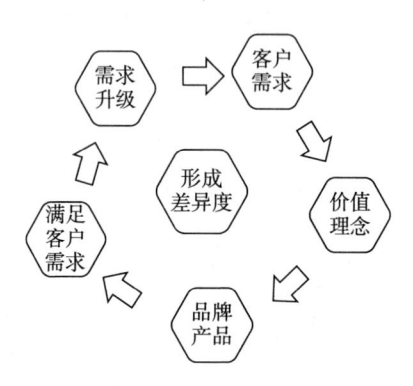

图 4-2　品牌要素关系

本文通过梳理上百个知名品牌的影响要素，将其进行上万次的对比分析，最终梳理出品牌评价的四大原生要素，分别为：差异度、产品、客户和价值理念。

四大原生要素之间存在密切的联系，它们之间的关系形成了品牌价值的基础。从社会角度来看，品牌必须要有好的价值理念，有利于社会问题的解决，降低社会监督成本；从文化类企业角度来看，品牌必须要以产品为载体，将品牌的价值理念表现出来，传递给客户，使客户具有忠诚度，降低文化类企业的营销成本；从客户角度来看，无论品牌的文化还是品牌的产品，必须符合客户偏好，能够引起客户认同，便于客户做出选择，降低选择成本；从行业角度来看，品牌的文化和品牌产品与同品类的相比，必须要具有差异性，才能够持续影响消费者，使品牌延续下去。

在品牌要素之间，存在动态循环。客户需求产生问题，文化类企业通过解决问题来实现自身价值的增值。在这个动态循环的过程中，产生了品牌差异性，构成了品牌对比分析的基础。动态循环要求文化类企业不断进行价值理念的调整和产品的更新，增加竞争力。

第二节　文化品牌评估的指数设计

品牌评估的指数设计用来将上述品牌评价体系中的品牌要素之间的关

系进行量化，为接下来建立文化品牌评估模型提供有力的理论支撑。

一　研究假设

- 品牌是商品经济发展到高级阶段必然产生的经济现象。因此，品牌是基于竞争而形成的价值资产。
- 品牌是道德的商业逻辑，缺乏道德价值文化的品牌不具有品牌价值。
- 品牌是社会组织最有价值的资产，是可以直接作用于产品溢价的特殊资产。
- 品牌价值产生于品牌构建的经济关系中，经济关系的优劣决定品牌的价值的多寡；品牌寿命决定于品牌经济关系的质量。
- 在高质量品牌经济时代，品牌是文化类企业主动生产发展的测量，不能被动形成。
- 价值理念、差异度、产品和客户，构成品牌四大原生要素。原生要素衍生的因素以及因素延展形成的相关价值关系，构成品牌价值体系。
- 因品牌关系形成的社会经济价值作用会长期存在，好的品牌寿命长于文化类企业寿命。

二　品牌评估的原则

- 剥离品牌成本，确定品牌资产，明确品牌贡献，厘清品牌关系，评价品牌价值。
- 任何品牌都不是独立存在的。品牌竞争是客观存在的现实，行业品牌构成了品牌竞争的基础，也成为个体品牌的资源价值。品牌在行业品牌集群中的位置影响着品牌的资源变现能力和价值的实现。
- 品牌产品进入市场后构成的市场主体的经济关系，成为品牌长期获得品牌价值资源的基础，这个价值资源可以导致文化类企业获得长久的品牌收益。
- 一个品牌项下的系列品牌产品，虽然各自有品牌成本构成，但相互的依存关系决定了单个品牌与系列品牌的价值关联性，也决定了最新的品牌产品成本的最优性。
- 文化类企业智力投入所形成的无形资产均是为了提升文化类企业品牌的竞争力，除了与文化类企业产品无关的研发投入外，任何无形资产的投入以及因研发成果而形成的资产,均应当作品牌投入和品牌资产计算。

三 品牌评估的指数设计

品牌成本是指文化类企业在品牌建设中所投入的货币资本。文化类企业品牌成本构成如表4-1所示。

表4-1 文化类企业品牌成本构成

序号	名称	时效	摊销期
1	品牌战略策划成本	3~5年	3~5年
2	品牌价值评价	当年	本期
3	VI系统设计成本(有追加升级成本)	长期	8年
4	BI系统设计成本(有追加升级成本)	长期	8年
5	MI系统设计成本(有追加升级成本)	长期	8年
6	SLOGAN制作宣传成本	长期	5年
7	商标制作和注册成本	长期	5年
8	发明专利	20年	8年
9	实用新型专利	10年	5年
10	非专利技术(产品配方)	5年	3年
11	产品包装设计制作	3年	3年
12	产品创新设计	2年	本期
13	营销策划	2年	本期
14	营销网络规划	长期	本期
15	特许经营权	授权期	本期
16	品牌授权	授权期	本期
17	广告设计制作成本	长期	本期
18	品牌宣传成本	长期	本期
19	市场公关成本	长期	本期
20	品牌维护成本	长期	本期

品牌资产是指由品牌成本投入所形成的品牌价值形态,是由品牌成本投入所构成的价值增值资产。初期以成本投入量计量。一般品牌资产具有较强的增值效应和长效性的特征。其具体构成如表4-2所示。

表4-2 文化类企业品牌资产构成

序号	名称	定义
1	品牌商誉	文化类企业预期获利能力超过可辨认资产正常获利能力的资本化（包括CI溢出价值构成的品牌效应）
2	荣誉	文化类企业获得的由政府或行业协会颁发的荣誉，或权威第三方机构公布的各项排名
3	行业协会成员	行业的发展水平决定文化类企业品牌发展潜力，文化类企业在行业协会的地位可为文化类企业品牌增加不同的价值量
4	历史文化资源	品牌对地域历史文化资源的利用可形成品牌的优势资产，包括百年老店、传承品牌等
5	地域资源	文化类企业占据地域资源可强化品牌效应。特别是农产品和特殊消费品，如东阿阿胶
6	稳定的客户资源	稳定的客户资源产生于文化类企业精准的客户定位，稳定的客户资源可构成文化类企业经常性营收的基础
7	营销渠道资源	稳定的营销渠道资源可使文化类企业有效降低营销成本，加速资金流转，扩大市场占有
8	数据资源	文化类企业翔实的各类数据，是文化类企业决策的基础，是文化类企业有效降低成本、提升品牌影响的基础价值资产
9	各类认证标志	包括"三品一标""特殊地理标志""原产地标志""环保标志"等
10	其他品牌资产	上述各类品牌成本形成的品牌资产

品牌净资产是指其构成成本已摊销完毕所形成的品牌资产。其属性与总计价账户论概念类似。品牌净资产不同于一般意义的净资产，特指已没有成本负担并能逐年为文化类企业带来超额利润的长效资产。

品牌资产剩余价值指品牌净资产所产生的品牌贡献。一般情况下，品牌资产的价值贡献与品牌成本呈反向关系，随着时间推移和品牌影响力的提升，品牌资产还会产生品牌积累价值。因此，品牌资产价值和价值贡献会随着时间的推移与成本的弱化而提升。

品牌关系是指由于品牌介入而产生的价值变化相关关系。如品牌与客户的关系、品牌与市场的关系、品牌与产品的关系、品牌与成本的关系、品牌与文化类企业发展潜力的关系、品牌与时间的关系、品牌与行业的关系、品牌与品牌的竞争关系、品牌间的依存关系等。

品牌收益是指由品牌因素创造的收益。包括比较溢价收益、营销成本降低、产品销量增加等。

第三节　文化品牌价值评价体系

通过对目前文化企业品牌价值研究与实践进行综述发现当前的品牌价值评价模型存在两个严重的不足：一是过度重视企业自身财务因素而对消费者的关注度不足，二是构建评价体系时人为设定权重参数而使评价失去客观性。基于这两点，目前的品牌价值评价方法仅适合发展成熟的一般企业，而不适合以无形资产为内核价值的文化企业。

一　设计思路

本文针对上述品牌评价方法的缺陷与不足，综合考察财务因素、消费者认同、市场因素以及品牌社会价值等四个层面的内容，全面构建评价指标理论体系。同时参考周云改进的多属性决策理论（Multi-attribute Decision-making）将指标量纲统一信息量，并以事件发生的概率代替权重，避免了人为设定权重的主观性。本文构建的理论模型如图4-3所示。

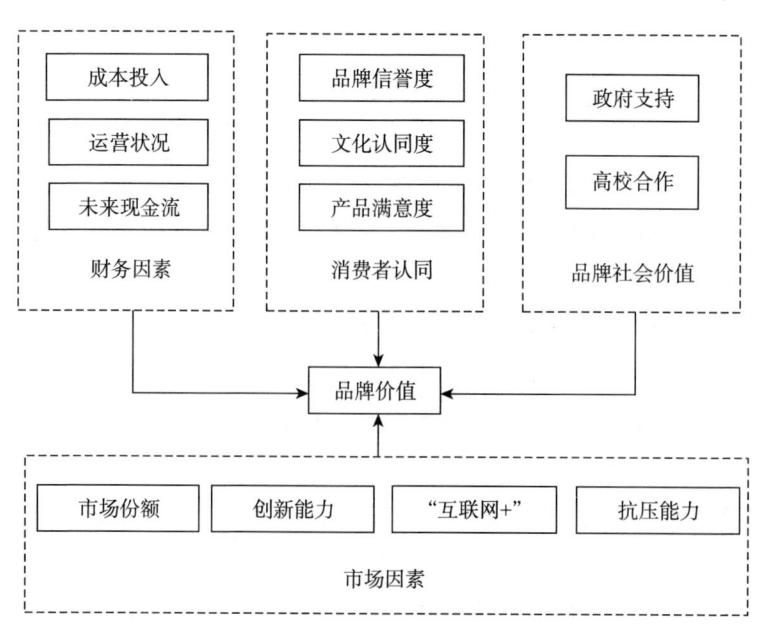

图4-3　文化企业品牌价值评价理论模型

本文选择财务因素、消费者认同、市场因素以及品牌社会价值作为品牌价值衡量的四个方面，是因为财务因素是衡量一个企业经营运行情况的直接指标，通过分析一个企业的财务情况可以判断该企业的品牌是否具有盈利能力。消费者是品牌的选择者，企业所蕴含的文化、品牌的口碑与信誉度以及产品是否令消费者满意都是影响一个品牌的重要因素。文化企业同时还受到市场因素的影响，该企业占市场份额与其创新能力等对品牌的价值具有影响，而且我国已进入互联网时代，文化的传播与互联网的联系是密切的，文化企业与互联网结合才能迸发出更强大的力量。除此以外还应注意到，文化企业的品牌价值除了盈利能力外还具有很强的社会价值，该文化内核与企业诠释是否与当今社会主义核心价值观相契合，是否对我国人才培养产生积极的影响，也是评价品牌价值的重要标准，而这一点往往是研究品牌评价的学者们忽视的，只有少数学者如薛丽娥提出应将文化产业带入高校，并且将人才培养与文化产业人才需求相结合。

二 指标选取

在选取评价指标的过程中，财务因素层面根据品牌评价的成本法与收益法计算出文化企业在品牌构建过程中所花费的成本与未来三年现金流，需要注意的是处于发展期或成长期的企业应采用融资获得的现金流，而成熟期的企业则应采用净利润作为现金流。

对于消费者认同层面则采用问卷调查的方式，对品牌口碑、知名度，文化认同程度以及产品满意度等方面进行调查。对于市场因素层面则采用该品牌企业占有市场份额、创新能力、与互联网结合程度以及对于市场竞争的抗压能力进行评价。其中，创新能力采用专利数与企业研发投入额进行衡量；与互联网结合程度则用该企业与互联网相关的项目资金额度衡量；抗压能力则将所评价企业的收益率与样本企业的平均利润率相减而得。对品牌社会价值层面则采用与政府合作项目额度和参加政府性质会议数量以及与高校合作项目资金额及项目个数进行衡量。具体指标选区与依据理论如表4-3所示。

表4-3 文化企业品牌价值评价指标体系

一级指标	二级指标	依据理论或方法
财务因素	构建品牌所投入成本 企业主营业务收入 未来净现金流或融资资金	成本法 收益法

续表

一级指标	二级指标	依据理论或方法
消费者认同	消费者对品牌知名度评价 消费者对品牌文化的认同程度 消费者对于商品的满意度	消费者风险感知理论 顾客价值优势理论
市场因素	市场占有份额 研发资金投入、获得专利数 抗压能力指数 将互联网与品牌推广相关的项目投资	Interbrand 法 《金融世界》法 世界品牌实验室
品牌社会价值	与政府合作项目额度 参加政府性质会议数量 与高校合作项目资金额 与高校合作项目个数	国内学者研究著作

基于上述指标可应用改进的多属性决策理论并结合主成分分析模型对文化企业的品牌价值进行评价。

第四节　文化品牌评估模型

从现有文献中可以看出，国内外关于文化产业品牌的理论研究尚未产生系统性的成果，而且大多停留在文化品牌的内涵、意义、类型、问题与对策等较为基础理论层面的研究上。现有文化品牌定位与评价方面的成果对突出地域文化特色的研究也不充分。目前应用最广泛的文化品牌评价模型是以 AHP 模型为基础的，利用 AHP 对要评估的文化品牌进行层次建模，从而给出文化品牌定位。下面我们对基于 AHP 的文化品牌评价模型进行简单介绍。

一　基于 AHP 的文化品牌评估模型

层次分析法（Analytic Hierarchy Process）：由美国科学家 T. L. Saaty 于 20 世纪 70 年代提出的用于系统分析的方法，对评价对象依照评价目的所确定的总评价目标进行连续性分解，得到各级评价目标，并以最下层指标作为衡量目标达到程度的评价指标。然后依据这些指标计算出综合评分指数，对评价对象的总评价目标进行评价。

建立层次分析模型可以按照以下四个步骤进行。

（1）建立递阶层次结构模型；
（2）构造出各层次中的所有判断矩阵；
（3）层次单排序及一致性检验；
（4）层次总排序及一致性检验。

其中等级计算公式为：

$$C_i : C_j \Rightarrow a_{ij}$$

$$A = (a_{ij})_{n \times n}, \ a_{ij} > 0, \ a_{ji} = \frac{1}{a_{ij}}$$

$$令 \ a_{ij} = w_i / w_j$$

构建成对比较矩阵：

$$A = \begin{bmatrix} \frac{w_1}{w_1} & \frac{w_1}{w_2} & \cdots & \frac{w_1}{w_n} \\ \frac{w_2}{w_1} & \frac{w_2}{w_2} & \cdots & \frac{w_2}{w_n} \\ \vdots & \vdots & & \vdots \\ \frac{w_n}{w_1} & \frac{w_n}{w_2} & \cdots & \frac{w_n}{w_n} \end{bmatrix}$$

以 a_{11} 与 a_{12} 为例子，a_{11} 的重要性等级为 6，a_{12} 的重要性等级为 5，那么 a_{11} 与 a_{12} 之比，就是 6∶5，a_{12} 与 a_{11} 之比就是 5∶6。

$$W(=1) \Rightarrow w_1, w_2, \cdots, w_n$$

$$w = (w_1, w_2, \cdots, w_n)^T \sim 权向量$$

已知：n 阶一致阵的唯一非零特征根为 n。

可证：n 阶正互反阵最大特征根 $\lambda \geqslant n$，且 $\lambda = n$ 时为一致阵。

定义一致性指标：

因为受到各种主客观因素的影响，判断矩阵中出现一致性的情况很难。所以要对比较矩阵进行一致性检验。根据判断矩阵一致性检验方法，一致性指标计算公式为：

$$CI = \frac{\lambda_{max} - n}{n - 1}$$

$CI < 0.1$ 时矩阵为一致阵，CI 越大，矩阵的不一致程度越严重。

设 A 为目标层，A_1 为准则层，B 为方案层，W_i 为各因素的权重，其中：

$$\sum_{i=1}^{m} W_i = 1$$

Z_{ij} 为第 i 个目标第 j 个方案的属性值向量的分量，利用公式

$$S_i = \sum_{j=1}^{m} W_j Z_{ij}$$

对目标由低层到高层进行计算，由此判断各方案的优劣，S_i 值越大，该方案就越优。

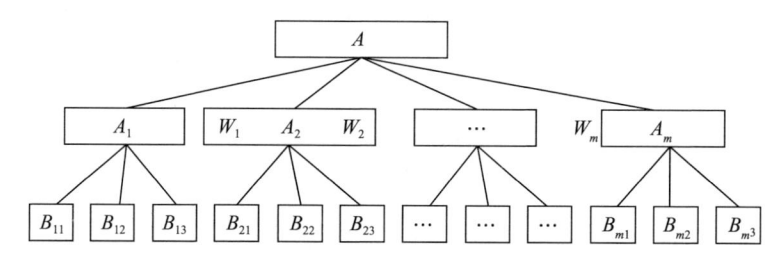

图 4-4　层次的树状目标结构体系

文化品牌评价 AHP 模型构建如表 4-4 所示。

表 4-4　文化品牌评价 AHP 模型构建

目标层	项目层	因素层
文化品牌综合评价	娱乐型品牌	品牌个性与特色
		品牌认知
		品牌服务与理念
	创意型品牌	经济价值
		社会价值
		品牌效应
	旅游型品牌	人文环境
		生态环境
		文化资源
	原生型品牌	民族文化标识
		民族文化个性

运用 AHP 法进行品牌层次分析，从而给出文化品牌定位的方法虽然可

以将文化品牌进行量化研究，但是成对比较矩阵的初始权重仍旧严重依赖专家评测法的主观打分。而且利用 AHP 法得到的文化品牌评价，无法给出品牌的市场价值，严重忽略了品牌的市场属性和价值属性。因此 AHP 法的文化品牌评价方法仅适用于对某文化品牌的定性评测，这一点严重局限了 AHP 法的应用范围。

二 建立文化品牌评测新模型

本次建立的评价模型是基于价值理念、差异度、客户、产品四个构成品牌价值的原生要素建立的四点、六线、四面立体交互式模型。如图4-5、图4-6所示。本文将该模型形成的四个面作为品牌价值评价的维度，并对构成面的线、点进行了定义，这样就赋予模型以生命。

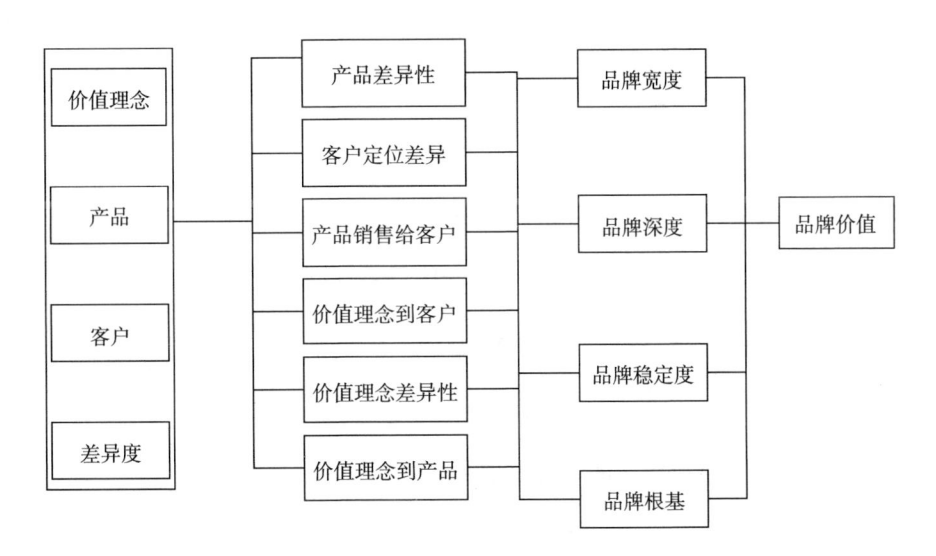

图 4-5 交互式模型

其中四个点的定义是从古今中外的品牌发展史以及品牌价值的自然属性出发得出的公理式定义，并以此为基准进行逻辑推演和数学建模形成线的定义，并由线构成评价品牌价值的四个面，最终呈现三维立体式交互模型。如图4-6所示。

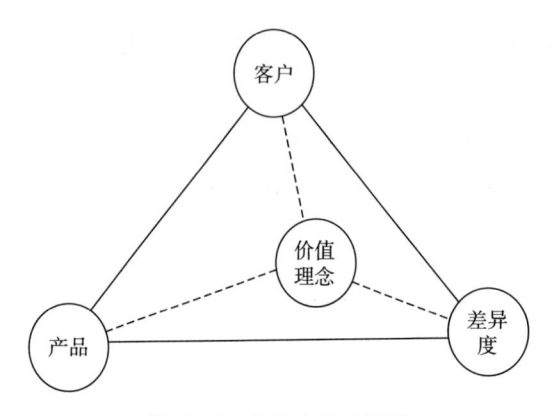

图 4-6　立体交互式模型

设六条线的长度为：价值认同线 d、价值空间线 e、价值荷载线 a、价值传递线 c、市场占有线 b、产品创新线 f，则它们的计算方式为：

$$a = \sum_{i=1}^{n} x_{1i}$$

$$b = \sum_{i=1}^{n} z_{1i}$$

$$c = \sum_{i=1}^{n} y_{1i}$$

$$d = \sum_{i=3}^{n} y_{3i}$$

$$e = \sum_{i=2}^{n} z_{2i}$$

$$f = \sum_{i=2}^{n} x_{2i}$$

x_{1i} 为产品 - 价值理念的一级指标得分。

y_{1i} 为产品 - 差异度的一级指标得分。

z_{1i} 为产品 - 客户的一级指标得分。

x_{2i} 为差异度 - 客户的一级指标得分。

z_{2i} 为差异度 - 价值理念的一级指标得分。

y_{3i} 为客户 - 价值理念的一级指标得分。

注：一级指标的得分根据 4-6-4 模型计算规则由二级指标加权计算得到。

设：四点在空间上的坐标为价值理念 $O(0, 0, 0)$；产品 $A(0, Y_1, 0)$；客户 $B(X_2, Y_2, 0)$；差异度 $C(X_3, Y_3, Z_3)$。

由二次方程计算得到：

价值理念$(0,0,0)$；产品$(0,a,0)$；客户$\left(\sqrt{d^2-\frac{(b^2-a^2-d^2)^2}{4a^2}}=X_2,\right.$
$\left.\frac{b^2-a^2-d^2}{-2a}=Y_2,0\right)$；差异度$\left[\frac{f^2-e^2-d^2+2Y_2Y_3}{-2\sqrt{X_2}}=X_3,\frac{c^2-e^2-a^2}{-2a}=Y_3,\right.$
$\left.\sqrt{e^2-(X_3)^2-(Y_3)^2}\right]$。

用余弦定理可以计算出：

$$\cos\angle AOB=\frac{a^2+d^2-b^2}{2ad}$$

同理：

$$\cos\angle AOC=\frac{a^2+e^2-c^2}{2ae}$$

$$\cos\angle BOC=\frac{d^2+e^2-f^2}{2de}$$

品牌深度、品牌宽度、品牌稳定度、品牌根基四个面的得分我们定义为围成这条面三条线的几何平均数。

设：品牌深度为S_1、品牌宽度S_2、品牌稳定度S_3、品牌根基S_4

则

$$S_1=\sqrt[3]{f\times e\times d}$$
$$S_2=\sqrt[3]{f\times c\times b}$$
$$S_3=\sqrt[3]{e\times c\times a}$$
$$S_4=\sqrt[3]{d\times a\times b}$$

设：品牌综合指数为β

$$\beta=\sqrt[4]{S_1\times S_2\times S_3\times S_4}$$

品牌价值的计算：

$$VB=\sum_{t=1}^{n}\frac{BP_t}{(1+I)^t}+\frac{BP_{n+1}}{(I-g)(1+I)^n}$$

其中品牌利润BP；折现率I（品牌稳定性调整后）；永续增长率g（银行5年定期存款利率）。

BP 的计算公式：

$$BP = (P_A - I_A) \times \beta$$

P_A 为当年度调整后的文化类企业净利润，考虑非经常性经营项目影响；I_A 为当年度文化类企业有形资产收益；β 为文化类企业无形资产收益中归因于品牌部分的比例系数（参考调整后的品牌综合指数）。

目前世界品牌价值评价通用三个标准。(1) 完全基于财务要素的评估方法。这种方法认为品牌是一种无形资产，是价值资产的一部分。这种方法的缺点是过多地依赖财务数据的表现，对市场预期估计不足。(2) 基于市场预期表现的评价方法。从财务、市场、客户的角度对品牌价值进行评价，摆脱了财务指标的束缚，但过多依赖于专家测评和调查问卷导致主观性太大。(3) 完全基于品牌关系价值的评价方法。从品牌与客户、市场的价值关系出发进行品牌评价。这种方法更明确、简洁，但是无法对文化类企业的品牌假设提出指导性意见。

本模型相较于前文所述模型具有以下优点。

(1) 品牌价值的四个原生要素构成了六条线、四个面，共计 43 个定性指标，并细化为 219 个二级指标，不仅摆脱了财务数据的束缚，而且数据的收集范围更加广泛。最后通过对文化类企业的品牌宽度、品牌深度、品牌稳定度、品牌根基进行评价，可以得出这家文化类企业的品牌建设的具体情况，并对文化类企业的发展给出指导性意见。

(2) 本模型具有前文所述方法的所有优点，并弥补了前文所述模型的全部缺点。本模型的指标计算真正做到了主客观相一致，每个定性指标都有 4 个到 8 个二级指标对其进行客观评价。其中不仅使用了财务指标，还使用了文化类企业运营、市场需求、行业前景等多方面的指标，不仅使得模型的评价结果脱离了财务数据的束缚，还使得模型中对市场预期表现的评价更加客观，并且包含了品牌与市场的价值关系。

(3) 本模型通过数学建模的方式建立了一个立体动态模型，将点、线、面进行定量计算后，建立了评估区间对文化类企业的发展情况进行动态监测。例如品牌宽度的大小取决于构成线的长度，而线的长度取决于二级指标的具体表现，因此文化类企业的品牌建设有什么问题，都可以在模型中反映出来且找到文化类企业的具体问题，并给出相应的指导意见。

第五章
文化品牌互联网影响力研究

根据国家统计局发布的《文化及相关产业分类（2012）》，可以将文化品牌划分为10个类别。然而，随着互联网时代的到来，以"互联网+"为依托的文化新业态不断涌现并迅猛发展，日益成为文化产业新的增长点。为了适应我国文化产业发展的新情况、新变化，国家统计局颁布了《文化及相关产业分类（2018）》，将原来的大类由10个修订为9个，中类由50个修订为43个，小类由120个修订为146个。[①] 针对文化品牌的分类，我们可以从以下两个方面看出研究文化品牌的重要性和必要性。

一个方面，从媒介环境来看，文化品牌的树立、宣传和扩大，已经从新闻报纸等传统媒介渠道转向互联网媒介渠道。随着互联网技术的发展，特别是Web2.0技术和5G的快速推进，文本、音频和视频等多种数据形式已经突破了地理上的限制，蔓延到世界各个角落。在此背景下，需要充分了解新媒介环境下文化品牌的内涵、作用路径、传播渠道和评估体系，更好地服务我国文化品牌在新时代下的建设。

另一个方面，从技术垄断文化来看，近年来我国文化产业得到了较快发展，自主文化品牌被更多国家和地区所接受，中国特色的文化产品的商品化程度越来越高，文化贸易进一步得到平衡。但是，国际贸易保护主义现象抬头，国际贸易摩擦趋势加剧。在此背景下，研究中国文化品牌内涵建设对于增强中国"软实力"，保护民族品牌的知名度，并提高世界对中国文化品牌的关注度显得尤为重要。

---

① 《关于印发〈文化及相关产业分类（2018）〉的通知》，国家统计局，2018年4月23日，http://www.stats.gov.cn/tjgz/tzgb/201804/t20180423_1595390.html。

第一节　文化品牌互联网影响力的基本概念

影响力是一个比较广泛的概念，起源于新闻与传播学，主要是指用一种别人所乐于接受的方式，改变他人的思想和行动的能力。影响力又被解释为战略影响、印象管理、善于表现的能力、目标的说服力以及合作的影响力等。在此概念基础上，相关学科研究加以外延，衍生出一系列与影响力相关的概念。其中，在大众传统媒体中，与影响力相关的概念包括传媒影响力、媒介影响力等；而在互联网媒体中，与影响力相关的概念则包括媒体影响力、平台影响力、渠道影响力、事件影响力、传播影响力、网络影响力等。这些影响力的发生都是建立在受众"得到信息"和"理解信息"的基础上的，只是各自的侧重点不同。文化品牌的影响力关乎文化品牌的传播能力和影响范围，随着互联网科技的飞速发展，文化品牌的影响力已经从传统的影响传播模式逐步渗透到互联网领域。

一　互联网影响力

互联网影响力，广义上是指所要评价的事物在互联网虚拟平台上产生的社会影响力。随着互联网技术的兴起，人们越来越多地借助互联网了解世界。美国皮尤研究中心2018年的调查报告称，20%的美国成年人经常通过社交媒体获取新闻，而通过纸媒获取新闻的人群仅占16%。[1] 在我国，互联网用户规模也逐年增加。据中国互联网络信息中心第47次《中国互联网络发展状况统计报告》显示，截至2020年12月底，我国网民规模达到9.89亿，互联网普及率达到70.4%。互联网的发展，已经逐渐改变人们的生活方式和行为习惯。[2]

特别是，随着自媒体时代的到来，每个人既是信息的接收者，也是信息的发布者。人们可以在自媒体上发表对某个企业产品的认可或排斥等评

---

[1] 《皮尤报告：社交媒体首超报纸 成美国成年人首选新闻读物》，凤凰网，2018年12月11日，https://tech.ifeng.com/c/7iXX449JmcK。

[2] 中国互联网络信息中心（CNNIC）发布第47次《中国互联网络发展状况统计报告》，中华人民共和国国家互联网信息办公室，2021年2月3日，http://www.cnnic.cn/hlwfzyj/hlwxzbg/hlwtjbg/202102/t20210203_71361.htm。

价信息，也可以通过搜索引擎搜索自己感兴趣的企业产品。在这样的背景下，互联网自然就成为企业宣传自身文化、形象而获取口碑价值的重要平台。因此，如何通过对互联网大数据进行分析，挖掘有用信息，并对企业的互联网影响力进行准确评估，成为目前业界亟须解决的问题，也成为国内外学术界研究的热点。

目前，国内外关于互联网影响力的研究主要集中于社交网络，即研究社交网络某一用户行为（发帖、转帖、评论、点赞等）对其他用户行为的影响。互联网影响力的研究从方法论上来看，包括对互联网影响力的建模、影响力传播路径和模式挖掘，以及影响力动态演变仿真等。下面，我们将对这三个层面上的互联网影响力研究进行简要述评。

互联网影响力建模是指根据社交网络中的数据，对社交网络用户影响力进行统计分析。这里的用户为泛指，既可以是某个人，也可以是某个企业，或者某个具体品牌。用户在社交网络中的位置是用户影响力建模的重要因素之一，在这样的社交网络中，节点表示用户，节点之间的边表示用户之间的影响力大小。以此构建的有向网络根据图论方法，以节点的出度作为活跃度的衡量指标，以节点的入度作为该节点受欢迎度的指标。同时，也可以利用接近中心度、中间中心度等指标从不同的视角度量节点的影响力。此外，用户在社交网络中的行为（如发帖、评论、转帖、关注、构建群组等）也是其影响力建模的重要因素之一。通过分析这些用户行为，提取用户的行为特征并统计其分布规律，从而对用户影响力大小和用户的传播模式进行建模。例如，谷歌公司最早提出的PageRank算法，对社交网络影响力模型进行建模分析。该算法是衡量网络中重要节点的算法，其主要思想是通过网页之间的入度和出度关系构成网络拓扑，从而计算网页的重要程度。在此基础上，各领域的学者进一步提出各类网络影响力建模方法，从社交网络用户的发帖话题的传播的速度、深度和广度等指标，更加准确高效地度量影响力。

互联网影响力传播路径和模式挖掘是指从微观层面探究影响力的源头是哪里，传播过程中经过哪些中间节点，以及最终影响力传播的范围。在此问题研究中，人们主要从影响力传播的强度、速度、深度和广度等维度，挖掘影响力的传播模式和受众的用户画像。

互联网影响力动态演变仿真是指从时间维度上分析影响力的动态变化

规律，并对影响力的未来发展进行预测仿真。影响力是随时间动态变化的，既可以通过强化增加，也能够随着传播路径的增加而逐渐减小。因此，对影响力动态演变仿真，能够更好地捕捉影响力的实时变化以及演变趋势。

目前，互联网影响力的研究主要应用于市场营销领域，如通过一些"意见领袖"的宣传营销，使得新上市的产品在互联网传播上影响力最大化，从而得到最广泛的用户"口碑"。此外，一些报纸媒体，也通过对互联网影响力的研究，提高自身的影响力，扩大在国内外的话语权。关于品牌在互联网影响力方面的研究，属于比较新的研究领域，当前还比较少见。

二 文化品牌互联网影响力

随着互联网技术的兴起，人们越来越多地借助互联网了解世界。因此，互联网自然就成为企业宣传自身文化、形象而获取口碑价值的重要平台。在当前互联网大数据的可获得性、全面性和技术可支持性等条件支撑下，如何通过互联网大数据对互联网文化品牌进行挖掘分析，成为目前业界亟须解决的问题，也成为国内外学术界研究的热点。随着全球经济一体化进程的加快，中国自主文化品牌被世界上更多的国家和地区所认可。在此背景下，党的十八届三中全会提出要加快完善文化管理体制和文化生产经营机制，建立健全现代公共文化服务体系、现代文化市场体系。由此可见，在今后一段时间内，中国文化品牌发展仍处于重要机遇期和攻坚期。

品牌之所以重要，是因为其为企业注入了附加值。从全球各种企业并购案例中，可见品牌的重要价值。例如，Reckitt&Colman Airwick 兼并 Industries，为能够继续使用其品牌名，多付出 1.25 亿英镑；Nestle 以其股价的 3 倍、收益的 26 倍购买了 Rowntree Macintosh；飞利浦摩里斯公司以 129 亿美元收购了卡夫食品公司，其中品牌价值的股价达到了 110 亿美元，占总并购价值的 85.27%；联想以 12.5 亿美元收购了 IBM 全球 PC 业务，获得了 Thinkpad 品牌、技术和国际化管理框架。

而文化品牌，作为品牌的一种形式，自然也存在附属价值特性。因此，文化品牌的影响力，对于企业的发展具有重要的价值。值得注意的是，首届中国电视网络影响力颁布会于 2008 年 6 月在中国传媒大学召开，其中发布的中国电视网络影响力报告被评选为年度十大创新报告。2009年，网络影响力评价体系正式向国家知识产权局提出申请，这是中国媒体评价领域的第一个具有自主知识产权的科学成果。这里，"网络影响力"不是"电视网络"的影响力，而是电视在互联网这个虚拟世界中的影响力，具体是指电视机构、电视内容和电视事件、媒介人物等通过网络世界所反映出的社会影响力。

由此可见，文化品牌互联网影响力，即指所要评价的文化品牌在互联网虚拟平台上多产生的社会影响力。

第二节　文化品牌互联网影响力评估模型

传统的文化品牌影响力评估，多采用财务数据或专家数据。例如，以企业的销售收入和利税数据进行的企业文化品牌影响力评估方法。这种企业文化品牌评价公式考虑了销售收入、利润额、影响力系数等综合因素。然而，互联网企业文化品牌，在新的媒介环境和新的技术发展下，不断需要传统的数据支撑，而且需要考虑文化品牌在互联网渠道中的作用形式。新的媒介环境和新的技术发展对文化品牌评估提出了新的要求，亟须形成一套新的评估体系。例如，2013年，针对中国政府网站的互联网影响力的《中国政府网站互联网影响力评估报告》出炉，其中，对政府网站互联网影响力评估体系的基本框架涵盖了五个方面，分别为搜索引擎影响力、社会化媒体影响力、重要网络媒体影响力、移动终端用户群体影响力和少数民族及国际用户群体影响力。[1]

然而，在互联网企业文化品牌评估体系建设中，逐步形成了以互联网数据为主，财务数据和专家数据为辅的评估体系。具体来讲，通过大数据技术，采集以微博、微信和网媒为代表的互联网数据，然后从知名度、关注度、收视度、美誉度等多角度建立文化品牌综合评估模型。给出文化品牌的评价分数，并结合领域专家打分，共同给出我国互联网企业文化品牌排名榜单。

---

[1] 杜平、于施洋：《中国政府网站互联网影响力评估报告（2013）》，社会科学文献出版社，2013，第16－17页。

在研究过程中，我们同时对文化品牌的传播路径、传播渠道等进一步分析，综合全面地建立互联网企业文化品牌评估体系。目前，针对电视网络影响力的评估使用的指标包括四类，分别为知名度指标、被关注度指标、网络收视度指标和网络美誉度指标。

知名度指标是指由正式机构发布的关于某一电视媒体的信息量的总和。这一指标表明了某一电视媒体的信息在网络中传播的广度，主要以样本网站搜索引擎的搜索结果为依据。

被关注度指标指的是某一电视媒体在网络各大论坛以及博客中被讨论的量，被讨论的次数越多表明媒体越受关注。这一指标表明电视媒体在网络中的信息传播深度，主要以样本网站搜索引擎的论坛搜索结果为依据。

网络收视度指标指的是电视媒体生产的内容在网络中被收看/被下载的次数，表明观众的主动收看行为，主要以样本网站中电视节目被下载的次数为依据。

网络美誉度指标指的是网友对电视品牌评价所持的满意及赞美程度。网络知名度和被关注度是网络美誉度的基础，而只有美誉度才能真正反映电视品牌在消费者心目中的价值水平。

此外，国内外学者和研究机构开始逐渐关注网站互联网影响力评估工作，主要从网站信息被链接情况、网站流量、网站信息搜索引擎可见度三个方面考察网站互联网影响力。在国内外研究的基础上，我们从评估方法、评估因素、评估模型、指数设计和评估实例等五个方面，对本书所研究的互联网文化品牌影响力评估方法进行详细阐述。

一 评估方法

在大众媒介传播时代，影响力的评估方法的研究对象主要是传媒影响力，评估的方法是综合考虑传媒在传播效果、经济表现、科技应用等方面因素。例如，华文在2003年给出的一种影响力评估方法是从受众规模、质量、传播效果、经济实力、科技实力和可持续发展六个维度进行评估。[①] 针对电视媒体传播，王斌则从资源、传播单位、市场导向—社会导向三个维度上进行评估。

---

① 华文：《媒介影响力经济探析》，《国际新闻界》2003年第1期。

当前对网络传播影响力的评估方法，主要是从网络影响力的评估和社会化媒体用户个体影响力的评估两个角度上设计的。随着互联网时代的到来，传统媒介日益弱化，新媒体成为传播的主要媒介。因此，评估方法也发生了改变。针对网络影响力的评估，流量直播、链接指标、可见度指标、搜索引擎影响力、社会化媒体影响力、重要网络媒体影响力、移动终端用户群体影响力等是网络影响力评估中常用的一级指标；因此，对社会化媒体用户个体影响力的评估，主要是针对用户在社会化媒体网络中的用户属性（是否认证、会员等级、关注人数、粉丝数目、职业领域等）、用户行为（发帖数、转发数、评论数、提及数等），以及话题事件的传播特点（传播速度、传播广度和传播深度等）特征进行的。

本书研究的是文化品牌的互联网影响力评估方法，因此其评估方法自然涉及了传统媒介上的影响力评估方法和互联网媒介的影响力评估方法。目前，国内外对文化品牌网络影响力的评估研究主要是依据品牌认知度、网站点击率、新媒体综合传播力、品牌文化知名度、品牌舆情五个指标进行加权计算并综合评价品牌热度，最终计算出文化品牌的影响力。

评估方法流程一般如下。先设置文化品牌影响力指数满分 100 分，然后依据品牌认知度、网站点击率、新媒体综合传播力、品牌文化知名度、品牌舆情五个指标进行加权计算后，综合评价品牌热度，得出指数榜单。其中，品牌认知度，侧重于品牌本身的知名度；网站点击率，侧重于网站的关注度；新媒体综合传播力，侧重于从微信公众号、微博等新媒体综合传播力来考量；品牌文化知名度，侧重于企业文化的影响力；品牌舆情，侧重于品牌的舆情监测情况。

二　评估因素

传统的文化品牌影响力评估因素包括以下几个方面。

（1）品牌认知度：侧重于品牌本身的知名度，是衡量消费者对品牌内涵及价值认识和理解的指标。

（2）网站点击率：侧重于网站的关注度，是衡量品牌网络受关注程度以及对消费者的吸引程度的指标。

（3）新媒体综合传播力：侧重于微信公众号、微博等新媒体综合传播力，用来度量品牌在新媒体渠道上受关注程度。

（4）品牌文化知名度：侧重于企业文化的影响力，同时评价品牌被公众知晓、了解的程度。

（5）品牌舆情：侧重于品牌的舆情监测情况，好的品牌口碑建设，可以为企业带来良好的发展机遇，而负面的品牌舆情，则会给企业带来致命的危险。

互联网文化品牌的影响力大小与文化品牌自身事件、互联网平台和互联网渠道密切相关。因此，结合这些与互联网文化品牌影响力强相关的因素，我们设计了文化品牌事件影响力、文化品牌互联网平台影响力和文化品牌互联网渠道影响力等指数，并通过指数之间的关系建立互联网文化品牌影响力指数评价体系。最终，本书将从互联网媒体平台、互联网传播渠道以及文化品牌在互联网上的宣传活动等事件视角下，对互联网文化品牌设计评估。下面，我们首先对本书中所涉及的互联网文化品牌评估的因素进行简要说明。

（1）事件影响力：是指根据全网的社交媒体和网络媒体数据，刻画某一事件在互联网上的传播效果，并通过事件的传播量、传播持续时间、热议程度等指标建立的影响力指数。而针对文化品牌，这种事件影响力可以是文化品牌在互联网上的一个产品发布事件，也可以是文化品牌的某个宣传活动事件，等等。这些事件的目的都是让互联网受众理解和接受文化品牌所传播的意图，因而能够影响互联网文化品牌的影响力。

（2）渠道影响力：是针对某个具体社会化媒体传播渠道的影响力。以我国常见社会化媒体为例，微博社区渠道影响力主要由微博账号粉丝数、微博账号高引用次数等指标决定；微信渠道影响力主要由微信公众号的历史文章真实平均阅读次数、真实平均点赞数等指标决定；网媒渠道影响力则主要通过网媒的网站平均访问量和媒体权威指数等指标决定。其中，媒体权威指数是参照中央网信办出台的可供网站转载的新闻单位名单以及媒体资深人士意见所制定的网媒的公信力指标。因此，互联网文化品牌的影响力与渠道影响力也息息相关，发布在该渠道上的文化品牌相比其他渠道而言，影响力更大。

（3）平台影响力：主要针对的是网媒平台，是指将某一平台上的每条数据发布渠道的影响力进行综合加权求和，得到该平台的影响力。某个平台上的数据可以通过多个渠道发布对受众产生影响。因此，文化品牌选择影响力较高的平台发布相关信息，则影响力更大。

三　评估模型

目前国内外关于影响力的评估模型主要包含以下几种类型。

（一）层次分析方法

层次分析方法是一种将多维度因素进行权重设置进而综合打分的一种方法。它是一种解决多目标复杂问题的定性与定量相结合的决策分析方法。[①] 该方法用决策者的经验判断各衡量目标能否实现标准之间的相对重要程度，并合理地给出每个决策方案的标准权重，利用权重求出各个方案的优劣次序。该方法适合应用在那些难以用定量方法解决的问题中。

层次分析方法根据问题的性质和要达到的目标，一般将问题分解为不同的组成因素。然后，按照各个因素之间的相关性以及隶属关系，将其按不同层次进行组合，形成一个多层次的分析结构模型。最后，使得原始问题归结为最低层次相对于最高层次的相对重要权值确定或相对优劣次序的排定问题。

由于影响力的影响因素众多，因此，利用层次分析方法，可以将众多影响因素按照对影响力的重要程度进行划分，设置权重，最后利用线性加权方法得到综合的影响力大小。

（二）社会网络分析方法

社会网络分析方法是社会学中的一种方法，并已经成为计算传播学领域的主要研究方法。[②] 社会网络分析方法，是将社会化媒体网络构建成一个以用户为节点，以用户之间的关联关系为边的网络结构图 $G = (V, E)$。其中，V 和 E 分别代表用户集合和边集合。在构建的网络结构图基础上，可以利用社会网络分析方法，从中心性、度中心性、阶数中心性、紧密度、特征向量和 K 壳分解等常用网络拓扑结构特征指标，对网络中用户的影响力大小进行测度。下文将以常用的度中心性、阶数中心性、紧度中心性和特征向量中心性为例，介绍其计算影响力的分析方法。

（1）度中心性指标（Degree Centrality/DC）是一个局部的指标，它度

---

① 许树柏：《层次分析法原理：实用决策方法》，天津大学出版社，1988，第 118 - 119 页。
② 刘军：《社会网络分析导论》，社会科学文献出版社，2004，第 12 - 14 页。

量了一个节点周围邻居节点的总数，计算公式如下：

$$DC_i = \sum_{j=1}^{V} a_{ij}$$

其中，$a_{ij}=1$ 表示节点 j 是节点 i 的邻居。[1]

（2）阶数中心性指标（Betweenness Centrality/BC）衡量了一个节点在网络中起到"桥梁"的中介性程度，计算公式如下：

$$BC_i = \sum_{s \neq i \neq t \in V} \frac{\sigma_{st}(j)}{\sigma_{st}}$$

其中，σ_{st} 表示节点 s 和节点 t 之间所有的最短路径数目，而 $\sigma_{st}(j)$ 表示经过节点 j 的那些从节点 i 到节点 t 之间的最短路径数目。[2]

（3）紧度中心性指标（Closeness Centrality/CC）衡量了一个节点到网络中其他节点的最短路径之和，计算公式如下：

$$CC_i = \frac{1}{\sum_{j \neq i} d_{(i,j)}}$$

其中，d_{ij} 表示节点 i 到节点 j 的最短路径长度。[3]

（4）特征向量中心性指标（Eigenvalue Centrality/EC）基于节点的邻接矩阵对节点进行打分，以此度量节点的传播影响力，计算公式如下：

$$Ax = \lambda x,$$
$$\lambda x_i = \sum_{j=1}^{n} a_{ij} x_j, i = 1, 2, \cdots, n$$

其中，λ 是常数，A 是邻接矩阵。如果节点 i 和 j 相邻，则 $a_{ij}=1$，否则 $a_{ij}=0$。[4]

---

[1] Y. Liu, B. Wei, Y. X. Du, F. Y. Xiao, Y. Deng, "Identifying Influential Spreaders by Weight Degree Centrality in Complex Networks", *Chaos Solitons Fract*. 86 (2016) 1–7.

[2] S. Wen, J. Jiang, B. Liu, Y. Xiang, W. L. Zhou, "Using Epidemic Betweenness to Measure the Influence of Users in Complex Networks", *Journal of Network & Computer Applications*. 78 (2017) 288–299.

[3] H. L. Liu, C. Ma, B. B. Xiang, M. Tang, H. F. Zhang, "Identifying Multiple Influential Spreaders Based on Generalized Closeness Centrality", *Phys. A*. 492 (2018) 2237–2248.

[4] Cheung K. F., Bell M. G. H., Pan J. J., et al, "An Eigenvector Centrality Analysis of World Container Shipping Network Connectivity", *Transportation Research Part E: Logistics and Transportation Review*, 2020, 140: 101991.

(三) 文本挖掘方法

文本挖掘方法是利用计算机爬虫工具对其搜集的目标数据进行处理分析，从中挖掘定制化信息的一种方法。如从社会化媒体门户网络、公众号、自媒体等平台或传播渠道，挖掘事件的内容、事件的阅读人数、事件被用户的关注人数、粉丝人数、回复人数、提及人数、阅读次数等指标，并将之纳入社会网络分析方法之中，综合构建影响力评估模型。下面，我们详细地介绍本书中利用文本挖掘方法，对互联网文化品牌的渠道影响力进行计算。

渠道影响力的计算需要依据具体渠道来设置，下面以微信、微博和网媒为例，分别介绍这三个渠道影响力的计算方法。

(1) 微信渠道影响力 (WCI)：先考察微信渠道影响力因素，再选取一级指标，包括阅读指数和点赞指数，根据一级指标进行细化，衍生二级指标，包括平均阅读数 ($Rmean$) 和平均点赞数 ($Zmean$)。在此基础上，根据专家经验配置各指标权重，得到微信渠道的影响力计算公式：

$$微信渠道影响力值(WCI) = 90\% \times (Rmean/10)^{(1/2)} + 10\% \times (Zmean/2)^{(1/2)} + 媒体类基数媒体类基数(20/15/10)$$

(2) 微博渠道影响力 (MBI)：先考察微博渠道影响力因素，再选取一级指标，包括粉丝指数和高引用次数指数，根据一级指标进行细化，衍生二级指标，包括微博粉丝数 ($Fnum$) 和高引用次数指数 ($H\text{-}index$)。$H\text{-}index$ 是一个用来同时考察账户活跃度和互动量的指标，具体含义是该账号在过去 30 天内有 H 条微博的被转发次数超过了 H 次。在此基础上，根据专家经验配置各指标权重，得到微信渠道的影响力计算公式：

$$微博渠道影响力(MBI) = 30\% \times (Fnum/10000)^{(1/2)} + 70\% \times H\text{-}index + 媒体类基数媒体类基数(40/30/10)$$

(3) 网媒渠道影响力 (WMI)：先考察微博渠道影响力因素，再选取一级指标，包括访问量指数和公信力指数，根据一级指标进行细化，衍生二级指标，包括平均访问量指数 (PV) 和媒体权威指数 (A/B)。在此基础上，根据专家经验配置各指标权重，得到微信渠道的影响力计算公式：

网媒渠道影响力（WMI）= 70% × Normalize[Ln($Pmean$ + 1)] + 30% × $A/B\text{-}index$

四　指数设计

针对文化品牌的特殊性，设置文化品牌影响力指数体系，并采用德尔菲法征询业内外专家意见，可以得到文化品牌影响力指标及其各指标的权重关系。德尔菲法的基本原理是，对所选择的领域的专家采用背靠背的通信方式征询确定主题的预测意见，由于专家的意见可能不同，因此需要经过几轮征询使专家的预测意见趋于一致。

五　评估实例

2019年9月，亚洲星云品牌管理（北京）有限公司隆重发布"2019中国文化品牌互联网影响力指数排行榜"，[①] 这是对中国文化品牌互联网影响力进行定量化评估的首个研究报告。该报告是基于国家重点研发计划项目"现代服务业共性关键技术研发及应用示范"课题的子课题"视听媒体收视调查与文化品牌评估理论与技术"开展的研究工作。该研究依据品牌认知度、网站点击率、新媒体综合传播力、品牌文化知名度、品牌舆情五个指标，进行加权计算并综合评价品牌热度，最终计算出文化品牌的互联网影响力。其中，品牌认知度，侧重于品牌本身的知名度；网站点击率，侧重于网站的关注度；新媒体综合传播力，侧重于微信公众号、微博等新媒体综合传播力来度量；品牌文化知名度，侧重于企业文化的影响力；品牌舆情，侧重于品牌的舆情监测情况。通过对中国文化品牌互联网影响力的评估，计算出前十名文化品牌，分别是中央广播电视总台、中国出版集团有限公司、新华通讯社、人民日报社、中国对外文化集团有限公司、中国新闻社、西安曲江文化产业投资（集团）有限公司、南方报业传媒集团、中国电影集团公司、万达电影股份有限公司。具体榜单名录如表5-1所示。

---

① "2019中国文化品牌互联网影响力指数排行榜"隆重发布，搜狐网，2019年9月11日，https://www.sohu.com/a/340285745_100037449。全书排行榜均由亚洲星元品牌管理（北京）有限公司发布。

表 5-1 2019中国文化品牌互联网影响力指数排行榜

排名	公司名称	指数得分	行业
1	中央广播电视总台	97.86	文化
2	中国出版集团有限公司	93.57	文化
3	新华通讯社	90.28	文化
4	人民日报社	88.89	文化
5	中国对外文化集团有限公司	87.71	文化
6	中国新闻社	87.42	文化
7	西安曲江文化产业投资（集团）有限公司	86.93	文化
8	南方报业传媒集团	86.45	文化
9	中国电影集团公司	85.28	文化
10	万达电影股份有限公司	84.91	文化
11	读者出版传媒股份有限公司	81.71	文化
12	中影星美电影院线有限公司	78.42	文化
13	宋城演艺发展股份有限公司	77.51	文化
14	中南出版传媒集团股份有限公司	77.13	文化
15	中国教育出版传媒集团有限公司	76.22	文化
16	浙报数字文化集团股份有限公司	76.05	文化
17	华闻传媒投资集团股份有限公司	75.59	文化
18	长影集团有限责任公司	74.39	文化
19	横店影视股份有限公司	73.98	文化
20	保利文化集团股份有限公司	73.47	文化
21	中国教育电视台	72.96	文化
22	中国华录集团有限公司	72.71	文化
23	浙江华策影视股份有限公司	71.40	文化
24	安徽新华传媒股份有限公司	71.14	文化
25	东阳长城影视传媒有限公司	70.87	文化
26	北京博纳影业集团有限公司	70.61	文化
27	中国联合网络通信集团有限公司	70.35	文化
28	中文天地出版传媒集团股份有限公司	70.08	文化
29	北京光线传媒股份有限公司	69.82	文化
30	东阳元一传媒股份有限公司	69.56	文化
31	浙江华媒控股股份有限公司	69.29	文化

续表

排名	公司名称	指数得分	行业
32	视芒（中国）文化发展股份有限公司	68.35	文化
33	芒果传媒有限公司	68.30	文化
34	山东出版传媒股份有限公司	67.43	文化
35	湖南电广传媒股份有限公司	67.31	文化
36	江苏省广播电视集团有限公司	67.26	文化
37	北京歌华有线电视网络股份有限公司	66.63	文化
38	北京北广传媒集团有限公司	66.51	文化
39	湖北长江出版传媒集团有限公司	66.46	文化
40	中原大地传媒股份有限公司	66.34	文化
41	北京捷成世纪科技股份有限公司	66.28	文化
42	华谊兄弟传媒股份有限公司	66.23	文化
43	江苏凤凰出版传媒股份有限公司	65.79	文化
44	华侨城集团有限公司	65.34	文化
45	当代东方投资股份有限公司	65.28	文化
46	慈文传媒股份有限公司	65.11	文化
47	北京博克森传媒科技股份有限公司	64.86	文化
48	浙江出版联合集团有限公司	64.65	文化
49	江西省出版传媒集团有限公司	64.23	文化
50	南方出版传媒股份有限公司	63.58	文化
51	浙江唐德影视股份有限公司	63.08	文化
52	优酷信息技术（北京）有限公司	62.83	文化
53	鼎龙文化股份有限公司	62.58	文化
54	完美世界股份有限公司	61.83	文化
55	上海电影股份有限公司	61.58	文化
56	北京爱奇艺科技有限公司	61.32	文化
57	深圳市神尔科技股份有限公司	60.57	文化
58	分众传媒信息技术股份有限公司	60.32	文化
59	中视传媒股份有限公司	60.07	文化
60	东方明珠新媒体股份有限公司	59.82	文化
61	中体产业集团股份有限公司	59.57	文化
62	上海文化广播影视集团有限公司	59.32	文化
63	浙江祥源文化股份有限公司	59.07	文化

续表

排名	公司名称	指数得分	行业
64	安徽出版集团有限责任公司	58.82	文化
65	北京演艺集团有限责任公司	58.57	文化
66	北京蓝色光标数据科技股份有限公司	58.32	文化
67	华语互动信息科技（北京）股份有限公司	58.07	文化
68	广州金逸影视传媒股份有限公司	57.57	文化
69	华强方特文化科技集团股份有限公司	57.32	文化
70	中国国旅股份有限公司	57.07	文化
71	上海携程国际旅行社有限公司	56.82	文化
72	时代出版传媒股份有限公司	56.57	文化
73	上海新华传媒股份有限公司	56.32	文化
74	瑞丽市乔瑞传媒有限责任公司	56.07	文化
75	浙江顶峰影业股份有限公司	55.57	文化
76	吉视传媒股份有限公司	55.32	文化
77	北京京西文化旅游股份有限公司	54.56	文化
78	时尚传媒集团有限公司	54.31	文化
79	新华文轩出版传媒股份有限公司	54.06	文化
80	深圳市金版文化发展股份有限公司	53.81	文化
81	北京飞天经纬科技股份有限公司	53.53	文化
82	中广天择传媒股份有限公司	53.21	文化
83	广东广州日报传媒股份有限公司	52.89	文化
84	欢瑞世纪联合股份有限公司	52.56	文化
85	湖南华凯文化创意股份有限公司	52.24	文化
86	北京上方传媒科技股份有限公司	51.92	文化
87	北京畅游时代数码技术有限公司	49.02	文化
88	湖北省广播电视信息网络股份有限公司	48.61	文化
89	新经典文化股份有限公司	48.20	文化
90	天舟文化股份有限公司	47.78	文化
91	东方金钰股份有限公司	47.37	文化
92	北方联合出版传媒（集团）股份有限公司	46.96	文化
93	中国科技出版传媒股份有限公司	46.55	文化
94	联动通达（北京）传媒广告股份有限公司	46.14	文化
95	上海巨人网络科技有限公司	45.72	文化

续表

排名	公司名称	指数得分	行业
96	北京巴士传媒股份有限公司	45.31	文化
97	华数传媒网络有限公司	44.90	文化
98	山东大众报业（集团）有限公司	43.49	文化
99	上海唯众传媒股份有限公司	42.74	文化
100	华夏电影发行有限责任公司	42.63	文化

第三节　文化品牌互联网影响力评估的技术路径

一　互联网数据的采集与存储

数据的采集与存储是实施文化品牌互联网影响力评估技术路径的第一步，也是关键的一步。数据采集的好坏，直接关系着后续整体评估的效果和水平。

传统的数据采集方法包括入户访问、拦截访问、问卷调查、电话调查、网络调查、深度访问和座谈法等。在当今大数据时代，传统的数据采集方法在处理互联网数据问题上并不适用。随着物联网、大数据、人工智能、5G 等新兴技术的兴起，人们与互联网的互动越来越多。据国际数据公司预测，到 2025 年，全世界每个联网的人每天平均有 4909 次数据互动，是 2015 年的 8 倍多。[①]

2008~2018 年我国网络规模和互联网普及率调查情况如图 5-1 所示。

由此可见，互联网数据具有典型的海量、多维度、异质性等大数据特点，亟须利用大数据技术进行采集。现有大数据采集技术，针对数据的来源不同，主要分为对互联网企业系统日志的采集、非结构化数据的采集和其他数据的采集。

---

① 《IDC 预测：到 2025 年 大数据将性命攸关 白皮书〈Data Age 2025〉下载》，搜狐网，2017 年 4 月 26 日，https://www.sohu.com/a/136477972_116235。

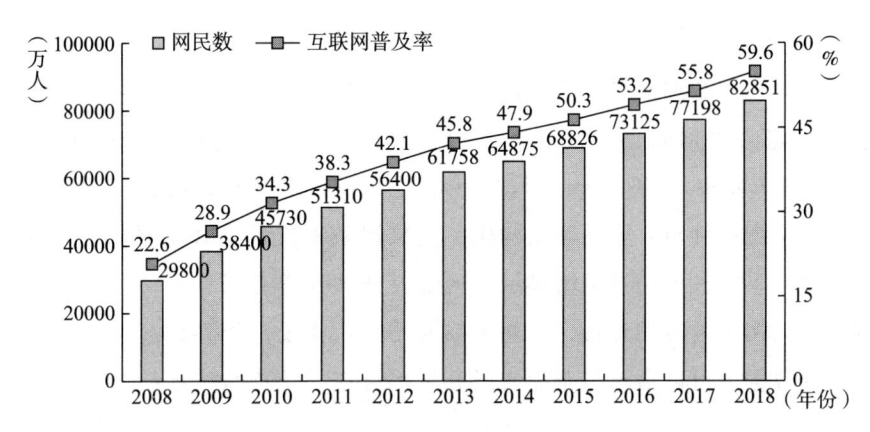

图 5-1 2008~2018 年我国网络规模和互联网普及率调查情况

相比于传统数据采集方法，基于大数据技术的采集方法具有以下特点，如表 5-2 所示。①

表 5-2 传统的数据采集与大数据数据采集的比较

	传统的数据采集	大数据的数据采集
数据来源	来源单一，数据量相对大数据较小	来源广泛，数据量巨大
数据类型	结构单一	数据类型丰富，包括结构化、半结构化、非结构化
数据处理	关系型数据库和并行数据仓库	分布式数据库

从数据来源、数据采集、数据存储整个技术路径链条来看，大数据的采集过程主要可以划分数据采集、数据清洗、数据集成、数据变换、数据规约和数据存储等几个部分。整个大数据处理流程如图 5-2 所示。

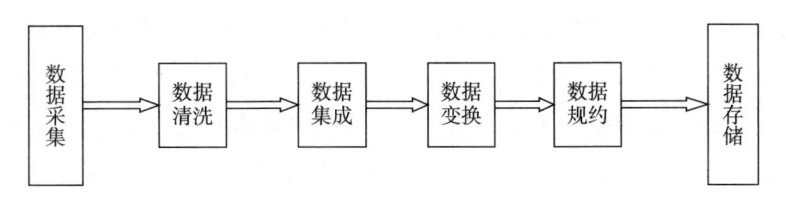

图 5-2 大数据处理流程

---

① 刘鹏：《大数据》，电子工业出版社，2017，第 40-41 页。

（一）数据采集

不同类型数据所采用的数据采集方式有所不同。针对互联网企业内部系统日志的数据采集，目前主流的大数据采集工具包括 Hadoop 框架的 Chukwa、Cloudera 的 Flume、Facebook 的 Scrible 和 LinkedIn 的 Kafka 等日志采集系统；针对互联网非结构化，大数据采集技术将对互联网上的数据进行网络采集，即通过网络爬虫或网站公开 API 等方式从网站上获取互联网中相关网页内容的过程，并从中抽取用户所需要的属性内容；针对互联网其他数据，可以通过与企业或研究机构合作，使用特定系统结构来获取数据。

由于文化品牌数据广泛地存在于微博、微信、贴吧和论坛等多种媒体平台中，属于非结构数据类型，课题研发团队主要通过爬虫进行数据采集，此外，也通过与课题相关单位合作获取特定数据集。

利用爬虫进行数据采集，主要建立爬虫采集框架。可以通过开源的 Python 语言搭建数据采集程序，通过对制定网站网页数据的解析来获取非结构化数据。这样的采集程序搭建过程主要分为以下三个步骤。[①]

（1）获取网页：通过爬虫规则的设定，快速获取所需的网址信息。

（2）提取信息：通过分析网页源代码，将网页中非结构化数据结构化的过程。

（3）保存数据：将所获取的数据存储为指定的数据格式。

（二）数据清洗

数据清洗是在采集数据的基础上，对多个维度、多个来源、多种类型的数据进行去噪、填补、抽取和转换等工作，目的在于删除重复的信息、更正错误的信息，并保持数据的一致性和完整性。去噪是指将冗杂、混乱、无效的"脏数据"去除；填补是指将缺失的数据进行填充，填充的方式可以是专家经验也可以通过技术推断，如决策树推断、最近邻推断等；抽取是指从源数据系统抽取部分或全部数据到目标系统；转换是将数据由某种媒介存储格式转换成另一种媒介存储格式，如将图像数据转换为矩阵

[①] 李宁：《Python 爬虫技术：深入理解原理、技术与开发》，清华大学出版社，2019，第 27 – 28 页。

像素数据。

(三) 数据集成

数据集成是将不同来源、不同格式、不同特点性质的数据,在逻辑上或物理上进行融合,统一存储并建立数据仓库的过程。通常采用联邦式、基于中间件模型和数据仓库等方法来构造集成的系统。联邦数据库系统(FDBS)由半自治数据库系统构成,相互之间分享数据,联盟各数据源之间相互提供访问接口,同时联盟数据库系统可以是集中数据库系统或分布式数据库系统及其他联邦式系统。中间件模式是比较流行的数据集成方法,它通过在中间层提供一个统一的数据逻辑视图来隐藏底层的数据细节,使得用户可以把集成数据源看作一个统一的整体。数据仓库是在企业管理和决策中面向主题的、集成的、与时间相关的和不可修改的数据集合。

(四) 数据变换

数据变换是指通过数据平滑聚集、数据概化、数据规范化等操作,将数据转换成适合数据分析和挖掘的形式。通过数据变化可以采用线性或非线性数据变换的方法进行处理。常见的数据变换包括：特征二值化、特征归一化、连续特征变化,定性特征哑编码等。其中,特征二值化的核心在于设定一个阈值,将特征与该阈值比较后,转化为 0 或 1。特征归一化也叫作数据无量纲化,主要包括总和标准化、标准差标准化、极大值标准化、极差标准化。连续特征变换的常用方法有三种：基于多项式的数据变换、基于指数函数的数据变换、基于对数函数的数据变换。One-hot 编码又称为独热码,即一位代表一种状态,及其信息中,对于离散特征,有多少个状态就有多少个位,且只有该状态所在位为 1,其他位都为 0。

(五) 数据规约

数据规约是指在尽可能保持数据原貌的前提下,通过提取特征,最大限度地精简数据量。针对原始数据集中的属性和记录,数据规约的两种主要途径包括属性选择和数据采样。属性选择的方法包括主成分分析、决策树归纳、合并属性、逐步向前选择属性和逐步向后删除属性,是指用较少的变量去解释原始数据中的大部分变量,即将许多相关性很高的变量转化成彼此相互独立或不相关的变量。数据采样是指用比原始数据小得多的随机样本（子集）表示原始数据集，包括随机采样、聚类采样、分层采样等。

二　互联网大数据处理的核心算法

互联网大数据处理的核心技术有很多，涉及数据的采集、处理、存储和分析环节，每个环节都有不同的技术框架支撑。下面我们仅以每个环节下经典的技术框架为例，说明互联网大数据处理过程中所用到的核心技术框架。

在一个完整的大数据处理系统中，核心的组建包括文件存储模块 HDFS、文件计算模块 MapReduce 和文件查询模块 Hive，此外还需要数据的采集模块、任务调度模块和数据结果导出模块等，这些模块共同构成了 Hadoop 的生态体系框架，具体如图 5-3 所示。

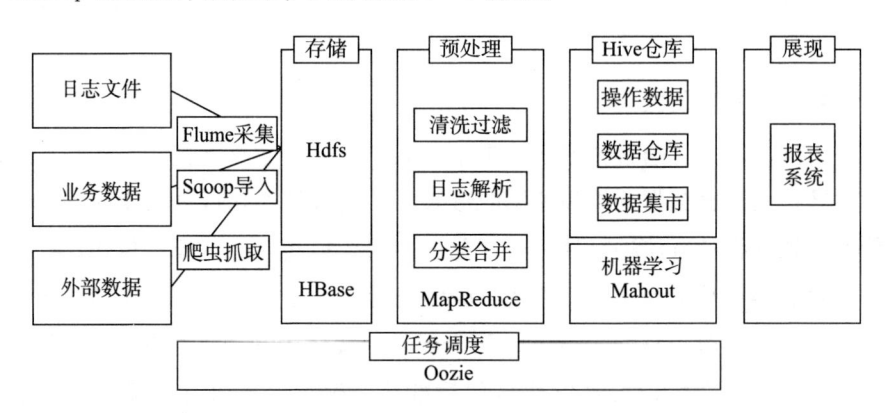

图 5-3　互联网大数据处理过程的核心技术框架

（一）日志数据采集技术 Flume

Flume 是 Cloudera 公司开发的实时日志采集系统，目前受到了业界的认可和广泛应用。它是一个分布式、可靠和可高利用的海量日志采集、聚合和传输系统，能够很好地支持在日志系统中定制各类数据发送方，用于收集数据。Flume 是由一个个 agent 连接起来的，每个 agent 相当于一个数据传递员，通过相互连接实现对数据的采集。

（二）Hadoop

Hadoop 是 Apache 基金会所开发的分布式系统基础架构，是当前最流行的大数据技术框架之一。Hadoop 允许用户在不了解分布式底层细节的情况下，开发分布式程序。Hadoop 最核心的设计是分布式文件系统 HDFS 和 MapReduce 计算框架，此外还包括数据库 HBase 和查询技术 Hive 等。

（三）离线计算技术 MapReduce

MapReduce 技术是 Hadoop 核心技术之一，是由谷歌公司架构设计师 Jeffrey Dean 所提出，是用于大规模数据集并行计算的一种离线计算技术。其中，Map 的含义是映射，即将数据转换为键－值对（Key-value）的形式，Reduce 含义是规约，即根据相同的键（Key）对值（Value）进行聚合操作。通过这个技术框架，能够将一个大的数据集同时分配给多台计算机并行处理，提升效率。

（四）流式、实时计算技术 Storm

某些应用场景，如灾害预警系统、金融交易系统等，对数据的实时计算要求较高。这时，传统的适用于离线计算的 MapReduce 框架不再适应此类场景，Storm 等实时流处理技术框架就应运而生。Storm 技术框架是 Twitter 公司发布的一款开源的分布式实时大数据处理框架，Storm 通过使用 ZooKeeper 来协调集群内的各种资源配置使 Storm 可以很容易得到扩展，也通过定义拓扑图 topology 和消息处理组件 Bolt 来源源不断地从 Spout 读取消息并发送下去。

（五）文件存储技术 HDFS

HDFS 是 Hadoop 分布式系统核心技术之一，是在 2003 年谷歌发表的 GFS 分布式文件系统基础上建立的，可以解决大规模数据的存储和计算，特别适合一次写入、多次读取的场景。具有高容错性、高可靠性和高扩展性等特点。

（六）Nosql 数据库 HBase

HBase 是 Hadoop 分布式系统核心技术之一，是 Nosql 的一种数据库，具有开源、面向列，适合存储海量非结构化数据或半结构化数据的特点，且支持实时数据读写，具有高可靠性、高性能和可灵活扩展伸缩特点。一般来讲，存储在 HBase 中的表的典型特征有：可以有上亿行和上百万列的大表，面向列的存储、检索与控制，以及表中为空的列不占用存储空间的稀疏性能。

（七）查询分析技术 Hive

Hive 是 Hadoop 分布式系统核心技术之一，由 Facebook 开源，最初用于解决海量结构化日志数据统计查询问题。Hive 定义了一种类似关系型数据库查询语言 Sql 的查询语言——Hql。

（八）数据挖掘和机器学习技术 Mahout

Mahout 起源于 2008 年，是 Apache 基金会下面的子项目，其目的是实现针对大规模数据集的可伸缩机器学习算法。这些算法运行通过 Mahout 运行在 Hadoop 平台下，并通过 MapReduce 计算模式实现。目前，常用的机器学习算法主要包括监督学习算法（如神经网络、决策树、逻辑回归等）和非监督学习算法（如聚类算法、关联算法、时序关联算法等）。

第四节　文化品牌互联网影响力对于品牌价值的影响

以精准确认品牌价值为核心，旨在帮助文化品牌企业了解自身品牌的互联网影响力指数，从而建立行业坐标、了解各自品牌在互联网影响力方面的各个维度和指标的动态变化情况，据此助力文化品牌企业更合理地配置资源、制定更加合理的品牌战略，并为企业投融资提供科学依据。文化品牌互联网影响力对于品牌价值的影响主要体现在以下几个方面。

首先，文化品牌的互联网影响力能够提升品牌价值，构建社群经济。在互联网快速发展背景下，百度搜索、微信公众号、微博、抖音等虚拟社区为文化品牌的塑造提供了新的传播工具。文化品牌在百度搜索的竞价排名、微信公众号营销、微博大 V 宣传，以及抖音直播等多种方式的传播下，逐渐形成了不同文化品牌的差异化竞争态势。在此情形下，市场竞争日益激烈，文化品牌的营销和客户管理服务的方式也随之改变。因此，如何利用互联网工具，在同质化严重的竞争市场中，通过互联网影响力进一步提升文化品牌的价值影响，成为各个企业当前重点关注的话题。

在 Web 2.0 时代，企业就开始利用百度、谷歌等搜索平台工具通过互联网影响力来提升企业品牌价值，这里当然也包括文化品牌。此外，论坛、贴吧、豆瓣、大众点评等虚拟社区将具有相同兴趣和爱好的人群自发组织到一起，形成简单模式的社群经济。然而这些松散模式的社群，只是提供人们彼此经验分享的空间，很难形成较强的品牌价值。随着微博的出现，一些企业开始利用名人、精英等高粉丝群体宣传品牌，进一步提升企业的品牌价值。特别是大多数企业也注册了各自的微博官方账号，通过管理宣传、服务粉丝，与粉丝互动等多种方式，提升企业的品牌价值。近年来，在互联网技术的支持下，分享文字、图片的互联网社区，逐渐转变为视频互动的社区，例如快手、抖音等。在这些互联网平台上，直播宣传和带货的新型营销模式逐渐受到人们追捧，成为企业更好提升品牌价值的重要渠道。

其次，文化品牌互联网影响力能够使企业更好更快地进行舆论危机管理。俗话说"好事不出门，坏事传千里"。互联网在便捷企业与客户沟通的同时，也存在潜在的危机。如果企业经营管理出现问题、恶意造谣或诽谤等信息一旦出现在互联网上，便会迅速在互联网上进行传播，对企业的声誉造成重创。如果企业的文化品牌具备较好的互联网影响力，便可以通过发布公告，及时有效地第一时间向客户进行澄清或解释，避免造成不可挽回的损失。因此，当前很多企业自己筹建或利用第三方进行文化品牌互联网影响力的管理和舆论危机的管理。

总之，这些互联网平台，为企业和客户搭建了互动的平台和渠道，构建了客户社群。在不同形式的社群中，企业和客户间、客户和客户之间可以通过信息交换、成员互动和契合主题的内容分享等形式形成具有活力的互动模式，并且通过口碑宣传、资源交换等方式进行商业活动，提高品牌价值，间接地为企业获取巨大的经济效益，也使企业避免了不良的舆论危机。

第五节　文化品牌互联网影响力指数系统

（一）简介

文化品牌互联网影响力评估，旨在通过构建全新的有效的文化品牌互联网影响力评估模型，建立全面而立体的互联网影响力评估体系，并通过影响力体系动态地对文化品牌在互联网的传播情况进行统计整理，形成指数系统。

首先，该系统优化整合传统文化品牌影响力评价模型，分析研究文化品牌互联网传播机理，通过大数据分析理论和技术，综合考虑文化品牌信息传播渗透度、信任度和企业领袖影响度等因素，并按照互联网影响力评估的基本框架设计指标体系，采用 Delphi 法选定和优化指标，提出各项指标的测度和聚合方法。基于大数据、深度学习、文本挖掘、情感计算、水军识别等技术，分析处理文化品牌互联网影响力评价所需的企业数据、社交媒体数据、视听媒体相关数据等，支撑文化品牌互联网影响力评估的指数计算，实现从信息传播的广度和深度两个层面来建立全面而立体的互联网影响力评估体系。其次，该系统围绕评估体系，整理文化品牌的各项文化品牌信息数据、文化品牌传播渠道数据、文化品牌参与人群数据等，以此形成数据库，并构建面向企业的文化品牌互联网影响力评估技术模型和指数系统。

（二）文化品牌数据资源库的采集、存储与分析

本项目数据采集系统主要通过网络爬虫获取，网络爬虫程序使用 Java 语言，并且应用 Hadoop 分布式并行编程框架编写分布式爬虫程序，实现每日不间断的多线程并行数据采集，及时高效地采集微博、微信、网媒及各网络平台公开数据。分布式采集程序相较于集中式数据采集系统效率更高，因为分布式采集程序能够保证多个数据采集节点之间的动态平衡，采集效率相对高的节点自动分担采集效率低的节点的任务，完全支持多爬虫协作，单节点故障不影响采集系统的总体运行。

数据采集层采用 MapReduce 计算模型的开源分布式并行编程框架，应用 Hadoop 编写分布式并行程序，将其运行于计算机集群上，完成数据的并行采集，主要有以下几个优势。

（1）高可靠性。按位存储和处理数据的能力具备非常高的可靠性。

（2）高扩展性。在可用的计算机集簇间分配数据并完成计算任务，这些集簇可以方便地扩展到数以千计的节点中。

（3）高效性。能够在节点之间动态地移动数据，并保证各个节点的动态平衡，因此处理速度非常快。

（4）高容错性。能够自动保存数据的多个副本，并且能够自动将失败的任务重新分配。

（5）低成本。与一体机、商用数据仓库以及 QlikView、Yonghong、Z-Suite 等相比，Hadoop 是开源框架，项目的软件成本因此会大大降低。

数据采集层是系统的最底层结构，分布式采集程序能最大限度确保数据采集的效率和稳定性，为大数据中心系统平台提供稳定的数据源。并且通过采用采集系统与存储系统解耦的技术方案，采集系统采集数据后进入 kafka 消息队列，存储系统可直接对接 MongoDB 数据库或其他数据库。

数据采集方案应用 Hadoop 分布式并行编程框架编写分布式爬虫程序，实现每日不间断地多线程并行数据采集，及时高效地采集数据。基于分布式采集程序，课题研发团队研发了一套可视化数据采集 WEB 系统，采集维护人员可方便地基于 web 浏览器对数据采集系统进行修改、维护、新增和删除等管理和设置操作。图 5-4 为课题研发团队研发的可视化数据采集 WEB 系统结构。

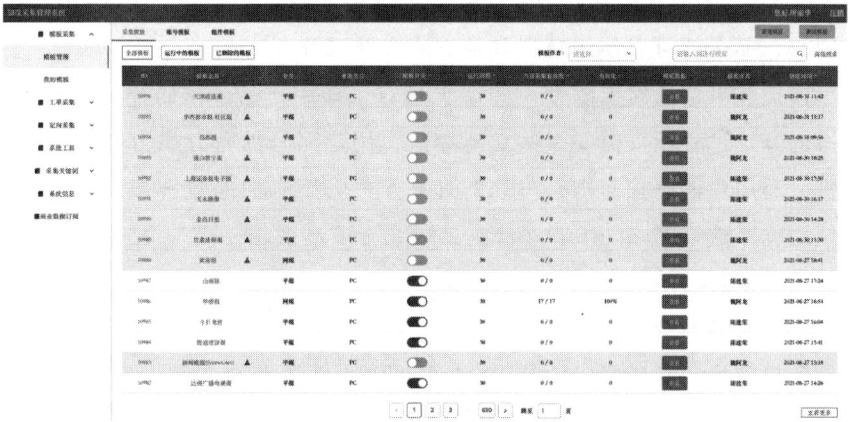

图 5-4　知微可视化数据采集 WEB 系统结构

爬虫防封锁策略：新浪微博等网站出于各种因素的考虑，都对爬虫有一定的封锁机制，尤其是新浪微博，针对爬虫的封锁机制一度在不断变化。平台建设需要大量采集内容，为了防止被封，需要有合适的防封锁策略来避免。课题相关单位在采集网络公开数据时积累了大量防封锁策略，可最大限度避免出现爬虫被封现象。主要的爬虫防封锁策略包括以下几种方法。

（1）伪装 User agent。

User agent 是 HTTP 协议中的一个字段，其作用是描述发出 HTTP 请求的终端的一些信息。服务器通过这个字段就可以知道要访问的网站是什么浏览器或知名爬虫。每个浏览器，每个正规的爬虫都有其固定的 User agent，因此将这个字段改为这些知名的 User agent，就可以成功伪装。如果网站未对知名爬虫限制固定 IP，那么更可以伪装成知名爬虫，如百度爬虫或谷歌爬虫。而伪装成浏览器的 User agent 也是一个非常不错的方法，因为浏览器没有固定 IP，是任何 IP 都可以使用的。可以准备若干个浏览器的 User agent，然后每次发送请求的时候就从这几个 User agent 中随机选一个作为请求参数。例如 IE 的几个 User agent 如下。

Mozilla/4.0（compatible；MSIE 8.0；Windows NT 6.0）

Mozilla/4.0（compatible；MSIE 7.0；Windows NT 5.2）

Mozilla/4.0（compatible；MSIE 6.0；Windows NT 5.1）

（2）模拟登录。

虽然有些网站不登录就能访问，例如新浪微博的某些页面，但是如果它检测到某 IP 的访问量有异常，就会要求用户登录。如果登录过程不要求验证码，那么就可以使用模拟登录方法来获取登录 cookie。

模拟登录请求时要附带一些请求参数，如用户名、密码等。例如新浪微博的登录过程不仅需要一些常规参数，用户账号加密方式为普通的 MD5 加密，而用户密码加密则是 RSA2 加密方式。而有的课题合作单位已经可以使用程序成功模拟 RSA2 加密方式登录新浪微博，获取用户登录后的 cookie，模拟用户登录后进行网页爬虫。

（3）使用代理 IP。

如果网站用某段时间内某 IP 的访问次数异常来判定访问是爬虫程序，进而封锁爬虫 IP 的话，此时就需要使用代理 IP 技术来防封锁。网站的这种封锁思路隐含着一个假设，爬虫的访问量必然比正常用户量大很多，而代理 IP 技术可以使这个假设不能成立。代理是介于爬虫程序与网站之间的第三者，爬虫程序先将请求发到代理，然后代理再发到服务器，这样看起来就像是代理在访问目标网站。这时，服务器会将此次访问计算为代理访问。同时使用多个代理的话，单个 IP 的访问量可以降下去，网站的 IP 封锁策略自然也就失效了。

类似于内存池的代理 IP 池，有新的代理 IP 可直接加入 IP 池，这种方式易于管理和方便扩展。爬虫程序每次请求目标网站时，可从 IP 池随机取一个代理 IP 进行访问。

（4）控制合适的访问频率。

对于一些封锁特别严重的网站，为节约使用代理 IP 成本，可适当降低访问频率。如爬虫程序每抓取一个或若干个页面，线程随机休息一段时间。

建设一套数据管理系统，实现对数据采集的监控、预警、审计、安全、维护等管理功能，同时满足基于移动端监控、管理的需求。实现对数据采集数据量、数据延迟的统计功能和邮件预警通知。

保持采集系统的稳定性是本项技术的重要目标。整体的数据采集，采用知微自己构建的可视化采集系统，通过灵活的代理 IP 池和异常报警机制，采用 MapReduce 的分布式集群方式保证信息及时有效地采集。

采集的机理如图 5-5 所示。

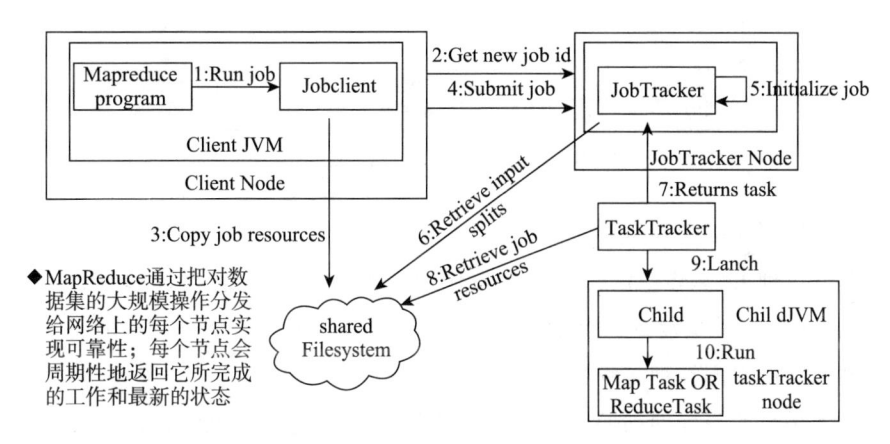

图 5-5　数据采集机理

建立一个 IP 池，有新的代理 IP 可直接加入 IP 池，这种方式易于管理和方便扩展；爬虫程序每次请求目标网站时，可从 IP 池随机抽取一个代理 IP 进行访问。（见图 5-6、图 5-7）

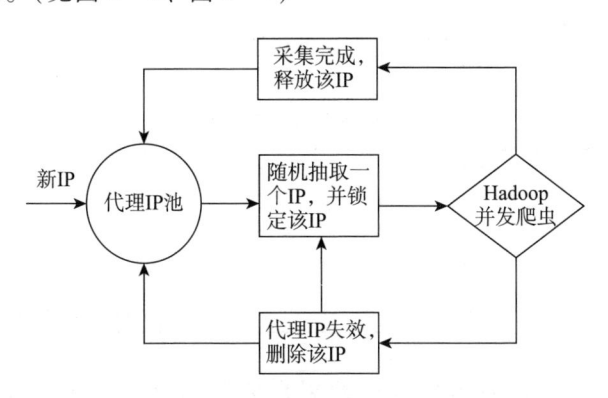

图 5-6　数据采集过程一

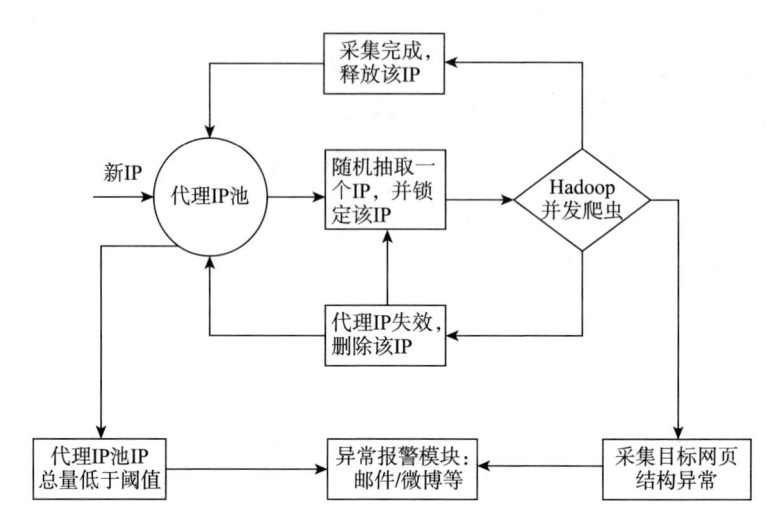

图 5-7 数据采集过程二

采集程序出现异常：

- 代理 IP 不够稳定，出现大量代理 IP 失效情形。针对此情况，给代理 IP 池的 IP 总量设置一个阈值，当代理 IP 池的 IP 量小于该阈值时，发送邮件或微博提醒管理工程师。
- 采集的目标网站的网页页面结构调整，出现采集异常情形。设计开发异常报警模块，当出现此异常情况时，调用异常预警模块，发送邮件或微博提醒管理工程师，提醒其相关网页页面结构有调整。

通过数据采集，最终得到网媒、微信、微博等平台的相关数据，数据字段如下。

a. 微博用户表（pantao.uids），如表 5-3 所示。

表 5-3 微博用户表

字段	类型	说明
_id	String	uid
a	Boolean	是否纳入更新
z	int	最近一次更新获取到的微博数

b. pantao.uids 微博用户表中的用户微博消息（pantao.status），如表 5-4 所示。

表 5-4　微博用户表中的用户微博消息

字段	类型	说明
_id	String	mid
a	date	微博时间
b	String	微博内容
c	long	自增键
d	String	uid
e	String	用户昵称
f	int	用户粉丝数
g	int	用户关注数
h	int	用户微博数
i	String	用户地域
j	Boolean	用户是否认证
k	String	微博来源
l	Boolean	是否为转发
m	String	原创微博内容
n	String	原创微博 ID
o	String	原创微博用户 ID
p	String	原创微博用户昵称
q	int	原创微博用户粉丝数
r	int	原创微博用户关注数
s	int	原创微博用户微博数
t	String	原创微博用户地域
u	date	原创微博时间
v	String	原创微博来源
aa	String	微博图片地址

c. 公共微博消息（weibo.public），如表 5-5 所示。

表 5-5　公共微博消息

字段	类型	说明
_id	String	mid
a	date	微博时间

续表

字段	类型	说明
b	String	微博内容
c	int	转发数
d	int	评论数
e	String	微博来源
f	String	微博图片地址
g	String	微博位置信息
h	String	用户ID
i	String	用户昵称
j	String	用户简介
k	date	用户创建时间
l	int	用户粉丝数
m	int	用户关注数
n	int	用户微博数
o	String	用户性别（f为女，m为男）
p	String	用户地域
q	String	用户认证信息
r	int	用户认证类型
s	String	
b1	Boolean	是否为转发微博

d. 微博用户信息（tanglihua.userinfo），如表5-6所示。

表5-6 微博用户信息

字段	类型	说明
_id	long	uid
a	String	用户昵称
b	String	用户地域
c	String	用户头像地址
d	String	用户性别（f为女，m为男）
e	int	用户粉丝数
f	int	用户关注数
g	int	用户微博数

续表

字段	类型	说明
h	Boolean	用户是否认证
i	String	认证类型（b-机构认证；y-个人认证；d-微博达人；n-普通用户）
j	String	认证信息
k	String	用户简介
l	List	用户标签
m	date	更新时间
n	Map	影响力领域
o	Map	兴趣领域
p	String	官方标签
q	date	最近一条微博时间

e. 微博用户影响力领域叶子（tanglihua.impression），如表5-7所示。

表5-7 微博用户影响力领域叶子

字段	类型	说明
_id	String	uid
l	Map	用户影响力领域叶子
u	date	最近一次更新时间

f. 微信公众号文章（wechat.status 3），如表5-8所示。

表5-8 微信公众号文章

字段	类型	说明
_id	String	微信公众号文章地址
source	String	公众号名称
title	String	文章标题
content	String	文章内容（部分内容为简介）
time	date	发布日期
img	String	图片地址
savetime	long	存储时间
type	String	消息类型

续表

字段	类型	说明
pt	String	消息平台
rsid	long	自增键

g. 网络媒体文章（media. status 4），如表5-9所示。

表5-9　网络媒体文章

字段	类型	说明
_id	String	网络媒体文章地址
source	String	网站名称
title	String	文章标题
content	String	文章内容（部分内容为简介）
time	date	发布日期
img	String	图片地址
savetime	long	存储时间
type	String	消息类型
pt	String	消息平台
rsid	long	自增键

在数据的存储和分析方面，要合理科学地设计大数据中心系统，满足后期数据源扩展、数据分类扩充、过程变化等引起的平台迭代需求。

从数据流向及功能分区的角度对大数据平台进行划分设计，整个大数据中心划分为"四层服务"形态，分别为数据采集层、数据存储层、数据处理层和数据应用层。而数据存储层及处理层又划分为六大分区，分别为数据缓存区、数据计算区、数据访问区、数据实验区、历史数据归档区和历史数据访问区。具体数据流向及功能分区见图5-8。

大数据中心系统集群按照应用场景划分为计算密集型、存储密集型、均衡型三个集群，不同存储特质的数据加载到不同集群中，确保应用性能和成本的平衡。计算密集型以高配CPU/内存、高速SAS盘为主，以结构化数据/分析挖掘类场景为主；存储密集型以低配CPU/内存、大容量SATA盘为主，以非结构数据为主；均衡型以中配CPU/内存、SAS盘为主，以半结构化数据为主。

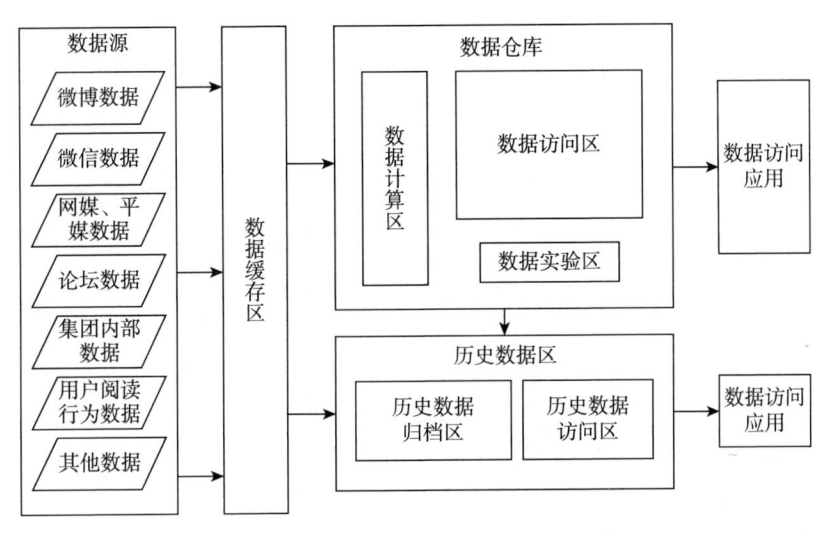

图 5-8 大数据中心系统总体分区架构

数据缓存区、数据计算区主要功能为并行计算，为典型的计算密集型集群搭建 Hadoop 计算集群；数据访问区、数据实验区为均衡型集群，历史数据归档区、历史数据访问区主要功能为历史数据存储备份，是典型的存储密集型集群，针对数据存储访问搭建 Mongo 集群，针对全文检索应用，在数据访问区搭建 ElasticSearch 集群。

平台系统集群的物理部署详见图 5-9。

建设适合大数据分析的计算集群，集群将数据分析的工作分配到多个集群节点上，从而并行处理数据。平台数据分布广泛，计算集群将这类分布广泛的数据拆分成片，并将每个"分片"分配到特定的集群节点上进行分析，而且数据不必均匀分布，因为每个数据分片都在独立的集群节点上进行单独处理。

MongoDB 集群分片技术，可以满足大数据中心系统平台海量数据增长的需求。当 MongoDB 存储海量数据时，单机不足以存储数据，也不足以提供可接受的读写吞吐量。通过在多台机器上分割数据，使得 MongoDB 数据库系统能存储和处理更多的数据。部署 MongoDB 分布式系统采用分片集模式构建数据分片，分片集通过 replSetInitiate 命令（或 mongo shell 的 rs.initiate）进行初始化，初始化后各个成员间开始发送心跳消息，并发起 Priamry 选举操作，获得"大多数"成员投票支持的节点，成为 Primary，

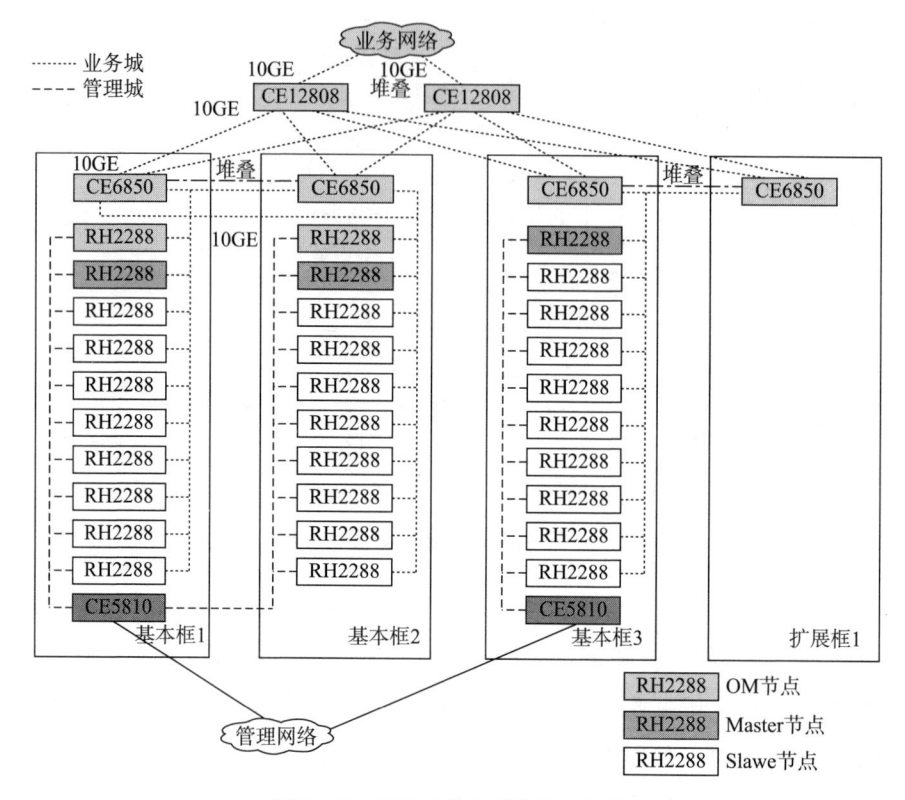

图 5-9　平台系统集群的物理部署

其余节点成为 Secondary，分片集模式可有效保证数据库的稳定性。

　　MongoDB 的集群架构有其独特的优势，在平台搭建的过程中主要利用的是当出现分片间负载和数据分布不平衡时能够自动 rebalancing，并且前期集群结构的最大优势集群的扩展性非常好，能够简单方便地添加节点至上千台服务器，另外可以自动进行故障的转移、数据的备份，分布式数据采集之后快速进行数据的存储，尽最大可能节约中间时间，让数据更快速地入库及索引。平台结构如图 5-10 所示。

　　目前，该系统包括文化品牌的影响力评估及排名看板，以及对特定文化品牌影响力进行深入解读的文化品牌影响力分析界面。下面分别以登录界面、系统首页门户、按行业划分后的文化品牌概览页面、文化品牌传播趋势、重要渠道、舆论聚合和人物画像页面为例，展示文化品牌互联网影响力指数系统各个界面并介绍主要功能。

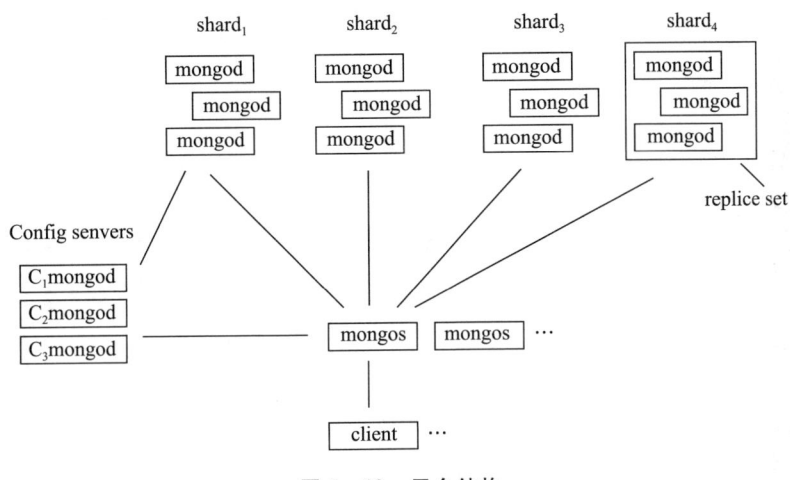

图 5 - 10 平台结构

（三）文化品牌影响力评估及排名看板

文化品牌影响力评估及排名看板整体界面如下图 5 - 11 所示。

其中，首先包含了结合文化品牌互联网影响力评估模型计算得出的影响力指数。并根据其传播速度，计算得到影响力指数的峰值传播速度。通过整理多行业多文化品牌的影响力指数数据，该界面也可以提供相应的排名，并提供围绕排序的检索方法。包括围绕起始时间、峰值传播速度、影响力进行的升序、降序排名。同时，该界面提供行业筛选功能，更方便快捷地锁定相应的文化品牌。

（四）文化品牌影响力分析界面

通过点击看板中的特定品牌，可以进入文化品牌影响力分析界面。该界面进一步对文化品牌的影响力及相应的传播情况进行解析。具体包括品牌概览、传播趋势、重要渠道、舆论聚合以及人群画像五块功能。

1. 品牌概览

品牌概览界面如图 5 - 12 所示。

品牌概览界面呈现对该文化品牌的整理情况介绍，包括对文化品牌的分类和简介；该文化品牌的影响力及对比情况，如影响力、对比同类品牌均值、对比全部品牌均值、不同平台上的影响力；该文化品牌在形成影响力时的媒体参与情况，包括央级媒体参与情况、科技类媒体参与情况与财经类媒体参与情况；同时提供同类文化品牌影响力对比。

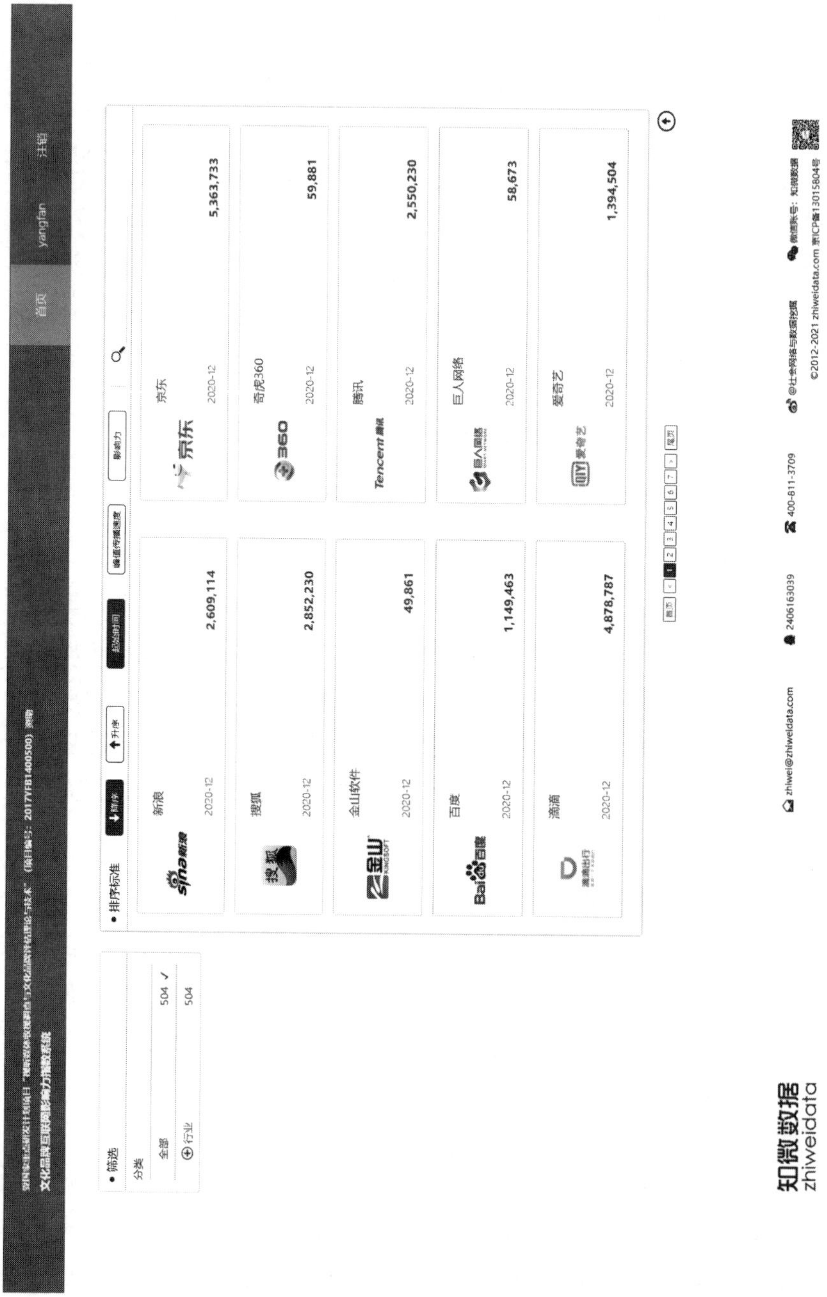

图5-11 文化品牌影响力评估及排名看板整体界面

图5-12 品牌概览界面

2. 传播趋势

传播趋势界面如图 5-13 所示。

该传播趋势界面揭示了文化品牌的时序影响力情况。包括文化品牌平均传播速度、峰值传播速度以及品牌持续时间；同时，通过品牌趋势功能，揭示了文化品牌的时序影响力，包括小时级别和天级别。

3. 重要渠道

重要渠道界面如图 5-14 所示。

为了更好地分析形成文化品牌影响力的关键因素，重要渠道功能展示了在文化品牌形成影响力时，重要渠道的作用。该界面揭示了文化品牌影响力形成过程中的微博重要渠道、微信重要渠道以及网媒重要渠道，并配合时间分析，动态揭示了重要渠道的时序传播情况；与此同时，该界面也揭示了渠道发布的文本信息，并可以通过文本点击进入正文。

4. 舆论聚合

舆论聚合界面如图 5-15 所示。

舆论聚合界面揭示了文化品牌影响力形成过程中的文本因素。通过自然语言处理及可视化等技术，该界面对形成文化品牌影响力的文本进行非结构化解析及聚合，以此揭示重要的媒体观点；并通过对关键词等的统计，更进一步揭示形成文化品牌影响力的内在原因；该界面同时对形成文化品牌影响力过程中的意见领袖进行整理统计，挖掘了形成影响力的传播渠道因素。

5. 人群画像

人群画像界面目的为深入解析形成互联网文化品牌影响力的实际因素，即参与讨论的实际人群属性。该页面首先包括对人群的地域分布统计；其次，包含对人群实际讨论内容的标签提取，以此判断人群属性；再次，包含人群的参与规律，以此进一步呈现文化品牌影响力形成过程中的实际人群活动时间；最后，呈现实际人群性别分布及活跃度情况。

图5-13 传播趋势界面

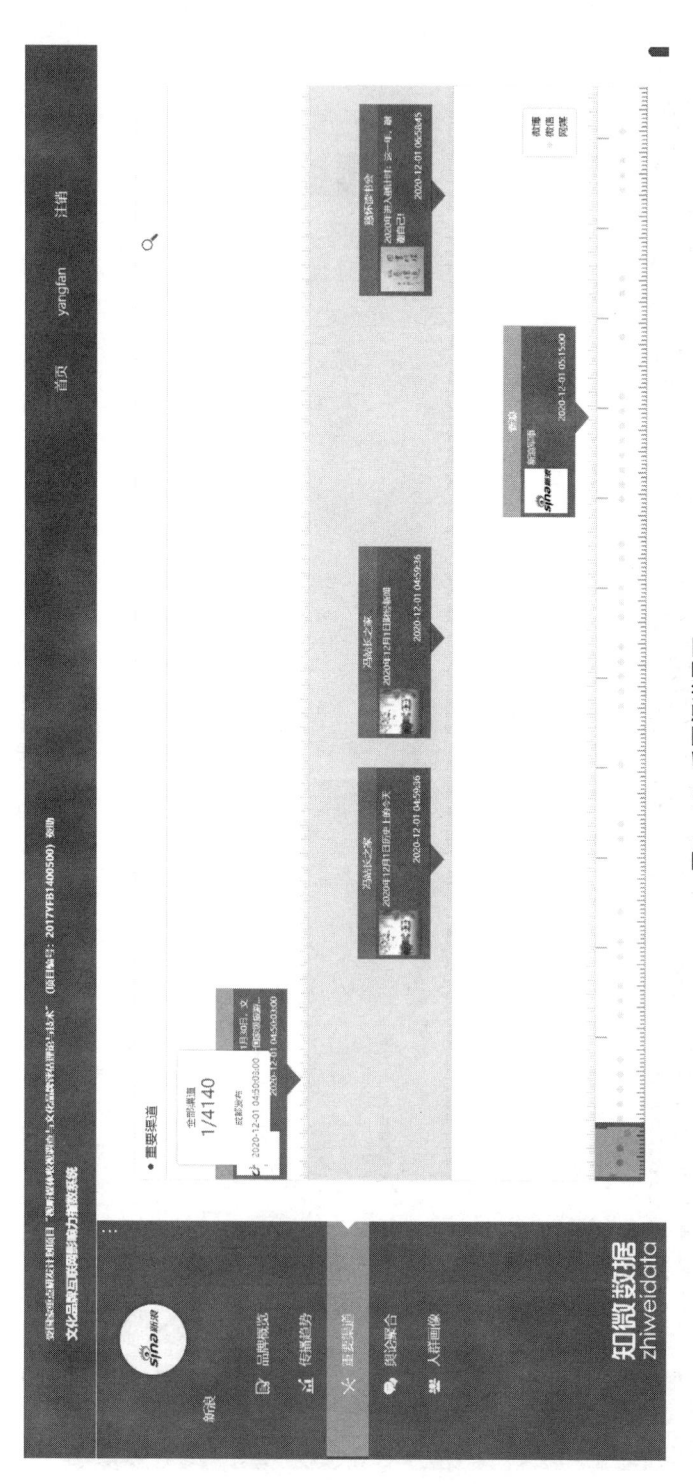

图5-14 重要渠道界面

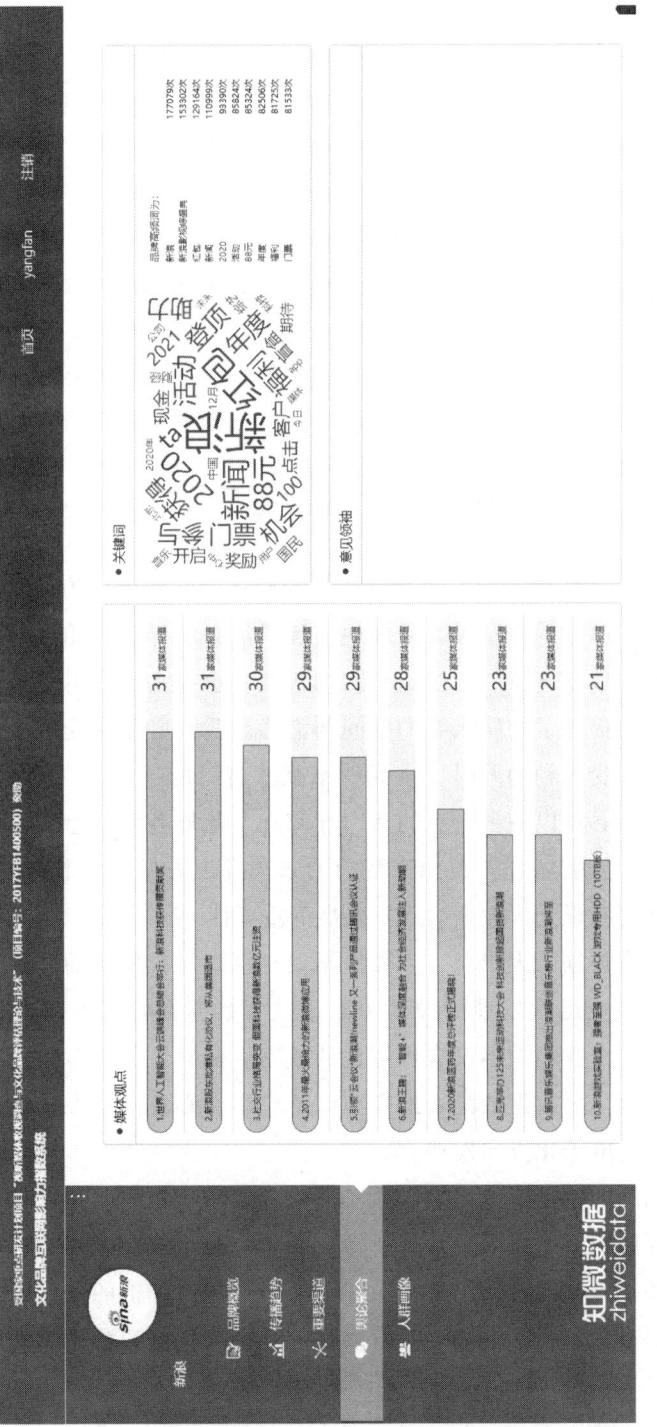

图5-15 舆论聚合界面

第六章
文化品牌资源数据库研究

第一节 大数据应用

众所周知，21世纪是数据信息爆炸的时代，互联网因为移动互联、社交网络、电子商务的普及极大限度地拓展了活动疆界和应用领域。大数据时代对人类的数据驾驭能力提出了新的挑战，也为人们获得更为深刻、全面的洞察能力提供了前所未有的空间与潜力。我们必须接受一个事实，那就是人类在感受便利的同时，也无偿奉献了自己的"行踪"。大数据时代的人类生活，必将以一种特有的透明性存在。此外各种迅速膨胀的数据正在逐步爆炸，它引导着人类生产生活的未来发展方向，随着时间的推移，人们必将深刻意识到大数据对人类发展的重要性。[1]

作为海量数据的大集合，大数据不仅是信息时代发展的必然产物，更是推动世界经济迅猛发展的原动力。透过大数据在各行业的应用情况可知，大数据带给我们的不仅有规范化的战略、前瞻性的决策，更有对资源的合理化配置。大数据的深入推广和广泛应用，必将推动人类世界向信息化、数据化、电子化方向发展。

文化品牌的数据资源库的研究，根据文化品牌互联网影响力评估的需求，选定互联网影响力指数计算所需数据源，利用信息采集技术、大数据存储和处理技术，构建支撑文化品牌互联网影响力评估的数据资源库。数据资源主要来源于金融终端、网络数据以及行业相关的数据库。作为文化

---

[1] 艳琳：《大数据在生活中如何应用》，《科学大观园》2013年第12期。

品牌产业的大数据处理平台,我们的大数据中心数据主要来源于国家官方权威平台,主要包括以下这些。

(1) 中国国家数据官网 http://data.stats.gov.cn。由国家统计数据库负责收集和发布,全面提供翔实的月度、季度、年度数据以及普查、地区、部门、国际数据;提供多种文件输出、制表、绘图、指标解释、表格转置、可视化图表、数据地理信息系统等多种功能。

(2) 国家市场监督管理总局官网。

(3) 中国证券监督管理委员会官网。

(4) 中国统计年鉴是国家统计局编印的一种资料性年刊,全面反映中华人民共和国经济和社会发展情况的真实数据。

(5) 国家税务总局官网。

(6) 企业年报,企业年刊。

(7) 地方主要经济刊物,大数据媒体中心。

(8) 互联网在线样本调查和线下问卷。

(9) 其他互联网大平台,如百度、微博、今日头条、知乎、腾讯等。

第二节　大数据采集、存储和处理技术及应用

Hadoop 是目前应用最为广泛的分布式系统基础架构,主要用于基于计算机集群环境的大规模数据分布式处理。同时,Hadoop 分布式处理技术在实现层面不同于传统的并行计算,对于开发人员没有很高的技术要求,只要熟悉 Hadoop 所定义的模型机构及实现方法,即可进行大规模的数据并行处理开发。

下面就 Hadoop 系统平台、集群管理与监控、文件系统、资源调度、协议框架、数据存储、数据处理、数据查询及分析、数据收集、数据交换、消息系统、任务调度、数据治理、数据可视化、数据挖掘、云平台等16个方面对平台所涉及的技术框架做一个详细的说明。[1]

---

[1] 唐燕、刘仁权、王苹:《基于 Hadoop 的高校大数据平台的设计与实现》,《信息技术》2017年第12期。

一 系统平台

Hadoop：ApacheHadoop 是一个开源的分布式系统基础框架，离线数据的分布式存储和计算的解决方案。Hadoop 最早起源于 Nutch，Nutch 基于 2003 年、2004 年谷歌发表的两篇论文分布式文件系统 GFS 和分布式计算框架 MapReduce 的开源实现 HDFS 和 MapReduce，于 2005 年推出，2008 年 1 月成为 Apache 顶级项目。Hadoop 分布式文件系统（HDFS）是革命性的一大改进，它将服务器与普通硬盘驱动器结合，并将它们转变为能够由 Java 应用程序兼容并行 IO 的分布式存储系统。Hadoop 作为数据分布式处理系统的典型代表，形成了完整的生态圈，已经成为事实上的大数据标准，开源大数据目前已经成为互联网企业的基础设施。Hadoop 主要包含分布式存储 HDFS、离线计算引擎 MapRduce、资源调度 ApacheYARN 三部分。Hadoop 2.0 引入了 ApacheYARN 作为资源调度。Hadoop 3.0 以后的版本对 MR 做了大量优化，增加了基于内存计算模型，提高了计算效率。[①]（见图 6-1）

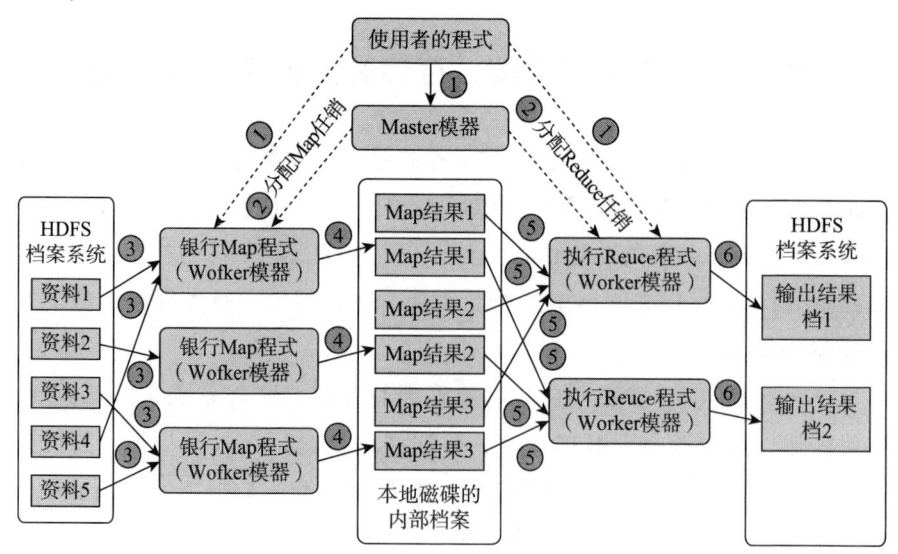

图 6-1 MapReduce 运行流程

[①] 宋廷山、郭思亮、韩伟：《基于 HADOOP 的大数据描述统计分析》，《统计与信息论坛》2015 年第 11 期。

CDH：ClouderaCDH 是 Cloudera 基于稳定版 Hadoop 及相关项目目前最完善的发行版本。CDH 中提供的各种组件能让用户在一个可视化的 UI 界面中方便地管理，配置和监控 Hadoop 以及其他所有相关组件。Cloudera 成立于 2008 年，在 2009 年 Cloudera 发行了第一个 Hadoop 集成版本 CDH，到目前为止，因为其易用、易于升级、安装组件和减少维护成本等特性，成为企业部署最广泛的大数据系统。在 Hadoop 的世界中，规模最大、知名度最高的公司就是 Cloudera。CDH 提供强大的部署、管理和监控工具，通过 ClouderaManager 的 WebUI 安装和管理集群，并且通过 Hue 浏览器端的 Web 控制台与 Hadoop 集群进行交互来分析处理数据。随着云计算的发展，催生了亚马逊 AWS 等巨头，他们也会提供托管的 Hadoop/Spark 服务，如 AWS 的 Elastic Map Reduce（EMR），不仅集成在云平台内部而且成本更低。而对象存储服务，如 AWS S3、AzureBlob 存储和 Google 云端存储，从成本上来说，也低于 Hadoop 的存储成本。但是，对于重视数据资产的企业来说依旧需要 Cloudera 产品。Cloudera 也一直致力于向云计算转型。2018 年 10 月 Cloudera 合并 Hortonworks，表示新的公司将成为行业领导者，为客户提供更好的平台，创建世界首个企业数据云，并将在云计算、物联网和容器技术等领域继续发力。这对 Hadoop 的发展是一个打击，但也意味着 Hadoop 的标准将更加统一，将有更多资金投入新技术的研究。[①]

HDP：HDP 是 Hortonworks 基于 Hadoop 发行的版本。2014 年 Hortonworks 上市，是企业级全球数据管理平台，同时也是服务和解决方案的领先供应商，为一多半的 100 强企业提供"任何类型数据"的可操作信息，已经成为世界第二大数据服务商。Hortonworks 是第一家使用了 Apache HCatalog 的元数据服务特性的提供商。Hortonworks 为行业入门提供了一个非常好的、易于使用的沙盒。Hortonworks 开发了很多增强特性并提交至核心主干，这使得 Apache Hadoop 能够在包括 Windows Server 和 Windows Azure 在内的 MicrosftWindows 平台上本地运行，而 CDH 只能运行在 Linux 系统中。HDP 的好处是完全开源，可以在其基础上进行二次开发，但对于技术比较薄弱中小型企业来说稳定性没有 CDH 高。2018 年 10 月 Cloudera 合

---

① 廖亮、虞宏霄：《基于 Hadoop 的医疗大数据分析系统的研究与设计》，《计算机系统应用》2017 年第 4 期。

并 Hortonworks，方向暂时未知。①

二　集群管理与监控

Clodera Manager：CM 是 Cloudera 开发的一个基于 Web 的用于部署和管理 CDH 集群的软件。它具有集群自动化安装、中心化管理、集群监控、报警等功能，大大节省了集群部署时间，降低了运维成本，极大地提高了集群管理的效率。

Hue：Hue 是由 Cloudera 贡献给开源社区的 Hadoop UI 系统（HadoopUserExperience），最早是由 Cloudera Desktop 演化而来，它是基于 PythonWeb 框架 Django 实现的。Hue 是一个可快速开发和调试 Hadoop 生态系统各种应用的一个基于浏览器的图形化用户接口。使用 Hue 可以在浏览器端的 Web 控制台上与 Hadoop 集群进行交互来分析处理数据，例如操作 HDFS 上的数据、运行 MapReduceJob、执行 Hive 的 SQL 语句、浏览 HBase 数据库、运行 Sqoop、编写 Oozie 工作流等大量工作。Hue 是 Hadoop 平台大数据分析开发的可视化分析利器。②

Ambari：ApacheAmbari 是 Hortonworks 贡献给 Apache 基金会的 Hadoop 平台管理软件，2013 年 11 月 20 日成为 Apache 顶级项目。它具备 Hadoop 组件的安装、管理、运维等基本功能，提供 WebUI 进行可视化的集群管理，简化了大数据平台的安装、使用程序。③（见图 6-2）

Dr. Elephant：Dr. elephant 是一款对 Hadoop 和 Spark 任务进行性能监控和调优的工具，它由 LinkedIn 的团队于 2016 年开源，开源之前已经在公司运行使用 2 年。它能自动采集作业的度量指标并分析，然后以简单明了的方式展现出来。Dr. elephant 的设计思想是通过作业分析结果来指导开发者进行作业调优，从而提升开发者效率和集群资源的利用率。④

---

① 高洪、杨庆平、黄震江：《基于 Hadoop 平台的大数据分析关键技术标准化探讨》，《信息技术与标准化》2013 年第 5 期。
② 韩朵朵、刘会杰、许爱雪：《基于 Hadoop 生态系统的大数据解决方案》，《石家庄铁路职业技术学院学报》2019 年第 2 期。
③ 张海涛：《基于 Hadoop 的大数据计算之研究》，《电子测试》2019 年第 4 期。
④ 负佩、晁玉蓉、樊华等：《基于 Hadoop 的数据分析系统设计》，《数字技术与应用》2019 年第 3 期。

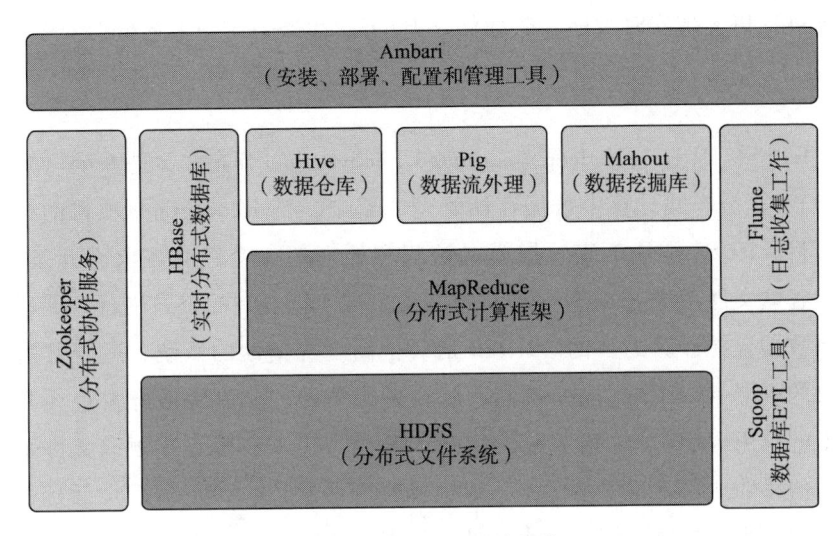

```
┌─────────────────────────────────────────────────────────────┐
│                         Ambari                              │
│              （安装、部署、配置和管理工具）                  │
├──────┬──────┬─────────┬─────────┬─────────┬─────────┬───────┤
│      │      │  Hive   │   Pig   │ Mahout  │         │       │
│Zoo-  │HBase │（数据仓 │（数据流 │（数据挖 │ Flume   │       │
│keeper│（实时│  库）   │ 外理）  │ 掘库）  │（日志收 │       │
│（分布│分布式├─────────┴─────────┴─────────┤集工作） │       │
│式协作│数据库│       MapReduce              │         │       │
│服务）│ ）   │     （分布式计算框架）       ├─────────┤       │
│      │      ├──────────────────────────────┤ Sqoop   │       │
│      │      │           HDFS               │（数据库 │       │
│      │      │      （分布式文件系统）      │ ETL工具）│      │
└──────┴──────┴──────────────────────────────┴─────────┴───────┘
```

图 6-2　Hadoop 系统架构

Zabbix：Zabbix 是一个基于 Web 界面的开源的分布式企业级监控解决方案。Zabbix 1.0 于 2004 年正式发布，由 Alexei Vladishev 团队维护更新，ZabbixSIA 提供支持。Zabbix 通过 C/S 模式采集数据，通过 B/S 模式在 Web 端展示和配置。它能够实时监控从成千上万台服务器、虚拟机和网络设备中收集到的数以百万计的指标。Zabbix 能监视各种网络参数，保证服务器系统的安全运营，并提供灵活的通知机制以让系统管理员快速定位/解决存在的各种问题。还能够利用存储数据提供杰出的报表及实时的图形化数据处理，实现对监控主机 7×24 小时集中监控。[①]

Eagle：Apache Eagle 是一个开源监视和警报解决方案，用于智能实时地识别大数据平台上的安全和性能问题，例如 ApacheHadoop、ApacheSpark 等。Eagle 起源于 eBay，最早用于解决大规模 Hadoop 集群的监控问题，于 2015 年 10 月提交给 Apache 孵化器，2016 年 12 月 21 日成为 Apache 顶级项目。Eagle 主要有高可扩展、高可伸缩、低延时、动态协同等特点，支持数据行为实时监控，能立即监测出对敏感数据的访问或恶意的操作，并立即采取应对措施。Eagle 提供一套高效分布式的流式策略引擎，具有高实时、可伸缩、易扩展、交互友好等特点，同时集成机器学习对用户行为建

---

① 秦东旭、徐瑾、吕明等：《基于 Hadoop 的用户行为数据分析系统的设计》，《工业控制计算机》2019 年第 10 期。

立 Profile 以实现实时智能实时地保护 Hadoop 生态系统中大数据的安全。[1]

三 文件系统

HDFS：HDFS（Hadoop Distributed FileSystem）分布式文件系统（见图 6-3），是分布式计算中数据存储管理的基础。是 HadoopCore 项目的核心子项目。HDFS 是基于流数据模式访问和处理超大文件的需求而开发的，效仿谷歌文件系统（GFS），数据在相同节点上以复制的方式进行存储以实现将数据合并计算的目的。HDFS 是一个高度容错性的系统，适合部署在廉价的机器上。HDFS 能提供高吞吐量的数据访问，非常适合大规模数据集上的应用。HDFS 放宽了一部分 POSIX 约束，来实现流式读取文件系统数据的目的。它有很多的优点，但也存在一些缺点，包括不适合低延迟数据访问、无法高效存储大量小文件、不支持多用户写入及任意修改文件。[2]

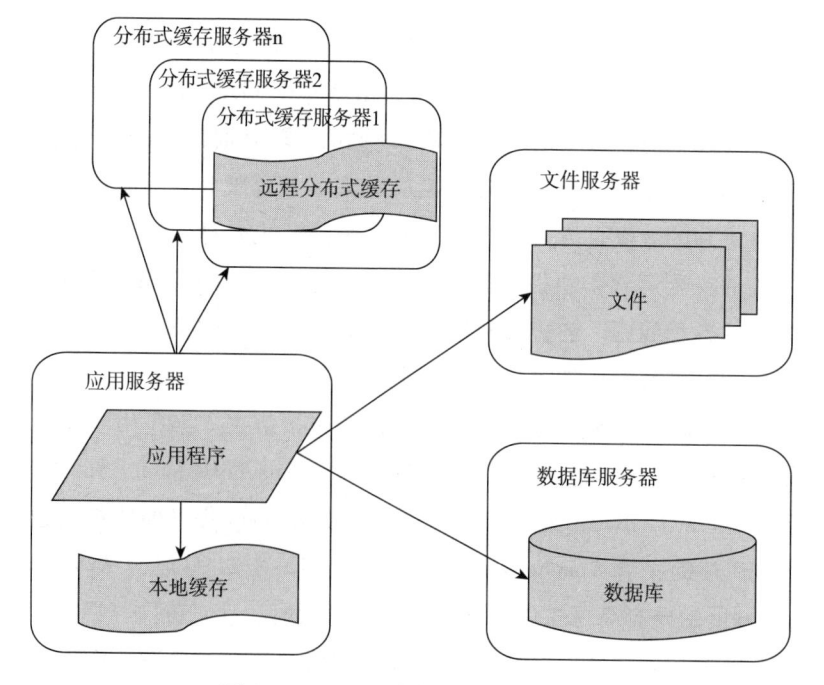

图 6-3　HDFS 分布式文件系统架构

---

[1] 廖亮、虞宏霄：《基于 Hadoop 的医疗大数据分析系统的研究与设计》，《计算机系统应用》2017 年第 4 期。

[2] 何婕：《基于 Hadoop 的数据存储系统的分析和设计》，《商情》2015 年第 11 期。

GPFS：GPFS（General Parallel File System）是 IBM 推出的基于 Hadoop 的并行分布式集群文件系统。IBM 认为 GPFS 不共享集群版本，比 HDFS 快得多，因为它在内核级别中运行，而不是像 HDFS 在操作系统中运行。GPFS 是一个共享磁盘的文件系统，集群内的所有节点可以并行地访问所有共享磁盘，并通过分布式的 Token 管理机制和条带化技术来管理和优化节点的访问。GPFS 支持完整的 Posix 文件系统语义。GPFS 的应用范围非常广泛，从多节点文件共享服务、实时多媒体处理，到大型的高性能计算集群，我们都可以看到 GPFS 的优秀表现。GPFS 在这些应用里面都表现出了非常出色的性能和高可用性。[1]

Ceph：Ceph 是一个开源的统一的分布式存储系统，是高性能的并行文件系统。Ceph 是加州大学 Santa Cruz 分校的 SageWeil（DreamHost 的联合创始人）专为博士论文设计的新一代自由软件分布式文件系统。自 2007 年毕业之后，Sage 开始全职投入 Ceph 开发之中，使其能适用于生产环境。Ceph 的主要目标是设计成基于 POSIX 的没有单点故障的分布式文件系统，使数据能容错和无缝地复制。2010 年 3 月，LinusTorvalds 将 Cephclient 合并到内核 2.6.34 中。它基于 CRUSH 算法，没有中心节点，可以无限扩展。Ceph 提供三种存储方式分别是对象存储、块存储和文件系统。在虚拟化领域里，比较常用的是 Ceph 的块设备存储。Ceph 以其稳定、高可用、可扩展的特性，乘着开源云计算管理系统 OpenStack 的东风，迅速成为最热门的开源分布式存储系统。Ceph 是目前最火的分布式存储软件，Ceph 开源存储项目已经成为全球众多海量存储项目的主要选择。Ceph 现在是云计算、虚拟机部署的最火开源存储解决方案，是私有云事实上的标准。[2]

BeeGFS：BeeGFS（原 FhGFS）既是一个网络文件系统也是一个并行文件系统。是由 FraunhoferInstitute 为工业数学计算而设计开发，由于在欧洲和美国的中小型 HPC 系统中性能表现良好，在 2014 年改名注册为 BeeG-FS，并受到科研和商业的广泛应用。客户端通过网络与存储服务器进行通信（具有 TCP/IP 或任何具有 RDMA 功能的互联，如 InfiniBand、RoCE 或

---

[1] 师昕、赵雪青：《新型的面向新闻评论摘要采集算法》，《计算机系统应用》2017 年第 1 期。
[2] 李贵林、杨禹琪、高星等：《企业搜索引擎个性化表示与结果排序算法研究》，《计算机研究与发展》2014 年第 1 期。

Omni-Path，支持 native verbs 接口）。通过 BeeGFS 添加更多的服务器，其容量和性能被聚合在单个命名空间中。BeeGFS 是遵循 GPL 的"免费开源"产品，文件系统没有许可证费用。由 ThinkParQ 提供专业支持，系统集成商可以为客户构建使用 BeeGFS 的解决方案。①

Alluxio：Alluxio（原 Tachyon）是以内存为中心的虚拟的分布式存储系统。诞生于 UCBerkeley 的 AMPLab，它统一了数据访问的方式，为上层计算框架和底层存储系统构建了桥梁，应用只需要连接 Alluxio 即可访问存储在底层任意存储系统中的数据。此外，Alluxio 的以内存为中心的架构使得数据的访问速度能比现有方案快几个数量级。Alluxio 介于计算框架（如 ApacheSpark，Apache MapReduce，Apache HBase，Apache Hive，Apache Flink）和现有的存储系统（如 Amazon S3，OpenStackSwift，GlusterFS，HDFS，MaprFS，Ceph，NFS，OSS）之间。②

四　资源调度

YARN：（Yet Another Resource Negotiator）是 Hadoop 的资源管理和作业调度系统。作为 ApacheHadoop 的核心组件之一，YARN 负责将系统资源分配给在 Hadoop 集群中运行的各种应用程序，并调度在不同集群节点上执行的任务。YARN 是 Hadoop2.x 版本中的一个新特性。它的出现其实是为了弥补第一代 MapReduce 编程框架的不足，提高集群环境下的资源利用率，这些资源包括内存、磁盘、网络、IO 等。YARN 的基本思想是将资源管理和作业调度/监视的功能分解为单独的 daemon（守护进程），其拥有一个全局 ResourceManager、每个应用程序的 ApplicationMaster 及每台机器框架代理 NodeManager。ResourceManager 负责所有应用程序之间的资源分配；NodeManager 负责 Containers，监视其资源使用情况（CPU、内存、磁盘、网络）并将其报告给 ResourceManager；ApplicationMaster 负责协调来自 ResourceManager 的资源，并与 NodeManager 一起执行和监视任务。③

Mesos：ApacheMesos 是一个集群管理器，可跨分布式应用程序或框架

---

① 张晓凤、王秀英：《灰狼优化算法综述》，《计算机科学》2019 年第 3 期。
② 马建光、姜巍：《大数据的概念、特征及其应用》，《国防科技》2013 年第 2 期。
③ 廖寒逊、滕欢、卢光辉：《基于 MapReduce 的电力大数据增量式属性约简方法》，《电力系统自动化》2019 年第 15 期。

提供有效的资源隔离和共享。Mesos 最初是由加州大学伯克利分校的 AMP Lab 开发的，Mesos 项目发布于 2009 年，2010 年 12 月进入 Apache 孵化器，2013 年 6 月 19 日成为 Apache 顶级项目。Twitter 公司则是 Mesos 项目的早期支持者和使用者之一。Mesos 位于应用程序层和操作系统之间，可以更加轻松地在大规模集群环境中更有效地部署和管理应用程序。Mesos 可以在动态共享节点池上运行许多应用程序。对数据中心而言 Mesos 就像一个单一的资源池，从物理或虚拟机器中抽离了 CPU、内存、存储以及其他计算资源，很容易建立和有效运行具备容错性和弹性的分布式系统。2019 年 5 月，Twitter 宣布放弃 Mesos，基础设施从 Mesos 全面转向 Kubernetes。[①]

五 协议框架

Zookeeper：Apache ZooKeeper 是一个开源的分布式协调服务，是 Google 的 Chubby 一个开源的实现，是 Hadoop、HBase 和其他分布式框架使用的有组织服务的标准。由雅虎开源并于 2010 年 11 月成为 Apache 顶级项目。ZooKeeper 是一个典型的分布式数据一致性解决方案，分布式应用程序可以基于 ZooKeeper 实现诸如数据发布/订阅、负载均衡、命名服务、分布式协调/通知、集群管理、Master 选举、分布式锁和分布式队列等功能。Zoo-Keeper 是以 Fast Paxos 算法为基础的，Paxos 算法存在活锁的问题，即当有多个 proposer 交错提交时，有可能互相排斥导致没有一个 proposer 能提交成功，而 FastPaxos 做了一些优化，通过选举产生一个 leader（领导者），只有 leader 才能提交 proposer。ZooKeeper 使用 ZAB 协议作为其保证数据一致性的核心算法。ZAB（ZooKeeper Atomic Broadcast 原子广播）协议是为分布式协调服务 ZooKeeper 专门设计的一种支持崩溃恢复的原子广播协议。[②]

Etcd：Etcd 是一个高可用的键值存储系统，主要用于共享配置和服务发现。Etcd 是一种分布式 kv 存储设施，由 CoreOS 于 2013 年 6 月发起的开源并维护的项目，它来自 ZooKeeper 和 Doozer，基于 Go 语言实现。它类似于 Zookeeper，但没有 Zookeeper 那么重型，功能也没有覆盖那么多，通过

[①] 勾志竞、宫志宏、徐梅等：《基于 Spark 的 Canopy-FCM 在气象中的应用》，《计算机技术与发展》2020 年第 8 期。
[②] 李耘书、滕飞、李天瑞：《基于微操作的 Hadoop 参数自动调优方法》，《计算机应用》2019 年第 3 期。

Raft 一致性算法处理日志复制以保证强一致性。Raft 是一个新的一致性算法，适用于分布式系统的日志复制，Raft 通过选举的方式来实现一致性。Google 的容器集群管理系统 Kubernetes、开源 PaaS 平台 CloudFoundry 和 CoreOS 的 Fleet 都广泛使用了 Etcd。在分布式系统中，如何管理节点间的状态一直是一个难题，Etcd 像是专门为集群环境的服务发现和注册而设计，它提供了数据 TTL 失效、数据改变监视、多值、目录监听、分布式锁原子操作等功能，可以方便地跟踪并管理集群节点的状态。[①]

Consul：Consul 是 HashiCorp 公司推出的开源工具，用于实现分布式系统的服务发现与配置共享。Consul 用 Go 语言实现，因此具有天然可移植性（支持 Linux、Windows 和 MacOSX）。与其他分布式服务注册与发现的方案不同，Consul 的方案属"一站式"，内置了服务注册与发现框架、分布一致性协议实现、健康检查、Key-value 存储、多数据中心方案，不再需要依赖其他工具（比如 ZooKeeper 等）。采用 Raft 算法一致性协议，支持多数据中心分布式高可用，服务发现和配置共享，使用 gossip 协议管理成员和消息广播，支持 ACL 访问控制。最新的 Consul 提供了一个新特性"Mesh 网关"，实现透明、跨网络的连接。这些特性可以跨平台工作，为 Kubernetes 提供一流的支持，并且在任何云或专用网络上都可以轻松地部署到更传统的环境中，实现了 Consul 多云服务网络的目标。[②]

六　数据存储

HBase：Apache HBase（HadoopDatabase）是一个分布式的、面向列的 NoSQL 开源数据库，是一个高可靠性、高性能、面向列、可伸缩的分布式存储系统，利用 HBase 技术可在廉价 PCServer 上搭建起大规模结构化存储集群。初期的目标是弥补 MapReduce 在实时操作上的缺失，方便用户随时操作大规模的数据集。HBase 原来是 Apache 的 Hadoop 项目的子项目，随着大数据与 NoSQL 的流行和迅速发展，2010 年 5 月 ApacheHBase 脱离了 Hadoop 成为 Apache 基金的顶级项目。HBase 是 Google Bigtable 的开源实

---

① 陈家宇、胡建军：《MobiWay 应用中基于 Hadoop 的多目标多任务调度算法》，《计算机应用与软件》2020 年第 5 期。
② 曹菁菁、任欣欣、徐贤浩：《基于并行 Apriori 的物流路径频繁模式研究》，《计算机工程与应用》2019 年第 8 期。

现，类似 GoogleBigtable 利用 GFS 作为其文件存储系统，HBase 利用 Hadoop/HDFS 作为其文件存储系统；Google 运行 MapReduce 来处理 Bigtable 中的海量数据，HBase 同样利用 HadoopMapReduce 来处理 HBase 中的海量数据；Google Bigtable 利用 Chubby 作为协同服务，HBase 利用 Zookeeper 作为协调服务。HBase 不同于一般的关系数据库，它是一个适合于非结构化数据存储的数据库，另外 HBase 是基于列的而不是基于行的模式。①（见图 6－4）

Hadoop/HDFS	HBase
为分布式存储提供文件系统	提供表状的面向列的数据存储
针对存储大尺寸的文件进行优化，不需要对这些文件进行随机读写	针对表状数据的随机读写进行优化
直接使用文件	使用Key-value对数据
数据模型不灵活	提供灵活的数据模型
使用文件系统和处理框架	使用表状存储，依赖内置的 Hadoop MapReduce 支持
为一次写多次读进行优化	为多次读写进行优化

图 6－4　HBase 与 Hadoop/HDFS 对比

Cassandra：ApacheCassandra 是一个开源的、分布式的混合型 NoSQL 数据库。它最初由 Facebook 开发，于 2008 年开源，2010 年 2 月 17 日成为 Apache 顶级项目，主要用于储存海量数据。Cassandra 的主要特点就是它不是一个数据库，而是由一堆数据库节点共同构成的一个分布式网络服务，对 Cassandra 的一个写操作，会被复制到其他节点上去，对 Cassandra 的读操作，也会被路由到某个节点上面去读取。对于一个 Cassandra 群集来说，扩展性能是比较简单的事情，只管在群集里面添加节点就可以了。它提供了高可用性，没有单点故障。它是一个网络社交云计算方面理想的数据库。②

---

① 江永洪：《陕西省汽车零部件产业集群网设计与实现》，《微型电脑应用》2019 年第 12 期。
② 李芳菊：《基于 Hadoop 的网络行为大数据安全实体识别系统设计》，《现代电子技术》2019 年第 17 期。

ScyllaDB：ScyllaDB 是用 C++重写的 Cassandra，官网号称每节点每秒处理 100 万 TPS。ScyllaDB 完全兼容 Apache Cassandra，拥有比 Cassandra 多 10 倍的吞吐量，缓解了延迟。ScyllaDB 号称是世界上最快的 NoSQL 列存储数据库。ScyllaDB 在垃圾收集或者 Compaction 的时候不需要暂停，在常规生产负载的时候可以添加和删除节点，数据结构测量不会跨 CPU 缓存线，poll 模式驱动替代了中断。目前国内资料极少，中文网站 2016 年 7 月停止了更新。①

MongoDB：MongoDB 是为处理大数据而生的一个面向文档的分布式开源数据库，由 10gen 公司开发和维护。它使用 C++编写。MongoDB 是一个介于关系数据库和非关系数据库之间的产品，是非关系数据库当中功能最丰富、最像关系数据库的。它支持的数据结构非常松散，是类似 json 的 bjson 格式，因此可以存储比较复杂的数据类型。Mongo 最大的特点是它支持的查询语言非常强大，其语法有点类似于面向对象的查询语言，几乎可以实现类似关系数据库单表查询的绝大部分功能，而且还支持对数据建立索引。MongoDB 是专为可扩展性、高性能和高可用性而设计的数据库。它可以从单服务器部署扩展到大型、复杂的多数据中心架构。利用内存计算的优势，MongoDB 能够提供高性能的数据读写操作。MongoDB 的本地复制和自动故障转移功能使应用程序具有企业级的可靠性和操作灵活性。2018 年 10 月 MongoDB 宣布将开源协议从 GNUAGPLv3 切换到 Server Side Public License（SSPL），SSPL 明确要求托管 MongoDB 实例的云厂商要么获取商业许可证要么向社区开放其服务源码。随即，红帽宣布从 Red Hat Enterprise Linux（RHEL）8 中删除 MongoDB，Debian Linux 也已经从它的发行版中删除了 MongoDB。②

Accumulo：Apache Accumulo 是一个高性能可扩展的分布式 Key-value 数据存储和检索系统。由美国国家安全局（NSA）于 2011 年捐赠给 Apache 基金会，2012 年 3 月 21 日成为 Apache 顶级项目。Accumulo 使用 GoogleBigTable 设计思路，基于 Apache Hadoop、Zookeeper 和 Thrift 构建。

---

① Tom White：《Hadoop 权威指南》，清华大学出版社，2011，第 19-39 页。
② 林和平、管仁初、王艳：《基于面向对象方法的医疗辅助诊断系统》，《计算机工程》2007 年第 16 期。

Accumulo 支持高效存储和检索的结构化数据，包括查询范围，并提供支持使用 Accumulo 表作为输入和输出的 MapReduce 作业。Accumulo 比简单的 Key-value 数据库提供更丰富的数据模型，但不是完全的关系数据库。[1]

Redis：Redis 是一个开源的支持网络、可基于内存也可持久化的日志型、Key-value 数据库，和 Memcached 类似。它可以用作数据库、缓存和消息中间件。是 SalvatoreSanfilippo 于 2009 年开发，2010 年 3 月 15 日起 Redis 的开发工作由 VMware 主持，2013 年 5 月开始由 Pivotal 赞助。Redis 支持存储的 value 类型相对更多，包括字符串、链表、集合（set）和有序集合（zset）。与 Memcached 一样，为了保证效率，数据都是缓存在内存中，区别是 Redis 会周期性地把更新的数据写入磁盘或者把修改操作写入追加的记录文件，并且在此基础上实现了主从同步。Redis 的出现，很大程度补偿了 Memcached 这类 Key-value 存储的不足，在部分场合可以对关系数据库起到很好的补充作用。它提供了 Python、Ruby、Erlang、PHP 客户端，使用很方便。简单说，Redis 是一个数据缓存的 NoSQL 数据库。[2]

Ignite：ApacheIgnite 是一个以内存为中心的分布式数据库、缓存和处理平台，可以在 PB 级数据中，以内存级的速度进行事务性、分析性以及流式负载的处理。Ignite 和 ApacheArrow 很类似，属于大数据范畴中的内存分布式管理系统。Ignite 来源于 GridGain 系统公司开发的 GridGain 软件，2014 年 3 月 GridGain 公司将该软件 90% 以上的功能和代码开源，2014 年 10 月 GridGain 通过 Apache 2.0 许可进入 Apache 的孵化器进行孵化，2015 年 9 月 18 日成为 Apache 的顶级项目，9 月 28 日即发布了 1.4.0 版。Ignite 提供了完整的 SQL、DDL 和 DML 的支持，可以使用纯 SQL 而不用写代码与 Ignite 进行交互，这意味着只使用 SQL 就可以创建表和索引，以及插入、更新和查询数据。有这个完整的 SQL 支持，Ignite 就可以作为一种分布式 SQL 数据库。Ignite 还提供了基于数据关联对数据进行分区的能力，并使用大规模并行处理来提高性能和可伸缩性。Ignite 还提供内置的流处理、分析和机器学习功能。它类似于一个关系型的内存数据库，可以像操作数据

---

[1] 卢爱芬：《基于 Hadoop 的大数据处理系统分析与研究》，《现代信息科技》2020 年第 4 期。
[2] 崔杰、李陶深、兰红星：《基于 Hadoop 的海量数据存储平台设计与开发》，《计算机研究与发展》2012 年第 1 期。

库一样操作内存缓存。[①]

Arrow：ApacheArrow 大数据列式内存数据平台。最初是基于 ApacheDrill 项目的代码进行开发的，于 2016 年 2 月 17 日成为 Apache 顶级项目。它是列式内存分析的事实标准，由来自 Drill、Hadoop、HBase、Impala、Storm 等 13 个顶级开源项目的工程师们开发和完善。它设计的目的在于作为一个跨平台的数据层，来加快大数据分析项目的运行速度。它为平面和分层数据指定了独立于语言的标准化列式内存格式，可在现代硬件上进行高效的分析操作。它还提供了计算库和零拷贝流式消息传递和进程间通信。在分布式系统内部，每个系统都有自己的内存格式，大量的 CPU 资源被消耗在序列化和反序列化过程中，并且由于每个功能模块都有自己的实现方式，没有一个明确的标准，造成各个模块都在重复着转换工作，这种问题在微服务系统架构出现之后更加明显，Arrow 的出现就是为了解决这一问题。它提供了一种跨平台应用的内存数据交换格式，是列式内存分析的事实标准。目前支持的语言包括 C、C++、C#、Go、Java、JavaScript、MATLAB、Python、R 语言、Ruby 和 Rust 等 11 种语言。[②]

Geode：ApacheGeode 是一个高性能的分布式内存对象缓存系统，Key-value 存储系统。是 GemFire 的开源版，2015 年 4 月 GemGire 把代码提交给 Apache 孵化，2016 年 11 月 16 日毕业成为 Apache 基金会的顶级项目。Geode 是一个相当成熟、强健的数据管理平台，提供实时的、一致的、贯穿整个云架构地访问数据关键型应用。Geode 跨多个进程汇集内存、CPU、网络资源和可选的本地磁盘，以管理应用程序对象和行为。Geode 自身功能比较多，首先它是一个基于 JVM 的 NoSQL 分布式数据处理平台，同时是集中间件、缓存、消息队列、事件处理引擎、NoSQL 数据库于一身的分布式内存数据处理平台，可用来进行完成分布式缓存、数据持久化、分布式事物、动态扩展等功能。简单说，Geode 是 Redis 的增强版。[③]

[①] 赵彦荣、王伟平、孟丹等：《基于 Hadoop 的高效连接查询处理算法》，《软件学报》2012 年第 8 期。

[②] 焦秀华、刘立群、刘春霞：《基于 Hadoop 的大规模图像数据处理》，《太原科技大学学报》2020 年第 2 期。

[③] Khafagy O. H., Ibrahim M. H., Omara F. A., "Hybrid-key Stream Cipher Mechanism for Hadoop Distributed File System Security", 2020 International Conference on Innovative Trends in Communication and Computer Engineering（ITCE），2020.

Neo4j：Neo4j 是一个开源的高性能 NOSQL 图形数据库，它将结构化数据存储在网络上而不是表中。它是由 Neo 技术使用 Java 语言完全开发的。图形数据库也就意味着它的数据并非保存在表或集合中，而是保存为节点以及节点之间的关系。Neo4j 除了顶点和边，还有一种重要的部分属性。无论是顶点还是边，都可以有任意多的属性。属性的存放类似于一个 HashMap，Key 为一个字符串，而 Value 必须是基本类型或者是基本类型数组。Neo4j 也可以被看作是一个高性能的图引擎，该引擎具有成熟数据库的所有特性。Neo4j 创建的图是用顶点和边构建一个有向图，其查询语言 cypher 已经成为事实上的标准。[1]

CouchDB：ApacheCouchDB 是一个分布式的 NoSQL 面向文档的数据库，2008 年 11 月 19 日成为 Apache 顶级开源项目。CouchDB 是一个完全包含 Web 的数据库。使用 JSON 格式存储文档数据。使用 Web 浏览器通过 HTTP 访问文档。使用 JavaScript 查询、组合和转换文档。CouchDB 可以很好地与现代 Web 和移动应用程序配合使用。可以使用 CouchDB 增量复制高效地分发数据。CouchDB 支持带有自动冲突检测的主控设置。CouchDB 附带了一套特性，比如即时文档转换和实时更改通知，这使得 Web 开发变得非常简单。它甚至提供了一个易于使用的 Web 管理控制台。[2]

Kudu：ApacheKudu 是一个为了 Hadoop 系统环境而打造的列式存储系统，是一个为块数据的快速分析而生的存储架构，可以同时提供低延迟的随机读写和高效的数据分析能力。Kudu 由 Cloudera 开源，2015 年 12 月 3 日进入 Apache 孵化器，2016 年 7 月 20 日成为 Apache 顶级项目。Kudu 为了对快速变化的数据进行快速的分析，拥有 Hadoop 生态系统应用的常见技术特性，运行在一般的商用硬件上，支持水平扩展，高可用，使用 Raft 协议进行一致性保证，并且与 ClouderaImpala 和 ApacheSpark 等当前流行的大数据查询和分析工具结合紧密。在 Kudu 出现之前，Hadoop 生态环境中的储存主要依赖 HDFS 和 HBase，追求高吞吐批处理的用例中使用 HDFS，

---

[1] 李文航、余恒奇：《基于 Hadoop 平台的数据分析和应用》，《微型电脑应用》2019 年第 11 期。
[2] 甄海涛、王金玉、杨卓林：《基于 hadoop 大数据平台的数据安全研究》，《自动化技术与应用》2019 年第 8 期。

追求低延时随机读取用例下用 HBase，而 Kudu 正好能兼顾这两者。①

CarbonData：ApacheCarbonData 是一个基于索引的列式数据格式解决方案。华为于 2016 年 6 月开源并贡献给 Apache，于 2017 年 4 月 19 日成为 Apache 顶级项目。CarbonData 是一种新的融合存储解决方案，利用先进的列式存储、索引、压缩和编码技术提高计算效率，从而加快查询速度，其查询速度比 PetaBytes 数据快一个数量级。CarbonData 提供了一种新的融合数据存储方案，以一份数据同时支持"交互式分析、详单查询、任意维度组合的过滤查询等"多种大数据应用场景，并通过丰富的索引技术、字典编码、列存等特性提升了 IO 扫描和计算性能，实现百亿数据级秒级响应，与大数据生态 ApacheHadoop、Apache Spark 等无缝集成。②

七　数据处理

MapReduce：Apache HadoopMapReduce 是一个分布式的离线计算框架，用于海量数据的并行运算，是 Hadoop 数据分析的核心。MapReduce 框架使得编程人员在不会分布式并行编程的情况下，将编写的业务逻辑代码运行在分布式系统上，开发人员可以将绝大部分的工作集中于业务逻辑上的开发，具体的计算只需要交给框架。MapReduce 的处理过程分为两个步骤：Map 和 Reduce。Map 阶段对输入的数据进行并行处理，处理结果传给 Reduce 完成最后的汇总。但 MR 对 HDFS 的频繁操作（包括计算结果持久化、数据备份、资源下载及 Shuffle 等）导致磁盘 I/O 成为系统性能的瓶颈，因此 MapReduce 只适用于离线数据处理或批处理，而不能支持对迭代式、交互式、流式数据的处理，目前逐渐被 Spark、Flink 替代。③

Spark：Apache Spark 是通用的一站式计算框架，是专为大规模数据处理而设计的快速通用的计算引擎。2009 年诞生于 UCBerkeley 的 AMPLab，2010 年开源，2013 年 6 月成为 Apache 孵化项目，2014 年 2 月 19 日成为

---

① 王丹、赵凯、王毅等：《基于 Hadoop 平台的船舶通信数据高效传输方法研究》，《舰船科学技术》2020 年第 10 期。

② 胡程、叶枫：《一种高效的 Flink 与 MongoDB 连接中间件的研究与实现》，《计算机工程与应用》2019 年第 23 期。

③ 高军、黄献策：《基于 Hadoop 平台的相关性权重算法设计与实现》，《计算机工程》2019 年第 3 期。

Apache 顶级项目。Spark 是基于 MapReduce 算法实现的分布式计算，拥有 MapReduce 所具有的优点，但不同于 MR 的是，Job 中间输出和结果可以保存在内存中，从而不再需要读写 HDFS，因此 Spark 能更好地适用于数据挖掘与机器学习等需要迭代的算法中，高效地支持更多计算模式，包括交互式查询和流处理。Spark 是 MapReduce 的替代方案，是对 Hadoop 的补充，而且兼容 HDFS、Hive，可融入 Hadoop 的生态系统，以弥补 MapReduce 的不足。Spark 是在 Scala 语言中实现的，它将 Scala 用作其应用程序框架。与 Hadoop 不同，Spark 和 Scala 能够紧密集成，其中的 Scala 可以像操作本地集合对象一样轻松地操作分布式数据集。Spark 通过提供丰富的 Scala、Java、PythonAPI、R 及交互式 Shell 来提高可用性。Spark 主要包含几个重要组件：SparkCore 批处理、SparkSQL 交互式处理、SparkStreaming 流处理、SparkGraphx 图计算、SparkMLlib 机器学习。Spark 旨在成为运行批处理、数据流处理、交互处理、图形处理和机器学习等应用的一站式平台。目前 Spark 已经成为大数据领域最热门的技术。[①]（见图 6-5）

Flink：ApacheFlink 是一个开源的流处理和批处理分布式数据处理框架，其核心是一个流式的数据流执行引擎。Flink 起源于 Stratosphere 项目，2014 年 4 月 Stratosphere 代码被贡献给 Apache 软件基金会成为孵化器项目，2014 年 12 月 17 日成为 Apache 顶级项目，0.6 版本以后改名为 Flink，2015 年 9 月发布第一个稳定版本 0.9。Flink 的概念和使用场合类似于 Spark，旨在成为运行批处理、数据流处理、交互处理、图形处理和机器学习等应用的一站式平台。Flink 不仅具有支持高吞吐、低延迟和 exactly-once 语义的实时计算能力，还有基于流式计算引擎处理批量数据的计算能力，真正意义实现了批流统一，同时 Flink 运行时本身也支持迭代算法的执行。Flink 流式计算模型实现了高吞吐、低延迟、高性能兼具实时流式计算框架，而且完全兼容 Hadoop。众多优秀的特性，使得 Flink 成为开源大数据数据处理框架中的一颗新星。在全球范围内，越来越多的公司开始使用 Flink，Flink 也渐渐成为企业内部主流的数据处理框架，有逐渐成为下一代大数据

---

① 勾志竟、任建玲、徐梅等：《基于 Hadoop 的 GA-BP 算法在降水预测中的应用》，《计算机系统应用》2019 年第 9 期。

数据处理框架标准的趋势。[①]

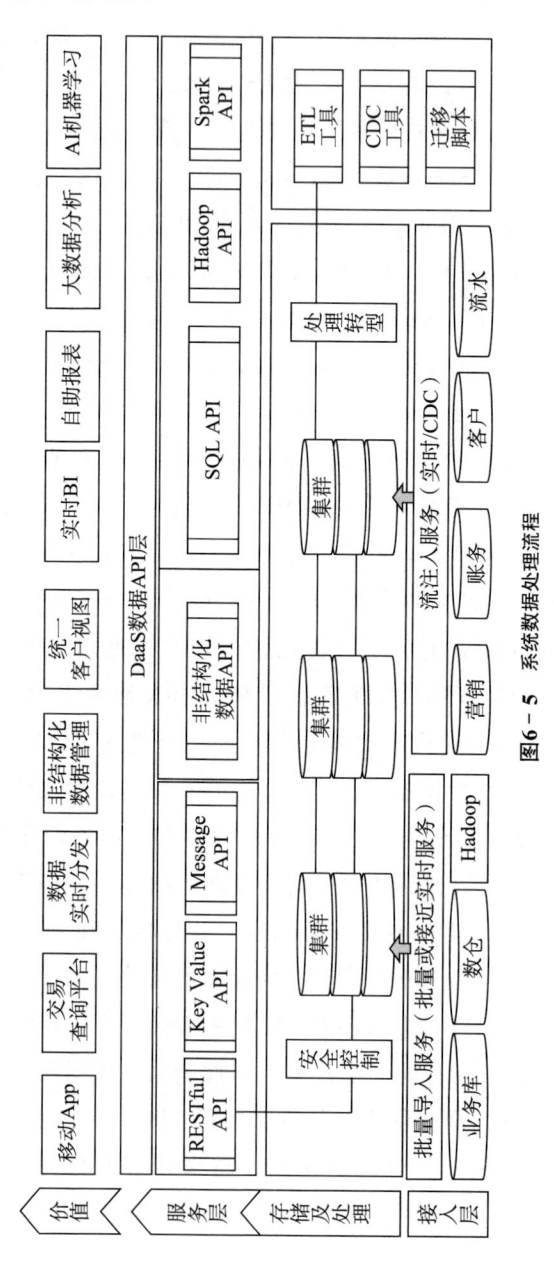

图6-5 系统数据处理流程

[①] 尹乔、魏占辰、黄秋兰等：《Hadoop 海量数据迁移系统开发及应用》，《计算机工程与应用》2019 年第 13 期。

Storm：ApacheStorm 是一个开源的分布式实时大数据处理系统。Hadoop 不擅长实时计算，因为它是为批处理而生的，Storm 擅长实时处理海量数据，而非批处理。Storm 设计用于在容错和水平可扩展方法中处理大量数据。它是一个流数据框架，具有最高的摄取率。Storm 最初由 NathanMarz 创建，后来被 Twitter 收购并开源。2011 年 9 月 Storm 正式发布，2013 年 9 月进入 Apache 孵化并于 2014 年 9 月 17 日毕业成为 Apache 顶级项目，短时间内 Storm 成了分布式实时处理系统的标准。Storm 是用 Java 和 Clojure 编写，使用 ApacheThrift，能以任何语言编写拓扑 topology。Storm 提供了毫秒级别的实时数据处理能力。现在随着 Spark 和 Flink 的发展，Storm 市场占有率逐渐在降低，但目前它仍然是实时分析的领导者。[①]

Tez：ApacheTez 是一个开源的支持 DAG 作业的计算引擎，它可以将多个有依赖的作业转换为一个作业从而大幅提升 DAG 作业的性能。Tez 是 Hortonworks 开发的 DAG 计算框架，是为了更高效地运行存在依赖关系的作业（比如 Pig 和 Hive 产生的 MapReduce 作业），减少磁盘和网络 IO。2014 年 7 月 16 日成为 Apache 顶级项目。Tez 是从 MapReduce 计算框架演化而来的通用 DAG 计算框架，可作为 MapReduce、Pig、Hive 等系统的底层数据处理引擎。简单来说，Tez 主要 Apache 和 HDP 平台替代 MR 和 Hive 底层执行引擎，提高计算效率。[②]

Samza：Apache Samza 是一种分布式流处理框架，与 ApacheKafka 消息系统紧密绑定的流处理框架。是 LinkedIn 于 2013 年 7 月开源并作为孵化项目贡献给 Apache，2015 年 1 月 21 日成为 Apache 顶级项目。它是一个分布式流处理框架，专用于实时数据的处理，非常像 Twitter 的流处理系统 Storm。不同的是 Samza 基于 Hadoop，而且使用了 LinkedIn 自家的 Kafka 分布式消息系统。Samza 的目标是将流作为接收到的消息处理，同时，Samza 的流初始元素并不是一个 tuple 或一个 DStream，而是一个消息，流被划分到分区，每个分区是一个只读消息的排序的序列，每个消息有一个唯一的 ID（offset），系统也支持批处理，从同样的流分区以顺序消费几个消息，

---

① 曾毅、周湘贞：《大数据环境下基于 Hadoop 框架的改进 Apriori 挖掘算法》，《机床与液压》2019 年第 6 期。
② 潘俊辉、张强、王辉等：《Hadoop 平台下实现关联规则挖掘的优化算法》，《计算机与数字工程》2020 年第 10 期。

尽管 Samza 主要是依赖于 Hadoop 的 Yarn 和 ApacheKafka，但是它的 Execution & Streaming 模块是可插拔的。①

Apex：ApacheApex 是一个统一流和批处理引擎。作为新的开源数据流分析方案，Apex 脱胎于 DataTorrent 的 RTS 平台，能够带来出色的速度表现并简化编程要求。由 DataTorrent 在 2012 年创建，2015 年 8 月贡献给 Apache，2016 年 4 月 20 日成为 Apache 顶级项目。Apex 能够在 Hadoop 上实现数据流分析。其设计目标在于运行 Hadoop 生态系统，并利用 YARN 实现按需规模伸缩且通过 HDFS 实现容错能力。②

Beam：ApacheBeam 是一个开源的统一编程模型，用于定义和执行并行数据处理管道。Beam 主要是对数据处理的编程范式和接口进行了统一定义，这样基于 Beam 开发的数据处理程序可以执行在任意的分布式计算引擎上。誉为下一代的大数据处理统一标准。Google 在 2016 年 2 月宣布将大数据流水线产品（GoogleDataFlow）贡献给 Apache 基金会孵化，2016 年 12 月 21 日成为 Apache 顶级项目，2017 年 5 月发布第一个稳定版本 2.0.0。它的强大之处在于它能够同时运行批处理流和流式管道，并且由 Beam 支持的分布式数据处理 SDK 以及数据流能对任意的后端架构如 ApacheApex、Apache Flink、Apache Spark 和 Google Cloud Dataflow 进行数据兼容。③

Heron：Heron 是一个实时的、容错的、分布式的流数据处理系统，是 Twitter 开发的第二代流处理系统，于 2016 年 5 月 25 日宣布开源，2017 年 6 月 23 日进入 Apache 孵化器。Twitter 宣称已经用 Heron 替换了 Storm。Heron 是 ApacheStorm 的直接继承者。它继承了 Apache Storm 的实时性、容错、低延迟的特性。并且它保留了 Apache Storm 的 TopologyAPI，使用者可以直接将 Apache Storm 上构建的 Topology 项目，直接转移到 ApacheStorm 中运行而不需要做其他更改。它广泛应用于实时分析、连续计算、复杂事件处理和一些实时性要求的应用。相比于 ApacheStorm，它具有扩展性更好、调试能力更强、性能更好、管理更容易等特性。它具有每秒钟百万级

---

① 余道敏、肖伟明、张重齐：《智慧平安社区大数据云服务平台研究与设计》，《电子设计工程》2019 年第 6 期。
② 崔英杰：《云雾网络架构的大数据分析平台研究》，《电子设计工程》2020 年第 5 期。
③ 鲁志芳：《基于 Hadoop 技术的大数据分析应用系统的研究与设计》，《电子设计工程》2019 年第 16 期。

别的吞吐量和毫秒级别的延迟。

八 数据查询及分析

Hive：ApacheHive 是基于 Hadoop 的一个数据仓库工具，可以将结构化的数据文件映射为一张数据库表，并提供类 SQL 语句的 HiveSQL（HQL）查询功能，将 SQL 语句转换为 MapReduce 任务进行运行。Hive 由 Facebook 在 2008 年捐献给 Apache，2010 年 9 月成为 Apache 顶级项目。Hive 原理是用熟悉的 SQL 模型来操作 HDFS 上的数据，优点是学习成本低，可以通过 HQL 语句快速实现简单的 MapReduce 统计，不必开发专门的 MapReduce 应用，可方便地使用 Hive 进行数据仓库的建模和建设，然后使用 SQL 模型针对数据仓库中的数据进行统计和分析。但由于 Hive 底层默认的是转换为 MR 执行，而 MR 的 shuffle 是基于磁盘的，所以只能处理离线分析，效率比较低。目前大部分企业使用 Hive 构建数仓。[1]

SparkSQL：Apache SparkSQL 是一个用来处理结构化数据的 Spark 组件。Spark 团队在 2014 年发布了 SparkSQL，并吸收了一个早期的 Hive-on-Spark 项目 Shark，迅速成为最广泛使用的 Spark 模块。它提供了一个叫作 DataFrames 的可编程抽象数据模型，并且可被视为一个分布式的 SQL 查询引擎。SparkSQL 替代的是 Hive 的查询引擎，且兼容 Hive。跟基本的 SparkRDD 的 API 不同，Spark SQL 中提供的接口将会提供给 Spark 更多关于结构化数据和计算的信息。Spark SQL 底层是 SparkCore，这种意味着可以轻松地在不同的 SQL 和 API 之间进行切换。[2]

Presto：Presto 是一个分布式的数据查询引擎。它本身并不存储数据，但是可以接入多种数据源，并且支持跨数据源的级联查询。Presto 是 Facebook 于 2012 年开发、2013 年开源的分布式 SQL 交互式查询引擎。Presto 是一个 OLAP 的工具，擅长对海量数据进行复杂的分析，但对于 OLTP 场景并不擅长，Presto 只有计算分析能力，所以不能把 Presto 当作数据库来使用。Presto 是一个低延迟高并发的内存计算引擎，相比 Hive，Presto 执行

---

[1] 罗祖兵、杨晓敏、严斌宇：《基于 Hadoop 和 Spark 的雷达数据序列模式挖掘系统》，《计算机应用》2019 年第 11 期。

[2] 袁泉、常伟鹏：《基于 Hadoop 平台的图书推荐服务 Apriori 优化算法》，《现代电子技术》2019 年第 1 期。

效率要高很多。Presto 是一种 MPP（Massively Parallel Processing，大规模并行处理）模型，能处理 PB 级数据。Presto 的原理是将一些数据放在内存进行计算，完成后取出，再处理另一些数据，这样循环的类似流水线的处理模式。①

Kylin：ApacheKylin 是 Hadoop 大数据平台上一个开源的分布式分析引擎，提供 Hadoop/Spark 之上的 SQL 查询接口及 OLAP 能力以支持超大规模数据。它采用 Cube 预计算技术，可以将某些场景下的大数据 SQL 查询速度提升到亚秒级别。Kylin 始创于 eBay，并在 2014 年 11 月加入 Apache 孵化器，2015 年 12 月 8 日成为 Apache 顶级项目，是第一个中国团队主导贡献的顶级项目。Kylin 的出现就是为了解决大数据系统中 TB 级别的数据分析需求，主要是对 Hive 中的数据进行预计算，利用 Hadoop 的 MapReduce 框架实现，它能在亚秒内查询巨大的 Hive 表。在 Kylin 中最关键的两个流程是 Cube 的预计算过程和 SQL 查询转换成 Cube 的过程，尽量多地预先计算聚合结果，在查询时尽量利用预计算的结果得出查询结果，从而避免直接扫描可能无限增大的原始记录。②

Impala：ApacheImpala 是一个实时交互 SQL 大数据查询引擎。是 Cloudera 在受到 Google 的 Dremel 启发下开发的 SQL OnHadoop 开源 MPP 查询工具，2012 年 10 月开源，于 2017 年 11 月 28 日晋升为 Apache 顶级项目。Impala 使用完全开放的形式融入 Hadoop 生态，允许用户使用 SQL 操作 Hadoop 中的海量数据，目前已经支持更多存储选择，比如 ApacheKudu、Amazon S3、MicrosoftADLS、本地存储等。最初 Impala 仅支持 HDFS 海量数据的交互式分析，其灵活性和领先的分析型数据库性能推动了 Impala 在全球企业中的大量部署。为企业业务提供 BI 和交互式 SQL 高效率分析支持，让支持 Impala 的第三方生态系统快速增长。ApacheKudu 项目，进一步巩固了 Cloudera 在开源 SQL 领域的地位。③

---

① 戴伟敏：《基于 Hadoop 平台 FP-Growth 算法并行化研究与实现》，《宁夏大学学报》（自然科学版）2020 年第 1 期。

② 谢国波、姚灼琛：《用于 Hadoop 平台的混沌加密研究与实现》，《计算机应用研究》2019 年第 11 期。

③ 金伟、余铭洁、李凤华等：《支持高并发的 Hadoop 高性能加密方法研究》，《通信学报》2019 年第 12 期。

Druid：ApacheDruid 是一个开源的实时大数据分析引擎，旨在快速处理大规模的数据，并能够实现快速查询和分析。是 Metamarkets 推出的一个分布式内存实时分析系统，用于解决如何在大规模数据集下进行快速的、交互式的查询和分析。Druid 于 2018 年 2 月 28 日进入 Apache 孵化器。Druid 就是为了解决海量数据的实时分析，它提供了以交互方式访问数据的能力，数据可以实时摄入，进入 Druid 后立即可查，同时数据几乎是不可变的。通常基于时序的事实事件，事实发生后进入 Druid，外部系统就可以对该事实进行查询。[①]

Elastic Search：Elastic Search（ES）是一个分布式可扩展的实时搜索和分析引擎，是一个建立在 ApacheLucene 基础上的搜索引擎。由 ShayBanon 在 2010 年创建并开源，后来 Shay 和合伙人成立了公司专注打造 ES，他们对 ES 进行了一些商业化的包装和支持。ES 提供了一个分布式多用户能力的全文搜索引擎，基于 RESTfulweb 接口。ES 的实现原理主要分为以下几个步骤，首先用户将数据提交到 ES 数据库中，再通过分词控制器去将对应的语句分词，将其权重和分词结果一并存入数据，当用户搜索数据时，根据权重将结果排名、打分，再将返回结果呈现给用户。ES 是用 Java 开发的，是当前流行的企业级搜索引擎。设计用于云计算中，能够达到实时搜索，稳定、可靠、快速，安装使用方便。官方客户端在 Java、.NET（C#）、PHP、Python、ApacheGroovy、Ruby 和许多其他语言中都是可用的。根据 DB-Engines 的排名显示，ES 是最受欢迎的企业搜索引擎，其次是 ApacheSolr（也是基于 Lucene）。ES 现在是 Elastic 的 ELK 家族成员之一。[②]

HAWQ：Apache HAWQ（Hadoop With Query，带查询 Hadoop）是一个 Hadoop 原生大规模并行 SQL 分析引擎，针对的是分析性应用。HAWQ 是 Pivotal 在 2012 年推出了一款商业许可的高性能 SQL 引擎，于 2015 年 6 月捐献给了 Apache，并于 2015 年 9 月进入 Apache 孵化器，2018 年 8 月 15 日成为 Apache 顶级项目。HAWQ 是 Hadoop 原生 SQL 查询引擎，结合了 MPP 数据库的关键技术优势和 Hadoop 的可扩展性和便捷性。官方宣称

---

① 王晋月：《基于 Hadoop 平台的图书推荐方法研究》，《电子设计工程》2019 年第 24 期。
② 李文航、余恒奇：《基于 Hadoop 平台的数据分析和应用》，《微型电脑应用》2019 年第 11 期。

HAWQ 做 OLAP，性能高于 Hive 和 Impala 4 倍以上。它非常适合用于 Hadoop 平台上快速构建数据仓库系统。HAWQ 具有大规模并行处理、完善的 SQL 兼容性、支持存储过程和事务、出色的性能表现等特性，还可与开源数据挖掘库 MADLib 机器学习库轻松整合，从而使用 SQL 就能进行数据挖掘与机器学习。[①]

Lucene：ApacheLucene 是一套开源的基于 Java 的用于全文检索和搜寻的引擎工具包，是一种功能强大且被广泛使用的搜索引擎，由资深全文检索专家 DougCutting 在 2000 年 3 月创建开源，在 2001 年 9 月加入 Apache 的 Jakarta 家族中。Lucene 并不是一个完整的搜索引擎产品，而是一个全文检索引擎的架构，可以用来制作搜索引擎产品。它是一个全文检索引擎的架构，提供了完整的创建索引和查询索引，以及部分文本分析的引擎。Lucene 的目的是为软件开发人员提供一个简单易用的工具包，以方便在目标系统中实现全文检索的功能，或者是以此为基础建立起完整的全文检索引擎。Lucene 提供了一个简单却强大的应用程序接口（API），能够做全文索引和搜寻，在 Java 开发环境里 Lucene 是一个成熟的免费开放源代码工具。[②]

Solr：Apache Solr 是基于 ApacheLucene 构建的开源的企业搜索平台。2004 年发布，2007 年 1 月 17 日成为 Apache 顶级项目。Solr 具有高可靠性、可扩展性和容错性，可提供分布式索引、复制和负载均衡查询，具有自动故障转移和恢复以及集中配置等特性。Solr 是用 Java 编写、运行在 Servlet 容器（如 Apache Tomcat 或 Jetty）中的一个独立的全文搜索服务器。Solr 采用了 LuceneJava 搜索库为核心的全文索引和搜索，并具有类似 REST 的 HTTP/XML 和 JSON 的 API。Solr 强大的外部配置功能使得无须进行 Java 编码，便可对其进行调整以适应多种类型的应用程序。Solr 为世界上许多大型互联网站点提供搜索和导航功能。[③]

Phoenix：ApachePhoenix 是构建在 HBase 之上的 SQL 框架，可以使用

---

① 任树怀：《LUCENE 搜索算法剖析及优化研究》，《图书馆杂志》2014 年第 12 期。
② 白培发、王成良、徐玲：《一种融合词语位置特征的 Lucene 相似度评分算法》，《计算机工程与应用》2014 年第 2 期。
③ 郭玉栋、左金平：《基于霍普菲尔德网络的云作业调度算法》，《系统仿真学报》2019 年第 12 期。

标准的 JDBC 的 API 去代替常规的 HBase 客户端的 API 去创建表，插入数据和查询 HBase 数据。由 Saleforce 在 2013 年捐献给 Apache，2014 年 5 月项目毕业成为顶级项目。它是一个 Java 中间层，可以让开发者通过 Phoenix 像使用 MySQL 等关系型数据库一样使用 HBase 中的数据表。Phoenix 会将用户编写的 SQL 查询编译为一系列的 Scan 操作，最终产生通用的 JDBC 结果集返回给客户端。它充分利用了 HBase 协处理器和过滤器等的底层，小范围的查询在毫秒级响应，千万数据的话响应速度为秒级。①

九　数据收集

Flume：ApacheFlume 是一个分布式海量日志采集、聚合和传输系统。Flume 最初由 Cloudera 开发，于 2011 年 6 月贡献给 Apache，2012 年成为 Apache 顶级项目。Flume 支持在日志系统中定制各类数据发送方，用于收集数据，同时，Flume 提供对数据进行简单处理，并写到各种数据接受方（可定制）的能力。Flume 的数据流由事件（Event）贯穿始终。事件是 Flume 的基本数据单位，它携带日志数据（字节数组形式）并且携带有头信息，这些 Event 由 Agent 外部的 Source 生成，当 Source 捕获事件后会进行特定的格式化，然后 Source 会把事件推入（单个或多个）Channel 中。可以把 Channel 看作是一个缓冲区，它将保存事件直到 Sink 处理完该事件。Sink 负责持久化日志或者把事件推向另一个 Source。②

Filebeat：Filebeat 是本地文件的日志数据采集器，是一个轻量级日志传输工具，它监视日志目录或特定日志文件（TailFile），并将它们转发给 Logstash、Elasticsearch、Kafka、Redis 等。其作用是收集业务服务器的日志，输出到一个日志系统便于集中管理。Filebeat 是 Elastic Stack 的一部分，因此能够与 Logstash、Elasticsearch 和 Kibana 无缝协作。无论是使用 Logstash 转换或充实日志和文件，还是在 Elasticsearch 中随意处理一些数据分析，抑或在 Kibana 中构建和分享仪表板，Filebeat 都能轻松地将数据发送至最关键的地方。Filebeat 占用资源少，而且安装配置也比较简单，支持

---

① 赵亮、陈志奎：《大数据算法库教学实验平台设计与实现》，《实验技术与管理》2020 年第 6 期。
② 张素琪、孙云飞、武君艳等：《基于 Spark 的并行频繁项集挖掘算法》，《计算机应用与软件》2019 年第 2 期。

目前各类主流 OS 及 Docker 平台。[1]

Logstash：Logstash 是一个具有实时管道功能的开源数据收集引擎。它可以动态地将来自不同数据源的数据统一起来，并将数据规范化到选择的目的地。可以用它来统一对应用程序日志进行收集管理，提供 Web 接口用于查询和统计。Logstash 作为一个数据管道中间件，支持对各种类型数据的采集与转换，并将数据发送到各种类型的存储库。Logstash 现在是 Elastic 的 ELK 家族成员之一。[2]

Chukwa：Apache Chukwa 是一个开源的用于监控大型分布式系统的数据收集系统，2010 年 7 月 14 日进入 Apache 孵化器，2013 年 9 月 27 日成为 Apache 顶级项目。它是构建在 Hadoop 的 HDFS 和 MapReduce 框架之上的，继承了 Hadoop 的可伸缩性和健壮性。Chukwa 还包含了一个强大和灵活的工具集，可用于展示、监控和分析已收集的数据。Chukwa 用于管理大型分布式系统的数据收集系统（"2000 +"以上的节点，系统每天产生的监控数据量在 T 级别）。[3]

十　数据交换

Sqoop：Apache Sqoop 是一款数据迁移工具，用来在不同数据存储软件之间进行数据传输的开源软件，它支持多种类型的数据储存软件。用来在关系型数据库和 Hadoop/Hive 间进行数据迁移，方便大量数据的导入导出工作。Sqoop 底层是通过 MapReduce 实现的，但只有 Map 没有 Reduce。Sqoop 项目开始于 2009 年，最早是作为 Hadoop 的一个第三方模块存在，后来独立成为一个 Apache 项目，于 2012 年 3 月成为 Apache 顶级项目。[4]

Kettle：Kettle 是一款国外开源的 ETL 工具，纯 Java 编写，可以在 Window、Linux、Unix 上运行，数据抽取高效稳定。可以将各种类型数据作为

---

[1] 赵桂升、潘善亮：《基于 IRGAN 模型和 Hadoop 的电影推荐系统的设计》，《计算机应用与软件》2019 年第 5 期。

[2] 齐小刚、胡秋秋、刘立芳：《基于 MapReduce 的并行异常检测算法》，《智能系统学报》2019 年第 2 期。

[3] 刘军、李威、吴梦婷：《Hadoop 平台下新型图像并行处理模型设计》，《计算机工程与应用》2019 年第 2 期。

[4] 倪星宇：《基于 Hadoop 云计算平台的构建》，《微型电脑应用》2020 年第 4 期。

数据流，经过处理后再生成各种类型的数据。①（见图6-6）

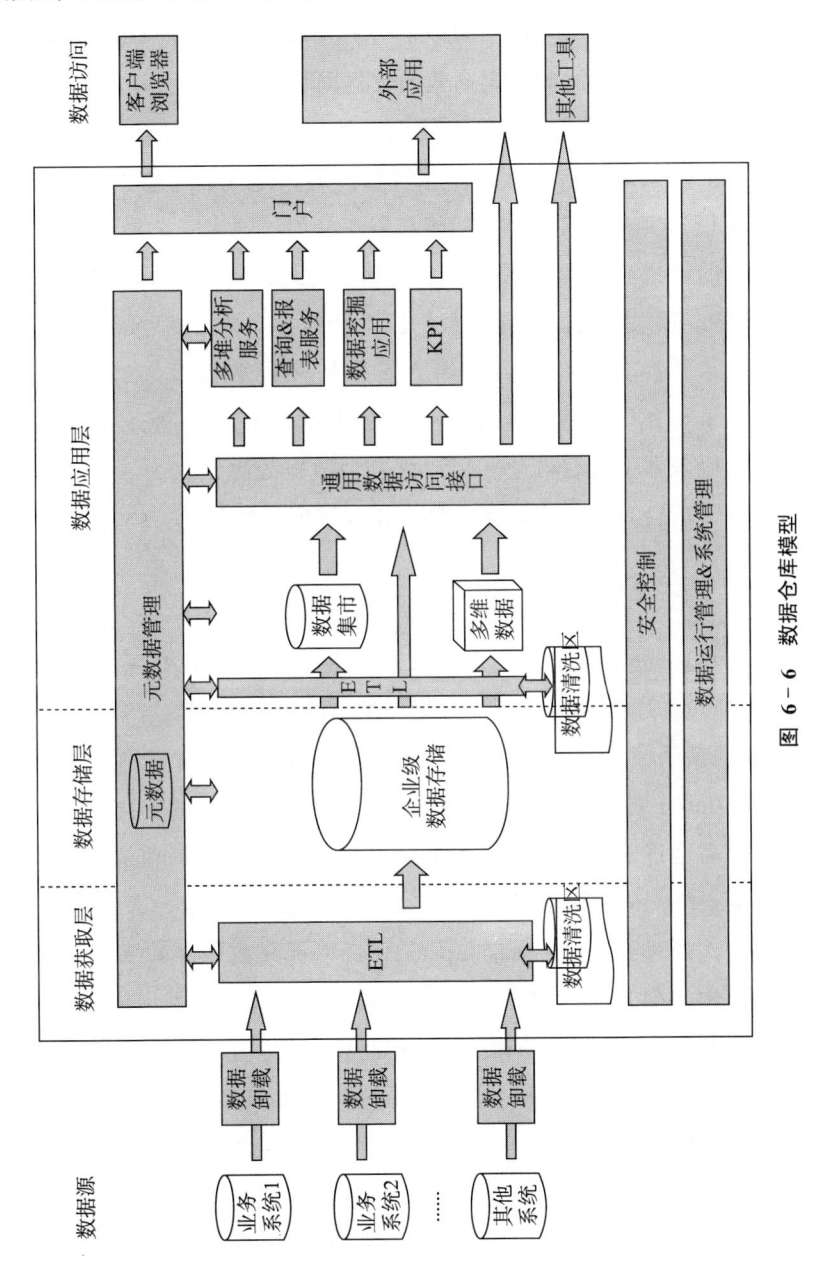

图6-6 数据仓库模型

---

① 刘云恒：《云环境下基于群智能算法的大数据聚类挖掘技术》，《现代电子技术》2019年第10期。

DataX：DataX 是阿里巴巴开源的离线数据同步工具/平台，致力于实现包括关系型数据库（MySQL、Oracle 等）、HDFS、Hive、ODPS、HBase、FTP 等各种异构数据源之间稳定高效的数据同步功能。①

NiFi：Apache NiFi 是一个易于使用、功能强大而且可靠的数据拉取、数据处理和分发系统。基于 Web 图形界面，通过拖拽、连接、配置完成基于流程的编程，实现数据采集等功能。NiFi 是美国国家安全局 NAS 开发并使用了 8 年的可视化数据集成产品，2014 年贡献给了 Apache 社区，2015 年成为 Apache 顶级项目。它是为数据流设计的，支持高度可配置的指示图的数据路由、转换和系统中介逻辑，支持从多种数据源动态拉取数据。NiFi 是基于 Java 的，使用 Maven 支持包的构建管理。NiFi 基于 Web 方式工作，后台在服务器上进行调度。用户可以为数据处理定义为一个流程，然后进行处理，后台具有数据处理引擎、任务调度等组件。②

十一　消息系统

Pulsar：Apache Pulsar 是一个开源的企业级分布式消息系统。项目于 2015 年由 Yahoo 开源，2017 年 6 月提交给 Apache 孵化器，2018 年 9 月成为 Apache 的顶级项目。Pulsar 在消息、计算和存储三个方面进行协调、抽象和统一。Pulsar 对 Pub-sub 和 Queue 两种模式提供统一的支持，同时保证了一致性，高性能和易扩展性。Pulsar 同时支持处理实时流和消息队列，内部的 Pulsar-functions 提供了 Stream-native 的轻量级计算框架，保证了数据的即时流式处理。Pulsar 借助 ApacheBookKeeper 提供了以 Segment 为中心的存储架构，保证了存储的性能、持久性和弹性。Pulsar 是无状态的，在 Pulsar 架构中，数据的分发和保存是相互独立的。Broker 从生产者接收数据，然后将数据发送给消费者，但数据是保存在 BookKeeper 中的。Pulsar 支持跨域复制。Pulsar 是下一代分布式消息队列，有替代 Kafka 的趋势。③

---

① 李家华：《基于大数据的人工智能跨境电商导购平台信息个性化推荐算法》，《科学技术与工程》2019 年第 6 期。
② 张瑞聪、任鹏程、房凯：《Hadoop 环境下分布式物联网设备状态分析处理系统》，《计算机系统应用》2019 年第 2 期。
③ 颜冰、王钟雷：《基于 Storm 的大数据指标实时计算方法》，《计算机系统应用》2019 年第 1 期。

Kafka：ApacheKafka 是一个发布/订阅的消息系统，由 Scala 写成。Kafka 最初是由 LinkedIn 开发，并于 2011 年初开源，2012 年 10 月从 Apache 毕业成为顶级项目。该项目的目标是为处理实时数据提供一个统一、高通量、低等待的平台。Kafka 是一个分布式的、分区的、多复本的日志提交服务，是目前使用最广泛的消息系统。①

RocketMQ：ApacheRocketMQ 是一款分布式、队列模型的消息中间件，2012 年在阿里巴巴开源，于 2016 年 11 月成为 Apache 孵化项目，2017 年 9 月 25 日成为 Apache 顶级项目。它借鉴参考了 JMS 规范的 MQ 实现，也参考了优秀的开源消息中间件 Kafka，并且结合阿里实际业务需求在天猫"双十一"活动的场景实现业务削峰，是分布式事务的优秀框架。它提供了丰富的消息拉取模式、高效的订阅者水平扩展能力、实时的消息订阅机制、亿级消息堆积能力，且具备了连接其他顶级开源生态（如 Spark、Ignite 和 Storm 等）能力。②

ActiveMQ：ApacheActiveMQ 是 Apache 所提供的一个开源的消息系统，完全采用 Java 来实现。它是一款历史悠久的开源项目，2007 年成为 Apache 顶级项目，已经在很多产品中得到应用，实现了 JMS1.1 规范，可以和 Spring-JMS 轻松融合，实现了多种协议，有多重语言的成熟的客户端，不够轻巧，支持持久化到数据库，对队列数较多的情况支持不好。

RabbitMQ：RabbitMQ 是基于 AMQP 实现的一个开源消息组件，主要用于在分布式系统中存储转发消息，是一个消息代理和队列服务器，可以在完全不同的应用之间共享数据，使用 Erlang 语言开发，具有很好的并发优势，性能较好，支持消息持久化。③

十二　任务调度

Azkaban：Azkaban 是由 LinkedIn 开源的一个批量工作流任务调度器。使用 Java 开发，用于在一个工作流内以一个特定的顺序运行一组工作和流

---

① 白茹：《基于云计算和 Hadoop 的网络舆情监控系统设计》，《电子设计工程》2019 年第 8 期。
② 赵恩毅、王瑞刚：《基于 Hadoop 平台的聚类协同过滤推荐方法研究》，《计算机与数字工程》2019 年第 6 期。
③ 伍衡、林志波、于海波：《基于大数据技术的配电网综合分析应用关键技术研究》，《科技通报》2020 年第 7 期。

程。Azkaban 定义了一种 KV 文件格式来建立任务之间的依赖关系，并提供一个易于使用的 Web 用户界面维护和跟踪工作流。Azkaban 通过 Web 浏览器在 GUI 中进行基于时间的调度，将所有正在运行的工作流的状态保存在其内存中。①

Oozie：ApacheOozie 是一个基于 Hadoop 的企业级工作流调度框架。Oozie 是 Cloudeara 贡献给 Apache 的顶级项目。它关注灵活性和创建复杂的工作流程，允许由时间、事件或数据可用性触发作业，可以通过命令行、JavaAPI、Web 浏览器，以及 GUI 操作。它以 XML 的形式写调度流程，可以调度 MR、Hive、Spark、Pig、Shell、Jar 等。Oozie 将所有正在运行的工作流的状态保存 SQL 数据库，仅将其内存用于状态事务。相比于 Azkaban，Oozie 属于重量级的任务调度工具。②

Airflow：ApacheAirflow 是一个灵活，可扩展的工作流自动化和调度系统，是基于 DAG 的一种调度器，可编译和管理数百 PB 的数据。Airflow 最初由 Airbnb 于 2014 年创建，2016 年 3 月提交给 Apache 孵化器，2019 年 1 月成为 Apache 顶级项目。Airflow 可以轻松地协调复杂的计算工作流程，通过智能调度、数据库和依赖关系管理、错误处理和日志记录，可以自动化从单个服务器到大型群集的资源管理。该项目用 Python 编写的，具有高度可扩展性，能够运行用其他语言编写的任务，并允许与常见的体系结构和项目集成，如 AWSS3、Docker、Kubernetes、MySQL、Postgres 等。据悉，Apache Airflow 目前正被 200 多个组织使用，包括 Adobe、Airbnb、Astronomer、Etsy、Google、ING、Lyft、NYC CityPlanning、Paypal、Polidea、Qubole、Quizlet、Reddit、Reply、Solita、Square、Twitter 等。③

十三　数据治理

Ranger：Apache Ranger 是一个用在 Hadoop 平台上并提供操作、监控、

---

① 张志禹、侯凯、李晨曦：《分布式 SVR 在短期负荷预测中的研究》，《计算机测量与控制》2019 年第 2 期。

② 罗平、武斌：《基于人工智能的网络舆情大数据传播特征挖掘系统》，《现代电子技术》2020 年第 6 期。

③ 须成杰、肖喜荣、张敬谊：《基于 Spark 的大数据分析平台的设计和应用》，《中国卫生信息管理杂志》2019 年第 5 期。

管理综合数据安全的框架，提供一个集中的管理机制，管理基于 Apache-Hadoop 生态圈的所有数据权限。Ranger 由 Hortonworks 所主导，2014 年 7 月 24 日进入 Apache 孵化，2017 年 1 月 18 日成为 Apache 的顶级项目。随着 ApacheYARN 的出现，Hadoop 平台现在可以支持一个真正的数据湖体系结构。企业可以在多租户环境中运行多个工作负载，因此，Hadoop 中的数据安全性需要发展。Apache Ranger 提供最全面的安全覆盖，本地支持众多 Apache 项目，包括 Atlas、HDFS、HBase、Hive、Kafka、Knox、NiFi、Solr、Storm 和 YARN。Ranger 通过访问控制策略提供了一种标准的授权方法。作为标准，Ranger 提供了一种集中式的组件，用于审计用户的访问行为和管理组件间的安全交互行为。Ranger 使用了一种基于属性的方法定义和强制实施安全策略。当与 Apache Hadoop 的数据治理解决方案和元数据仓储组件 ApacheAtlas 一起使用时，它可以定义一种基于标签的安全服务，通过使用标签对文件和数据资产进行分类，并控制用户和用户组对一系列标签的访问。①

Sentry：ApacheSentry 是一个为 Hadoop 集群元数据和数据存储提供集中、细粒度的访问控制项目。Sentry 是由 Cloudera 开发，2013 年 8 月成为 Apache 的孵化项目，2016 年 3 月 16 日成为 Apache 顶级项目。初衷是为了让用户能够细粒度地控制 Hadoop 系统中的数据，所以 Sentry 对 HDFS，Hive 以及同样由 Cloudera 开发的 Impala 有着很好的支持性。Sentry 旨在成为 Hadoop 各组件的可插拔授权引擎。它允许用户定义授权规则以验证用户或应用程序对 Hadoop 资源的访问请求。Sentry 是高度模块化的，可以支持 Hadoop 中各种数据模型的授权。Sentry 是一个 RPC 服务，将认证元数据信息存储在关系型数据库，并提供 RPC 接口检索和操作权限。②

Atlas：Apache Atlas 是 Apache Hadoop 的数据和元数据治理的框架，是 Hortonworks 公司联合其他厂商与用户于 2015 年发起数据治理倡议，2015 年 5 月 5 日进入 Apache 孵化，2017 年 6 月 21 日成为 Apache 顶级项目。是为解决 Hadoop 生态系统的元数据治理问题而产生的开源项目。它为 Ha-

---

① 杨挺、王萌、张亚健：《云计算数据中心 HDFS 差异性存储节能优化算法》，《计算机学报》2019 年第 1 期。
② 刘亚梅、闫仁武：《一种基于密度聚类的分布式离群点检测算法》，《计算机与数字工程》2019 年第 6 期。

doop 集群提供了包括数据分类、集中策略引擎、数据血缘、安全和生命周期管理在内的元数据治理核心的能力。Atlas 是一组可伸缩和可扩展的核心基础治理服务，使企业能够有效和高效地满足 Hadoop 中的遵从性需求，并允许与整个企业数据生态系统进行集成。Atlas 用于管理共享元数据、数据分级、审计、安全性以及数据保护等方面，与 ApacheRanger 整合，用于数据权限控制策略。①

十四　数据可视化

Kibana：Kibana 是一个设计出来用于和 Elasticsearch 一起使用的开源的分析与可视化平台，可以用 Kibana 搜索、查看、交互存放在 Elasticsearch 索引里的数据，使用各种不同的图表、表格、地图等展示高级数据分析与可视化，基于浏览器的接口能快速创建和分享实时展现 Elasticsearch 查询变化的动态仪表盘，让大量数据变得简单，容易理解。Kibana 现在是 Elastic 的 ELK 家族成员之一。②

D3.js：D3（Data-Driven Documents，数据驱动文档）是一个开源数据可视化项目，由《纽约时报》的工程师在 2011 年 2 月首次发布。D3 其实就是一个 JavaScript 的函数库，被称为一个互动和动态的数据可视化库网络。D3 项目的代码托管于 GitHubJavaScript 文件的后缀名通常为 .js，故 D3 也常使用 D3.js 称呼。D3 提供了各种简单易用的函数，大大简化了 JavaScript 操作数据的难度。由于它本质上是 JavaScript，所以用 JavaScript 也可以实现所有功能，但它能大大减小工作量，尤其是在数据可视化方面，D3 已经将生成可视化的复杂步骤精简到了几个简单的函数，只需要输入几个简单的数据，就能够转换为各种绚丽的图形。D3 利用可缩放矢量图形或 SVG 格式，允许渲染可放大或缩小的形状、线条和填充，而不会降低质量。③

---

① 阿荣、王丹琦：《基于大数据分析的电子商务平台客户精准服务管理方法设计》，《机床与液压》2019 年第 18 期。
② 刘亚梅、闫仁武：《一种基于密度聚类的分布式离群点检测算法》，《计算机与数字工程》2019 年第 6 期。
③ 王青松、姜富山、李菲：《大数据环境下基于关联规则的多标签学习算法》，《计算机科学》2020 年第 5 期。

ECharts：ECharts（Enterprise Charts，商业产品图表库）是一个提供商业产品常用图表的纯 JavaScript 的图表库。由百度开源，于 2018 年 1 月进 Apache 孵化器。它可以流畅地运行在 PC 和移动设备上，兼容当前绝大部分浏览器，底层依赖轻量级的矢量图形库 ZRender，提供直观、交互丰富、可高度个性化定制的数据可视化图表。[1]

十五　数据挖掘

Mahout：Apache Mahout 是基于 Hadoop 之上的机器学习和数据挖掘的一个分布式框架。它提供一些可扩展的机器学习领域经典算法的实现，旨在帮助开发人员更加方便快捷地创建智能应用程序。Mahout 包含许多实现，包括聚类、分类、推荐过滤、频繁子项挖掘，主要核心的三大算法为推荐、聚类及分类算法。此外，通过使用 Apache Hadoop 库，Mahout 可以有效地扩展到云中。[2]

MADlib：Apache MADlib 是一个基于 SQL 的数据库内置的可扩展的机器学习库，是 Pivotal 公司与 UCBerkeley 合作开发的，2015 年 9 月进入 Apache 孵化器，于 2017 年 7 月 19 日毕业成为 Apache 顶级项目。MADlib 具有精确的数据并行实现、统计和机器学习方法，对结构化和非结构化数据进行分析；提供了丰富的分析模型，包括回归分析、决策树、随机森林、贝叶斯分类、向量机、风险模型、KMEAN 聚集、文本挖掘、数据校验等。In-DatabaseAnalytics 的特性使其大大扩展了数据库的分析功能，充分利用 MPP 架构使其能够快速处理海量数据集。MADlib 可以与 Apache-HAWQ、PostgreSQL 和 Greenplum 等数据库系统无缝集成。DBAer 不用现学 Python、R 或 MATLAB，只要使用 MADlib，用 SQL 就能实现简单的数据挖掘。

Spark MLlib：Apache Spark MLlib 是 Spark 的机器学习库，是 ApacheSpark 的一个组成模块。MLlib 由一些通用的学习算法和工具组成，包括分类、回归、聚类、协同过滤、降维等，同时还包括底层的优化原语和高层

---

[1] 王燕、曹建芳、李艳飞：《融合混合优化组合的大规模场景图像分类算法》，《计算机技术与发展》2019 年第 3 期。
[2] 吴瑶瑶、杨庚：《云环境下分布式文件系统负载均衡研究》，《计算机工程与应用》2019 年第 10 期。

的管道 API。Spark 设计的初衷就是用来进行迭代计算。它基于内存的计算模型，天生就擅长迭代计算，多个步骤计算直接在内存中完成，只有在必要时才会操作磁盘和网络，所以说 Spark 正是机器学习的理想的平台。Spark 具有基于内存迭代计算、机器学习的优势，使用 Spark 处理数据挖掘将会更显得有价值。MLllib 目前分为两个代码包：spark.mllib 库（基于 RDD 的原始算法 API），spark.ml 库（基于 DataaFrame 的高层次的 API）。Spark 2.0 以后，SparkMLlib 进入维护不再更新，预计 Spark 3.0 以后被废除，完全转向 Spark ML。①

TensorFlow：TensorFlow 是一个开源的基于数据流图的机器学习框架，它是 GoogleBrain 的第二代机器学习系统，常被应用于各种感知、语言理解、语音识别、图像识别等多项机器深度学习领域。TensorFlow 是一个采用数据流图（DataFlowGraphs），用于数值计算的开源软件库。节点（Nodes）在图中表示数学操作，张量（Tensor）代表了多维数组，图中的线（Edges）则表示在节点间相互联系的多维数据数组，即张量。流（Flow）代表了基于数据流图的计算。TensorFlow 灵活的架构让你可以在多种平台上展开计算，例如台式计算机中的一个或多个 CPU（或 GPU）、服务器、移动设备等。TensorFlow 最初由 Google 大脑小组（隶属于 Google 机器智能研究机构）的研究员和工程师们开发出来，用于机器学习和深度神经网络方面的研究，但这个系统的通用性使其也可广泛用于其他计算领域。②

Keras：Keras 是一个基于 TensorFlow 的深度学习库，其特点是对用户友好的，并且能够提供简易和快速的原型设计。Keras 是一个由 Python 编写的开源人工神经网络库，可以作为 Tensorflow、Microsoft-CNTK 和 Theano 的高阶应用程序接口，进行深度学习模型的设计、调试、评估、应用和可视化。Keras 为支持快速实验而生，能够把设想迅速转换为结果。

十六　云平台

AWS S3：Amazon S3（Amazon Simple Storage Service）是一种对象存储

---

① 陆申明、左志强、王林章：《静态程序分析并行化研究进展》，《软件学报》2020 年第 5 期。
② 刘倍雄、张毅、陈孟祥：《工业大数据时序数据存储安全预警研究》，《机械设计与制造工程》2019 年第 2 期。

服务，具有行业领先的可扩展性、数据可用性、安全性和性能。这意味着各种规模和行业的客户都可以用它来存储和保护各种用例（如网站、移动应用程序、备份和还原、存档、企业应用程序、IoT 设备和大数据分析）的任意数量的数据。Amazon S3 提供了易于使用的管理功能，因此可以组织数据并配置精细调整过的访问控制以满足特定的业务、组织和合规性要求。平台的网络架构如图 6-7 所示。

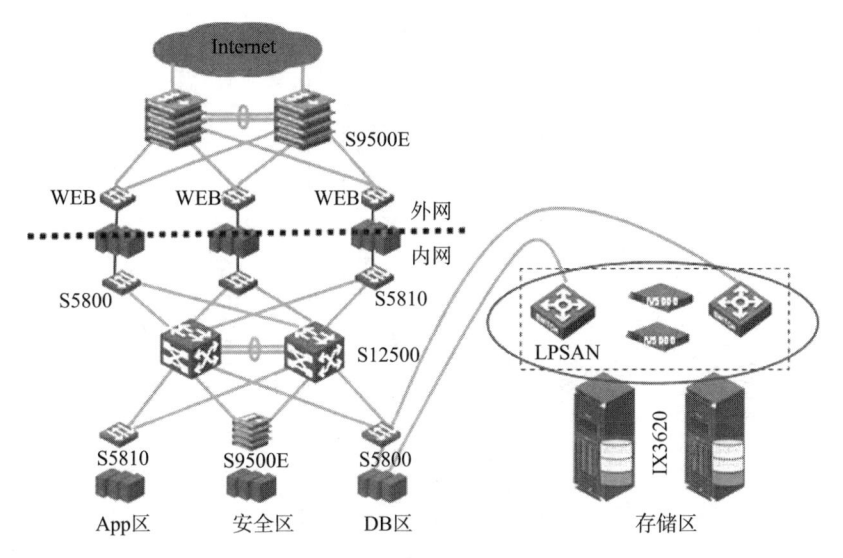

图 6-7 基础网络示意

GCP：GCP（Google Cloud Platform）是 Google 提供的一套云计算服务。它提供一系列模块化云服务，包括计算、数据存储、数据分析和机器学习。Google 把运行各种网络应用所需要的一切基础架构（包括服务器、操作系统、应用软件、网站架构、API 接口、数据库、CDN、VPN、物联网、大数据等）全部预先准备好。用户只需在 Google 云平台上注册一个账号，即可在分布全球各地的数十个 Google 机房使用所有的基础架构服务。

十七　工作流程

该项目工作流程标准及分工如图 6-8 所示。

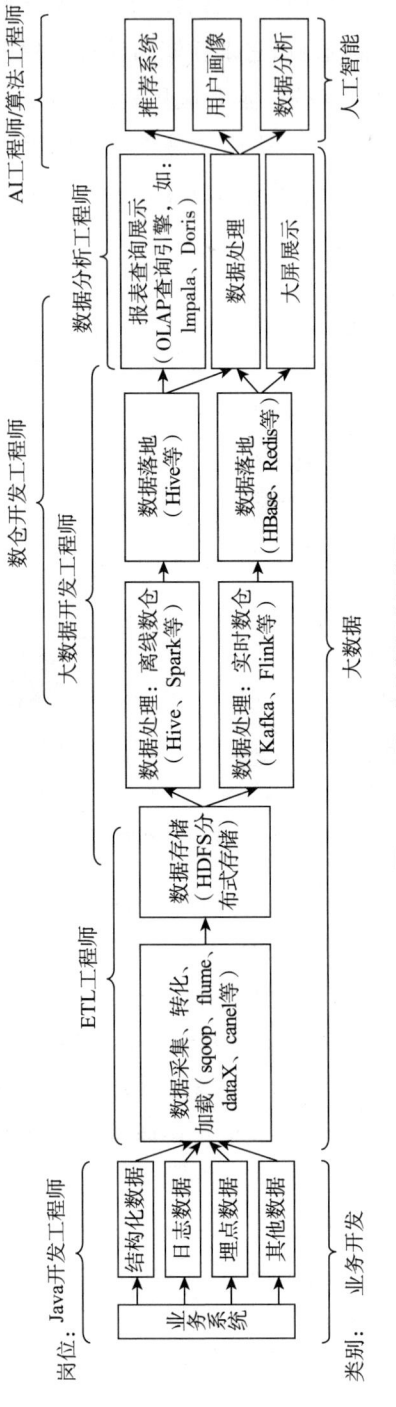

图6-8 项目工作流程标准及分工

第三节 数据评价模型

文化品牌影响力的数据评模型价得分由文化内涵价值（Q_1）、受众感知价值（Q_2）、传播价值（Q_3）、市场价值（Q_4）、社会价值（Q_5）五大评价维度按式（1）计算：

$$Q = \sum_{i=1}^{5} Q_i \times W_i \tag{1}$$

式中：

Q——品牌影响力评价得分；

Q_i——第 i 个评价维度得分；

W_i——第 i 个评价维度对品牌影响力的影响权重。

若文化内涵价值（Q_1）、受众感知价值（Q_2）、传播价值（Q_3）、市场价值（Q_4）、社会价值（Q_5）五大评价维度由一级指标构成时，按式（2）计算：

$$Q_i = \sum_{j=1}^{n} Q_{ij} \times W_{ij} \tag{2}$$

式中：

Q_i——第 i 个评价维度得分；

n——第 i 个评价维度下一级指标个数；

Q_{ij}——第 i 个评价维度下第 j 个一级指标得分；

W_{ij}——Q_{ij} 对 Q_i 的影响权重。

若评价维度下的一级指标由二级指标构成时，按式（3）计算：

$$Q_{ij} = \sum_{l=1}^{m} Q_{ijl} \times W_{ijl} \tag{3}$$

式中：

Q_{ij}——第 i 个评价维度下第 j 个一级指标得分；

m——第 j 个一级指标项下二级指标个数；

Q_{ijl}——Q_{ij} 项下第 l 个二级指标得分；

W_{ijl}——Q_{ijl} 对 Q_{ij} 的影响权重。

第七章
品牌知识库－文化品牌智能决策支持系统

品牌知识库－文化品牌智能决策支持系统,是借助大数据分析技术、文化品牌价值评估模型以及决策支持工具,来辅助文化品牌价值智能决策的支持系统。系统遵循"人机协同"的运营原则,基于数据库技术、数据采集处理分析等技术、计算模型等大数据技术与品牌价值评估体系,通过构建品牌数据资产管理的智库,结合专家研讨,分析影响品牌价值的因素,评估企业目前的优势劣势,以此实现帮助企业进行产品定位、营销分析、修正企业宏观决策方向的目的。

第一节 系统功能

目前,品牌知识库－文化品牌智能决策支持系统包含文化品牌看板、文化品牌数据库、文化品牌事件库、文化品牌渠道库四大体系,并提供支撑"渠道"、"事件"以及"信息"三个主体的检索功能用以追溯信息。

一 文化品牌看板

文化品牌看板主要功能为直观获取文化品牌信息相关的整体数据概况。其主要功能包括展示与初步解读功能。如图 7-1 所示。

其中,展示功能能够展示近一个月的文化品牌信息传播相关指标,包括信息总量、美誉度、事件数、平台贡献。

(1) 信息总量:时间范围内,文化品牌信息在各个平台上的总体传播量。

(2) 美誉度:时间范围内,正面文化品牌信息占比。

(3) 事件数:时间范围内,文化品牌事件总量。

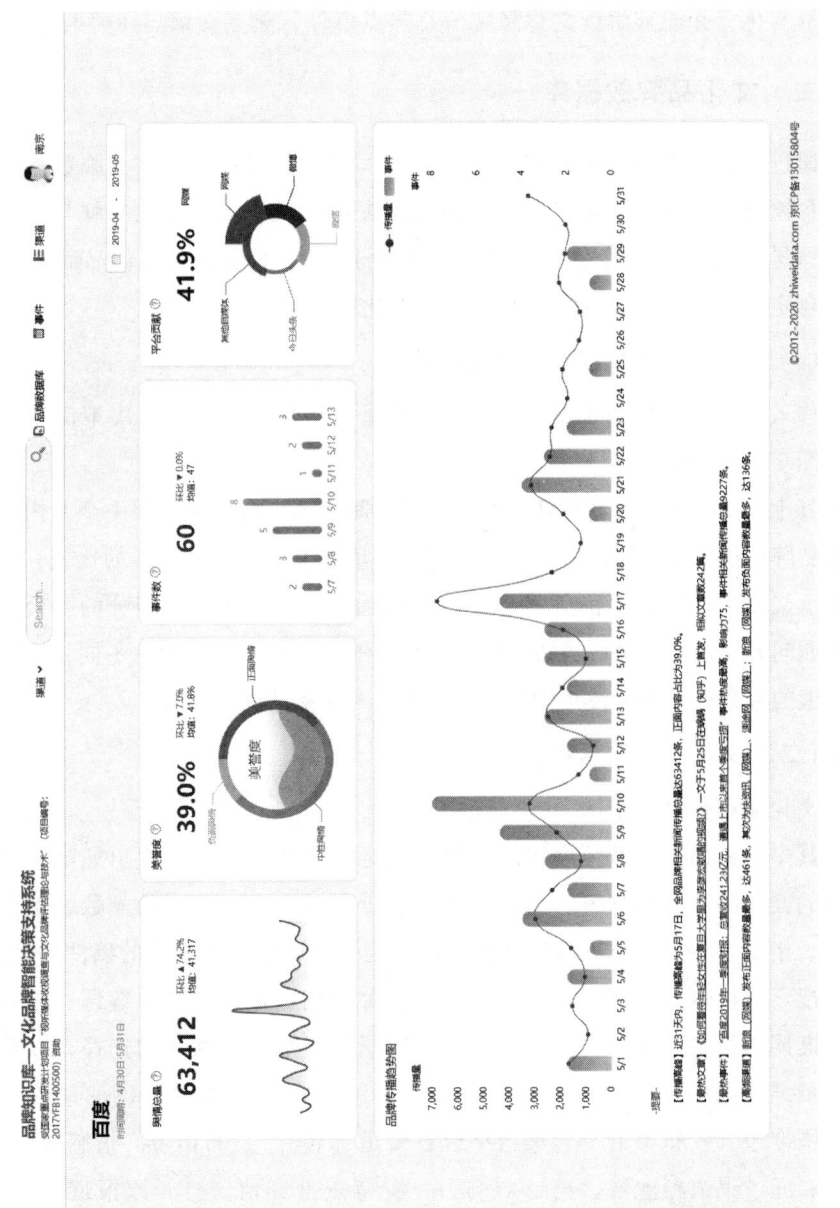

图7-1 文化品牌看板界面

（4）平台贡献：时间范围内，文化品牌信息占比最大的平台。

与此同时，文化品牌看板展示近一个月的文化品牌传播趋势变化和事件总量变化，并能够解读文化品牌信息热点事件、热点文章与高频渠道。

二 文化品牌数据库

通过将标注好的文化品牌精准数据灌入系统，用户可通过品牌数据库内的各模块功能查看稿件列表、自动生成决策简报、实现文化品牌与竞品的传播量对比。其功能包括文化品牌数据库—决策简报、文化品牌数据库、自定义决策简报以及文化品牌竞品对比。

（一）文化品牌数据库—决策简报

移入顶部菜单栏【品牌数据库】，选择需要进入的页面。决策简报界面如图 7-2 所示。

其中，支持颗粒度精确到天的自定义时间筛选，可输出期限一个月内的文化品牌传播情况；提供文化品牌当前曝光量与上一周期曝光量的比较，同步展示文化品牌信息中正负中情感调性的趋势分布；提供更细分的平台分布，如问答、贴吧、论坛、知乎等；时间范围内不同领域渠道、不同情感倾向渠道的分布；自动统计文化品牌时间周期内提及量最高的词。

（二）文化品牌数据库

文化品牌数据库如图 7-3 所示。

其中，界面支持颗粒度精确到天的自定义时间筛选，可输出期限一个月内的文化品牌稿件列表；支持按平台、重要发声方、渠道粉丝数、渠道倾向、指定发声方 5 类筛选条件，获取特定平台或发声方发布的稿件列表；高级搜索提供包含全部关键词、包含完整关键词、包含任意关键词、不包含关键词 4 类关键词定义规则，在关键词配置上给予个性化的选择，以获取尽量准确的稿件清单；展示基于文化品牌信息筛选器中筛出的稿件清单，维度包含发布渠道（含渠道平台及渠道标签）、发布内容、情感倾向、发布时间、渠道粉丝数、渠道影响力，支持点击详情，打开原报道页面；支持按照发布时间、粉丝数、渠道影响力 3 个维度的升降序排列；可在搜索框中输入关键词，进一步检索稿件数据；支持当前展示的数据列表的下载；可调整一页显示的数据量，提供 20 条/页、50 条/页、100 条/页选项。

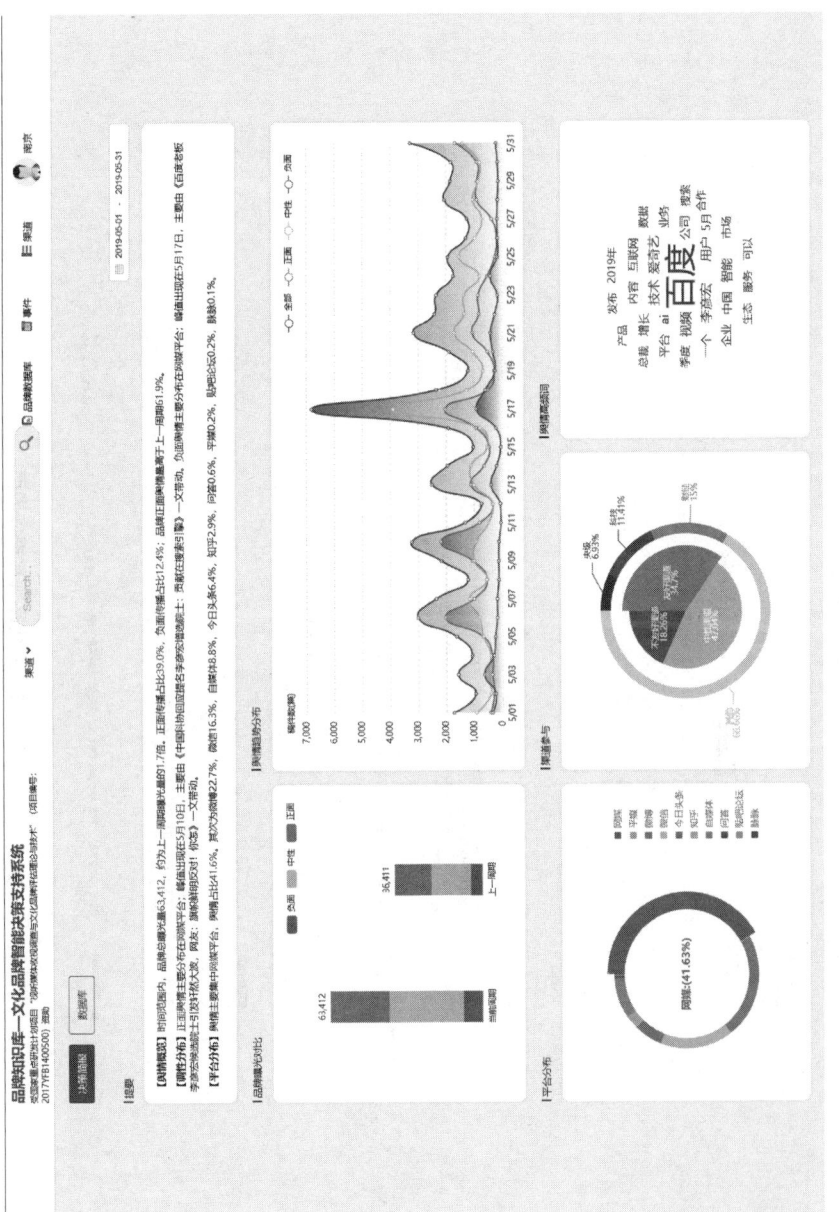

图7-2 决策简报界面

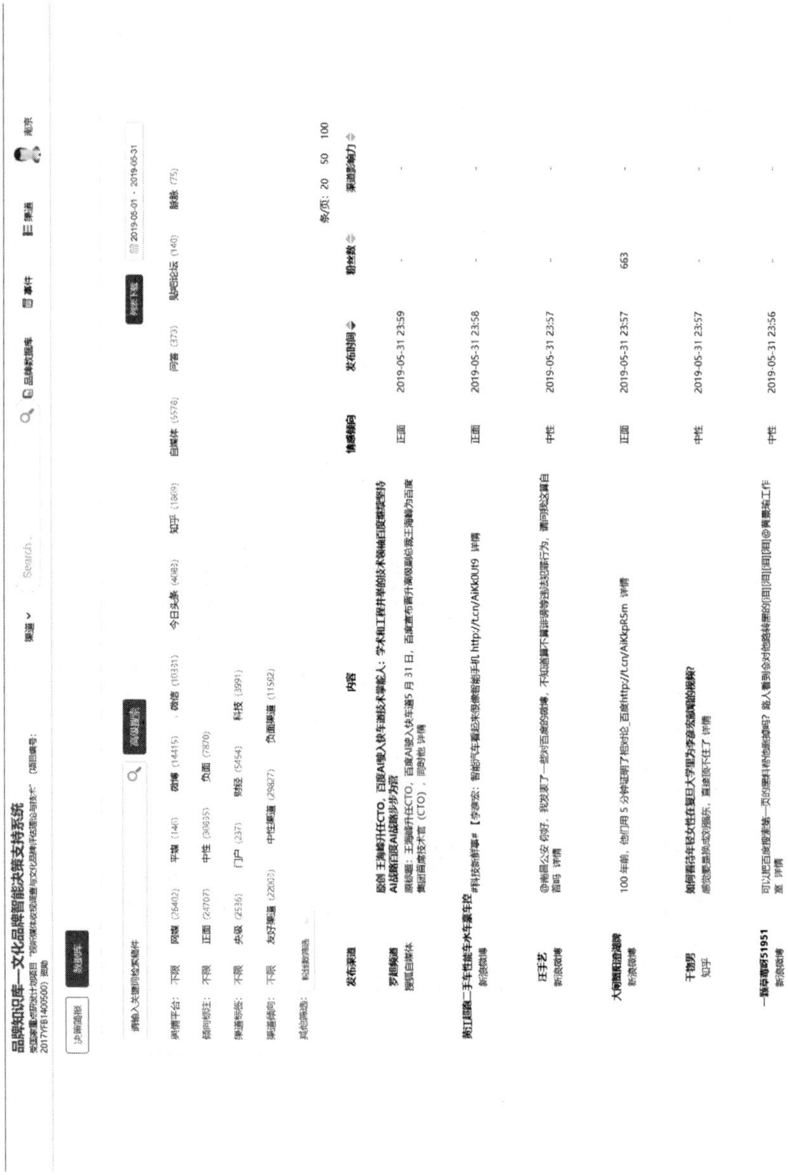

156 \\ 文化品牌评估系统研发与应用

图7-3 文化品牌数据库界面

（三）决策简报

决策简报界面支持非常规周期报告的添加，通过自定义简报按钮（见图7-4a），自选时间范围，选择竞品品牌，设置报告输出的时间，自动输出分析报告；添加简报时，支持事件向当前项目所有人/仅事件添加人开放；简报分析页提供文化品牌信息概况、事件列表（正面和负面Top10）（如图7-4b所示）、竞品对比3项分析维度；简报支持原有时间周期内，新数据/事件纳入后的页面更新需求；支持生成有效期3天的分享链接，方便无账号的用户查看。

（四）文化品牌竞品对比

文化品牌竞品对比界面如图7-5所示。

文化品牌竞品对比功能支持多个竞品的切换对比，用户可点击竞品切换按钮，选择任意竞品进行比较；提供数据概况、平台分布、传播趋势、热门传播方向的对比。

三 文化品牌事件库

可通过该模块，查阅积累的事件清单、近期跟踪的事件列表、支持自定义添加关键词分析进行中的事件传播情况，对品牌事件有全面的了解。移入顶部菜单栏【事件】，选择需要进入的事件页面。

（一）发现事件 - Top 稿件

发现事件界面如图7-6所示。

该界面提供当日、最近7天、最近4周的Top稿件聚合结果，稿件列表按照聚合稿件数量降序排列。

与此同时，点击分析按钮，可添加稿件传播情况分析需求，生成对应的传播分析页。如图7-7所示。

该界面支持通过自定义事件，添加任意开始时间、关键词，生成个性化的事件传播分析页；事件添加后只更新一次，截止时间不得超过添加事件的当前时间；分析维度包含事件概况、重要渠道发声、高影响力渠道参与；支持手动更新，可通过【数据更新】按钮，将事件更新到最新时间；添加事件时，支持事件向当前项目所有人/仅事件添加人开放；支持生成有效期3天的分享链接，方便无账号的用户查看。

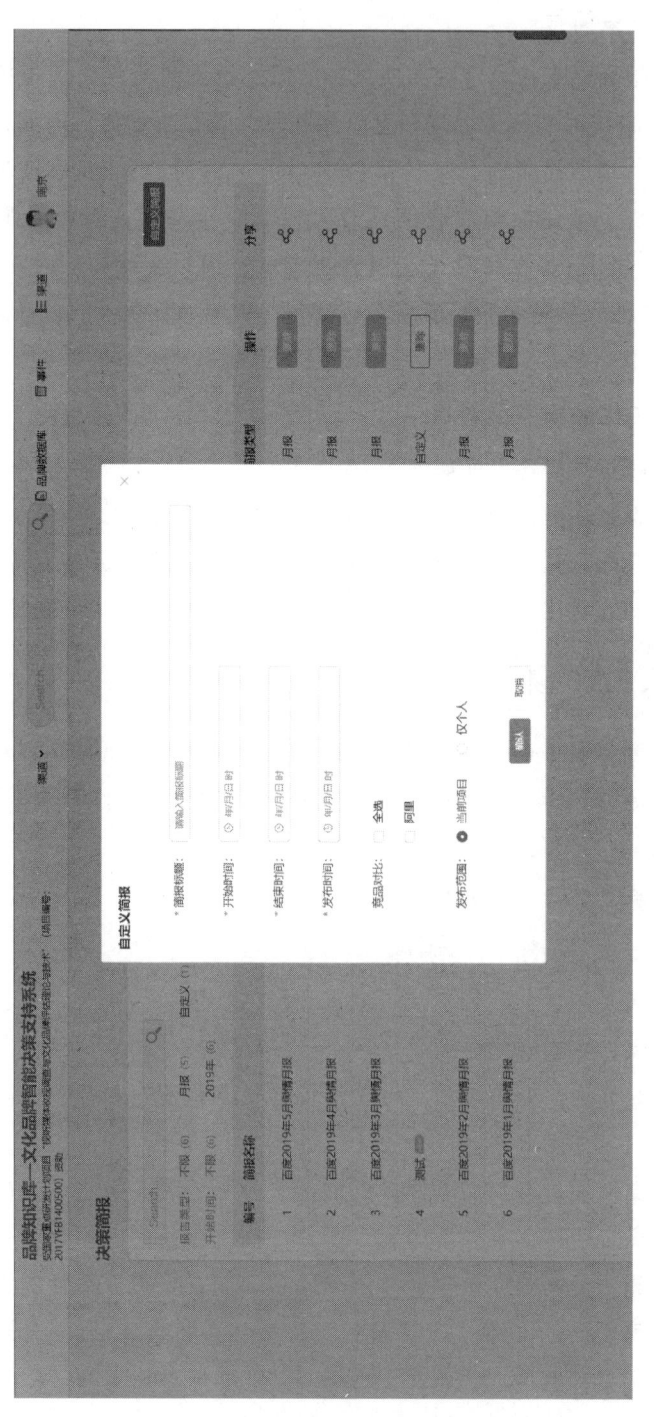

158 \\ 文化品牌评估系统研发与应用

图7-4a 决策自定义简报界面

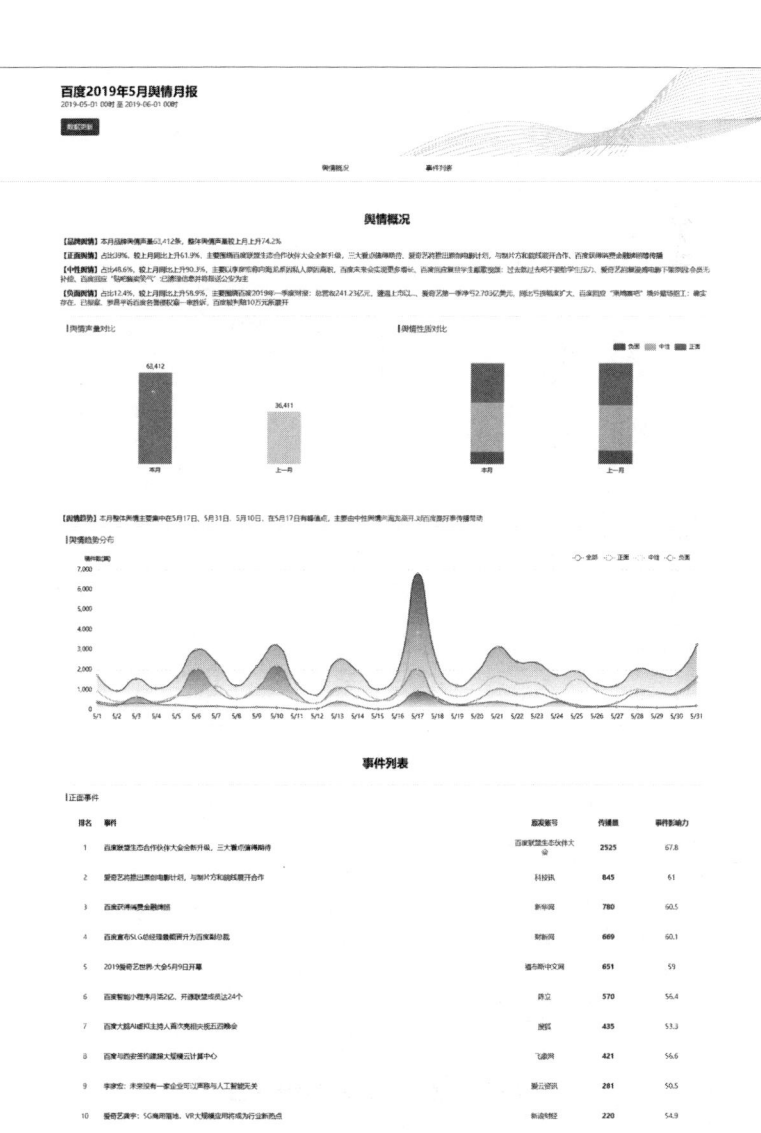

图7-4b 决策简报分析页界面

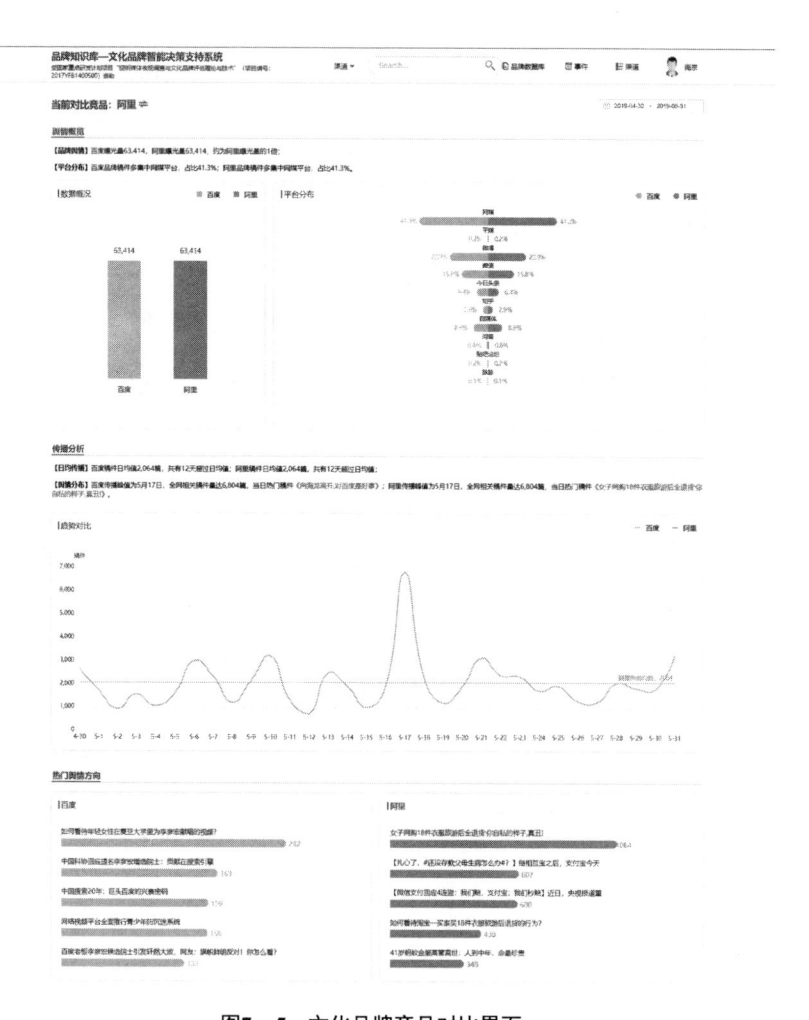

图7-5 文化品牌竞品对比界面

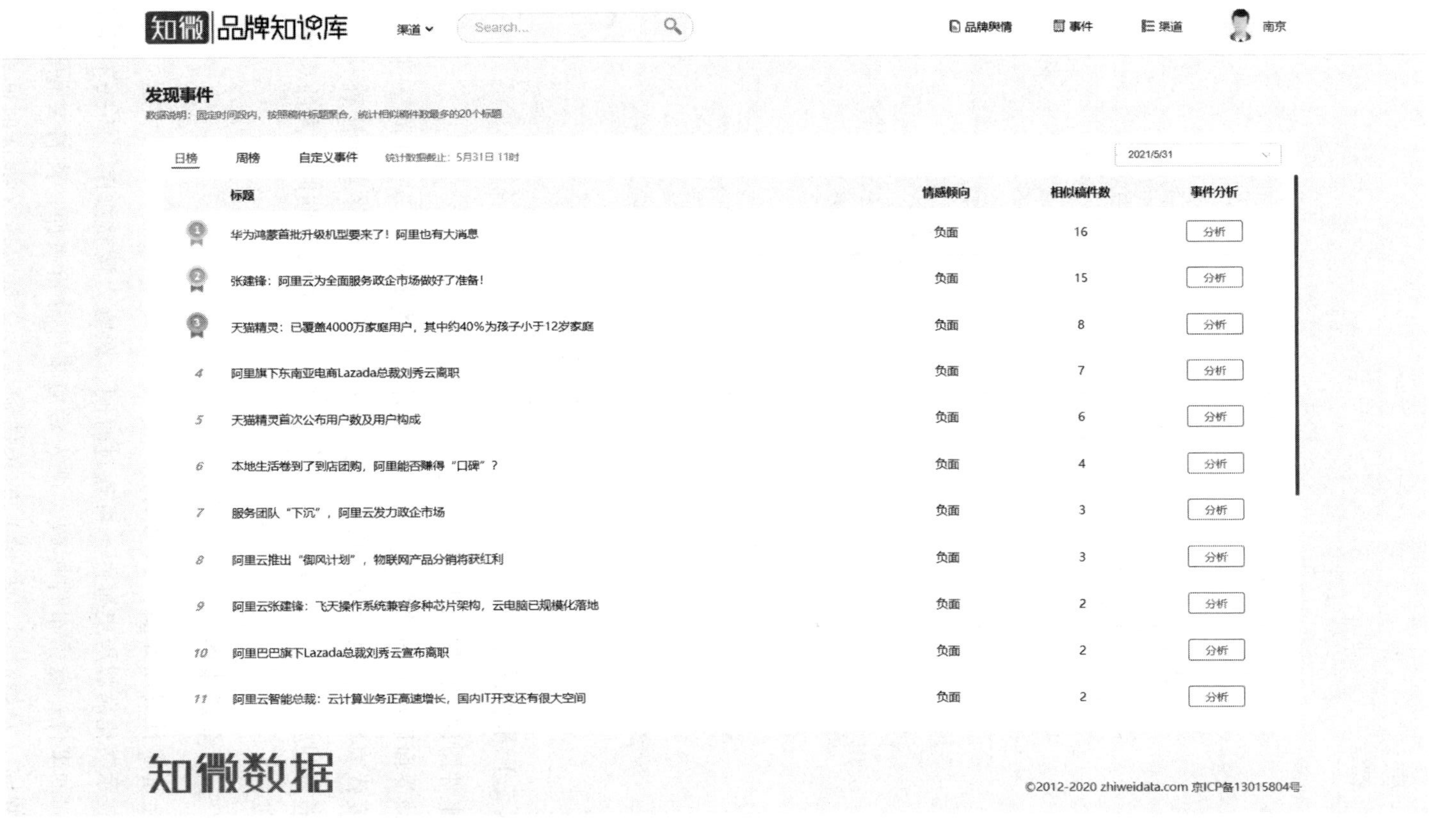
知微 品牌知识库
渠道
Search...
品牌舆情
事件
渠道
南京
发现事件
数据说明：固定时间段内，按照稿件标题聚合，统计相似稿件数最多的20个标题
日榜
周榜
自定义事件
统计数据截止：5月31日 11时
2021/5/31
标题
情感倾向
相似稿件数
事件分析
华为鸿蒙首批升级机型要来了！阿里也有大消息 负面 16 分析
张建锋：阿里云为全面服务政企市场做好了准备！ 负面 15 分析
天猫精灵：已覆盖4000万家庭用户，其中约40%为孩子小于12岁家庭 负面 8 分析
4 阿里旗下东南亚电商Lazada总裁刘秀云离职 负面 7 分析
5 天猫精灵首次公布用户数及用户构成 负面 6 分析
6 本地生活卷到了到店团购，阿里能否赚得“口碑”？ 负面 4 分析
7 服务团队“下沉”，阿里云发力政企市场 负面 3 分析
8 阿里云推出“御风计划”，物联网产品分销将获红利 负面 3 分析
9 阿里云张建锋：飞天操作系统兼容多种芯片架构，云电脑已规模化落地 负面 2 分析
10 阿里巴巴旗下Lazada总裁刘秀云宣布离职 负面 2 分析
11 阿里云智能总裁：云计算业务正高速增长，国内IT开支还有很大空间 负面 2 分析
知微数据
©2012-2020 zhiweidata.com 京ICP备13015804号

图7－6　发现事件界面

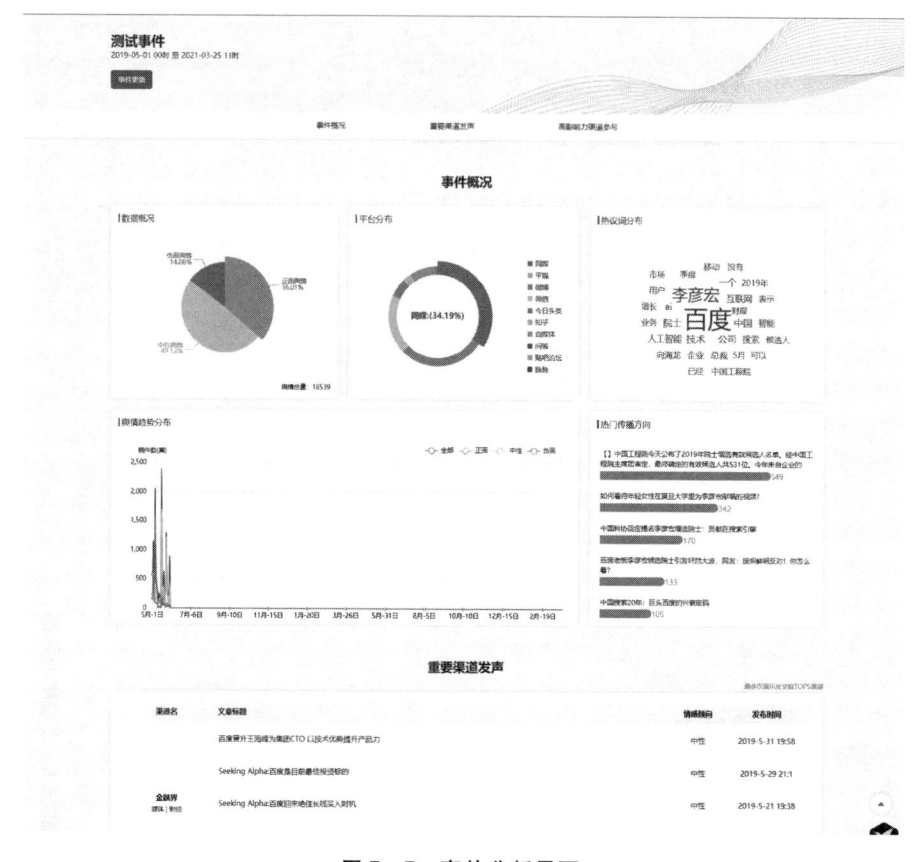

图 7-7　事件分析界面

（二）事件图谱

事件图谱界面如图 7-8 所示。

该界面以河流图的形式，展示指定时间段内影响力 Top20 的事件；河流长度代表事件传播时间，高度代表当日传播量，鼠标移入河流查看当前事件名称和影响力；可点击右上角的时间按钮，查看不同时段内的事件河流长度。

（三）全部事件

全部事件界面如图 7-9 所示。

展示文化品牌历史事件，可通过时间、影响力调整排序，筛选不同情感倾向的事件；点击事件标题，进入对应事件分析页面；支持文化品牌、事件倾向、开始时间（年份）的条件筛选，支持自定义框选时间范围，

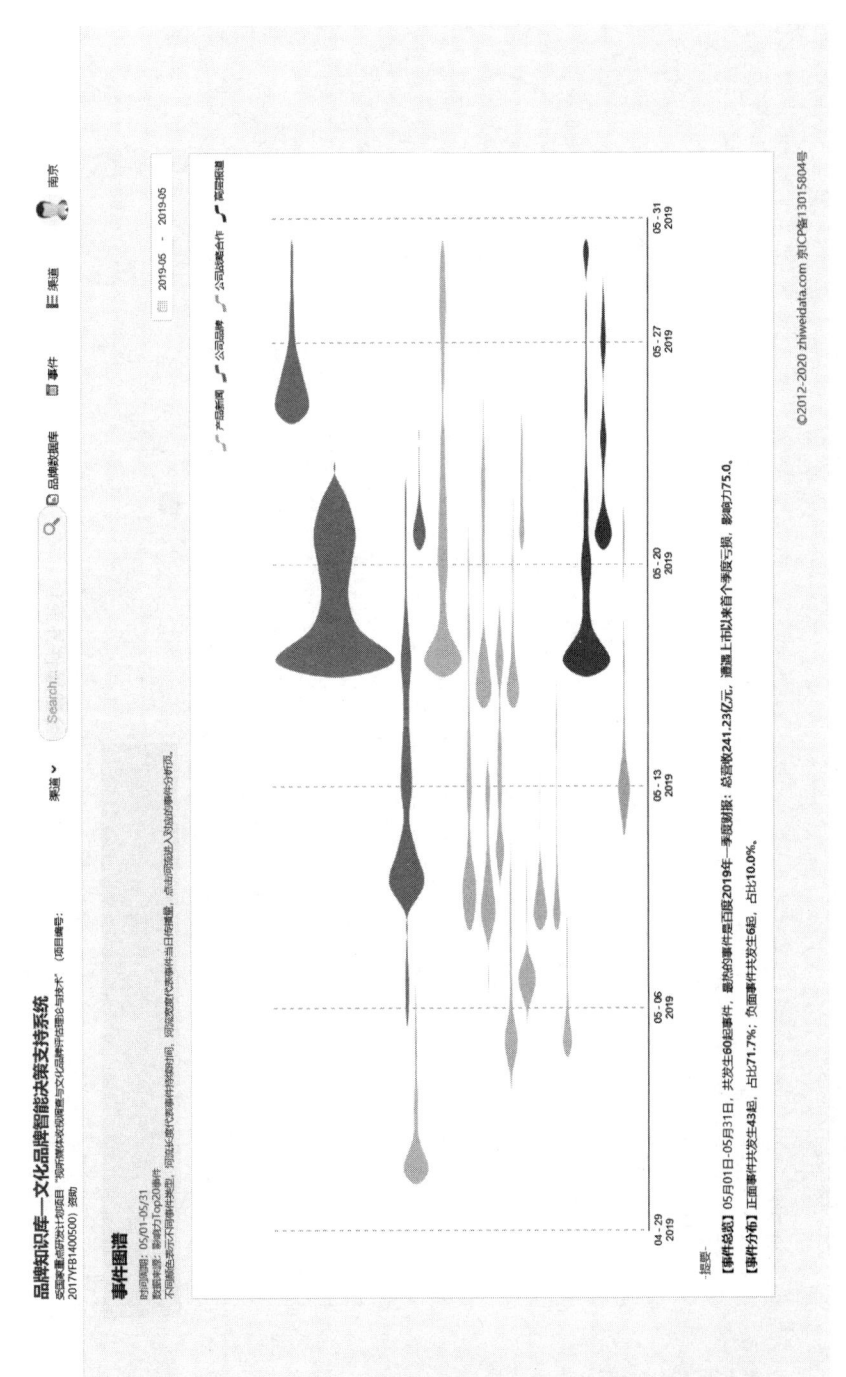

第七章·品牌知识库－文化品牌智能决策支持系统 // 163

图7-8 事件图谱界面

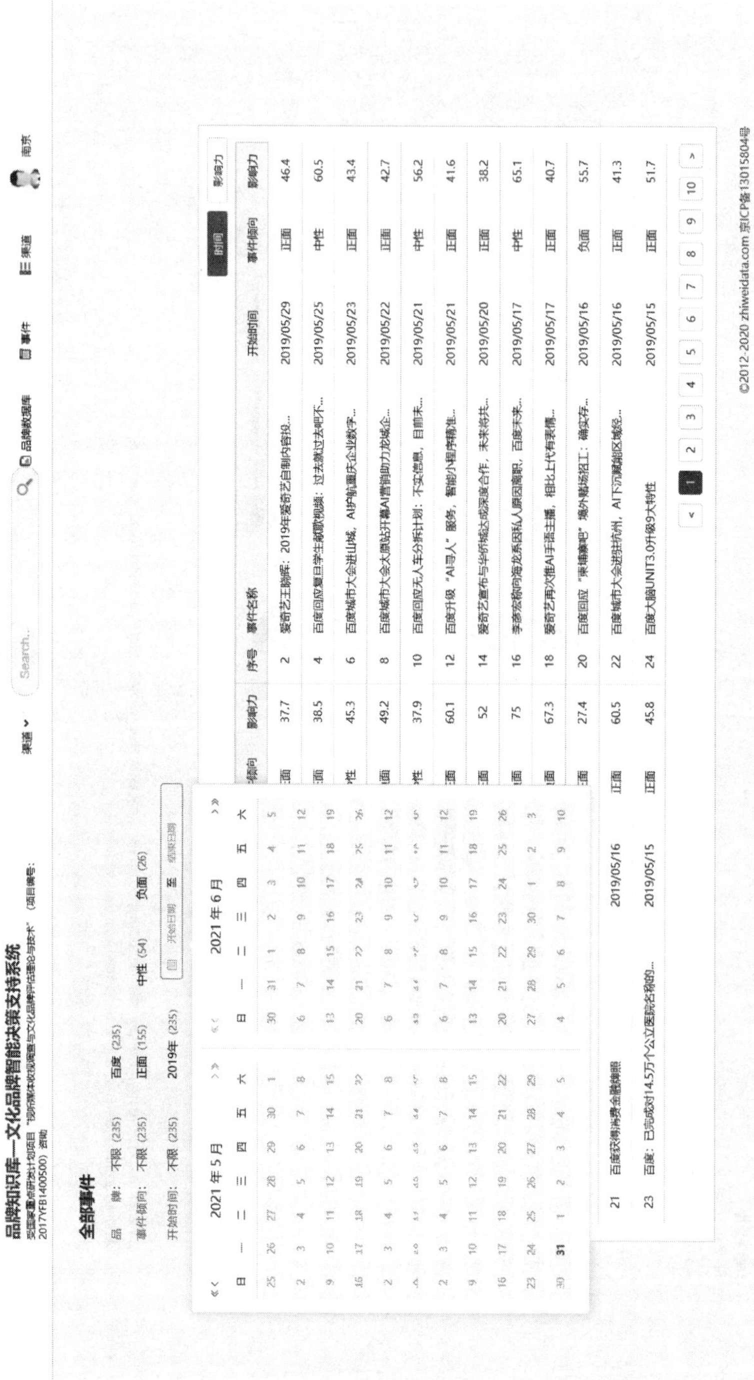
品牌知识库—文化品牌智能决策支持系统
全部事件
品 牌：不限（235） 百度（235）
事件倾向：不限（235） 正面（155） 中性（54） 负面（26）
开始时间：不限（235） 2019年（235）
2021 年 5 月
2021 年 6 月
时间
影响力
序号
事件名称
开始时间
事件倾向
影响力
©2012-2020 zhiweidata.com 京ICP备13015804号

图7－9　全部事件界面

检索该阶段内开始的事件列表。当点击特定事件时，会呈现事件分析界面，如图7-10所示。

其中，事件分析分为事件传播概况、热门文章分析两个分析模块。

事件传播概况通过当前事件舆情指数、重要渠道发声、平台占比、传播趋势，对事件做可视化呈现。重要渠道发声是基于文化品牌特别关注的渠道清单，统计参与事件的重要渠道的发稿文章，按照央级、科技和财经分类展示。情绪占比指统计本事件相关文化品牌信息传播的情感倾向占比，分为正面、负面、中性。分平台占比统计本事件相关文化品牌信息传播中各平台参与程度占比，按照平台划分为网媒、今日头条、微信、微博、其他自媒体。传播趋势图展示事件传播过程总传播量和负面传播量的变化，可以小时/天为单位查看。热门文章分析统计事件过程Top文章，根据文章相似数量，用面积图的形式，展示事件传播方向；梳理事件传播过程，根据文章相似数量，按事件脉络展示文章传播趋势。

四 文化品牌渠道库

该部分能够呈现参与文化品牌自身事件渠道的程度，并通过友好/不友好榜单，了解近期活跃渠道以及渠道对文化品牌自身的情感倾向。移入顶部菜单栏【渠道】，可以选择需要进入的渠道页面。

（一）渠道图谱

渠道图谱界面如图7-11所示。

渠道图谱界面以气泡图形式，展示指定时间段内，发布稿件数Top30的渠道；其中，圆圈大小代表文章数多少，鼠标移入查看渠道当天发文量和时间范围内发文总量。

（二）渠道榜单

渠道榜单界面如图7-12所示。

其中，梳理渠道历史发文，透析各个渠道的情感倾向，输出友好、不友好Top渠道，并提供周榜、月榜、季榜三项榜单；渠道榜单按照渠道发稿量倒序排列，可分平台筛选查看渠道榜单。

点击特定渠道，可以进入渠道分析界面，如图7-13所示。

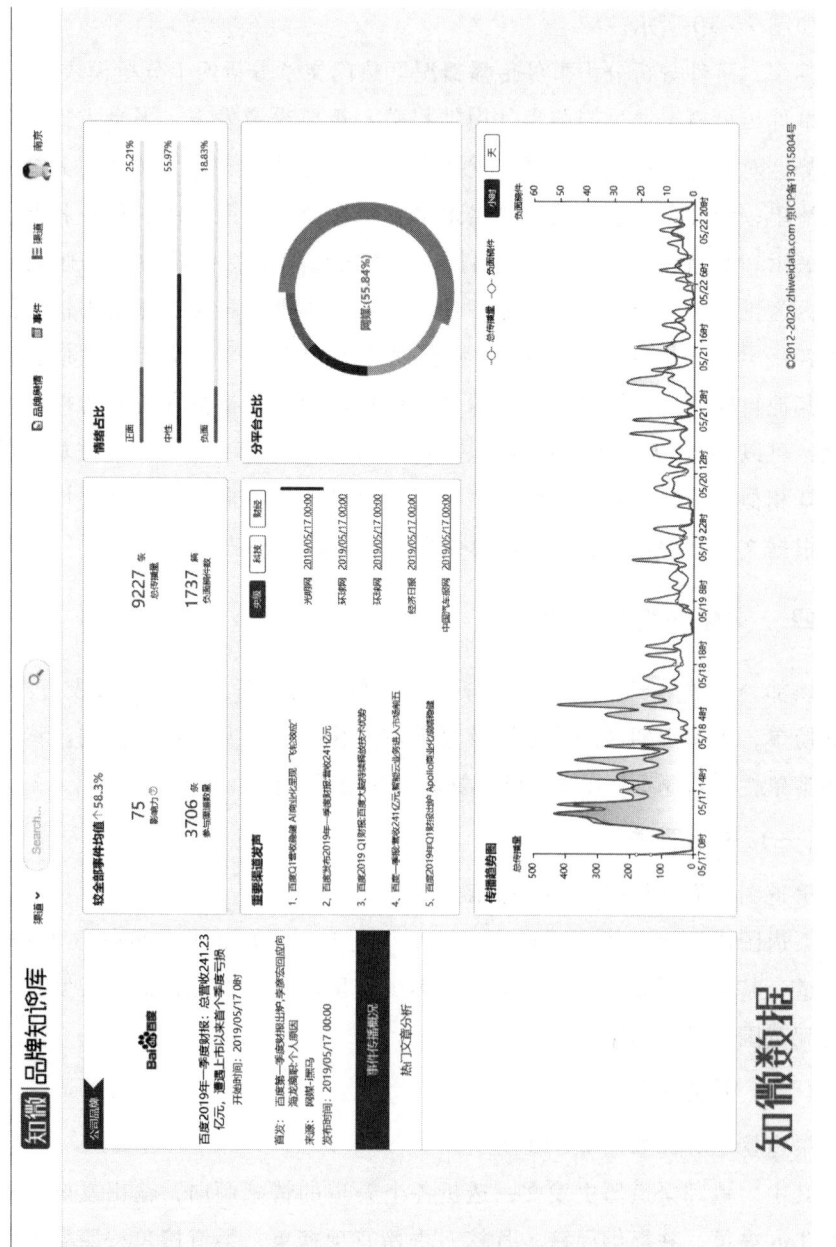

166 \\ 文化品牌评估系统研发与应用

图7-10a 事件分析界面

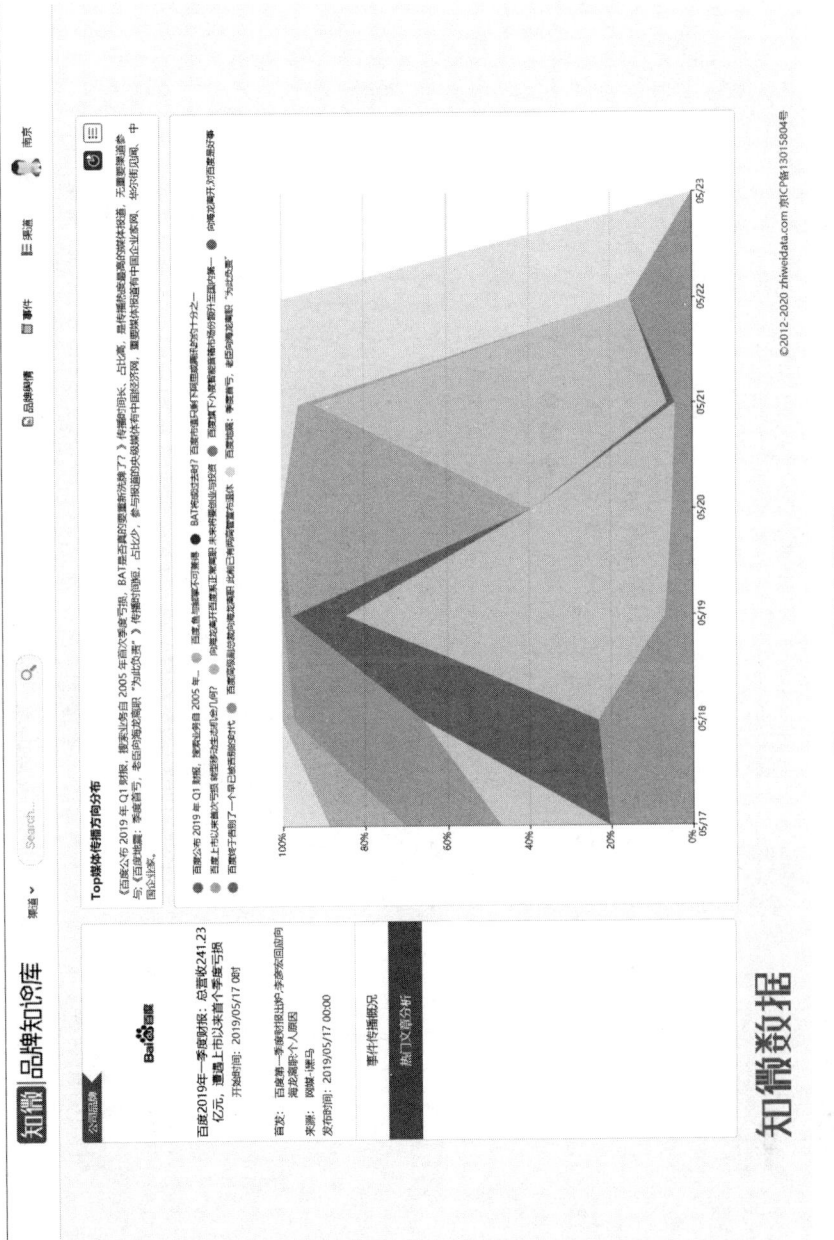

图7-10b 事件分析界面

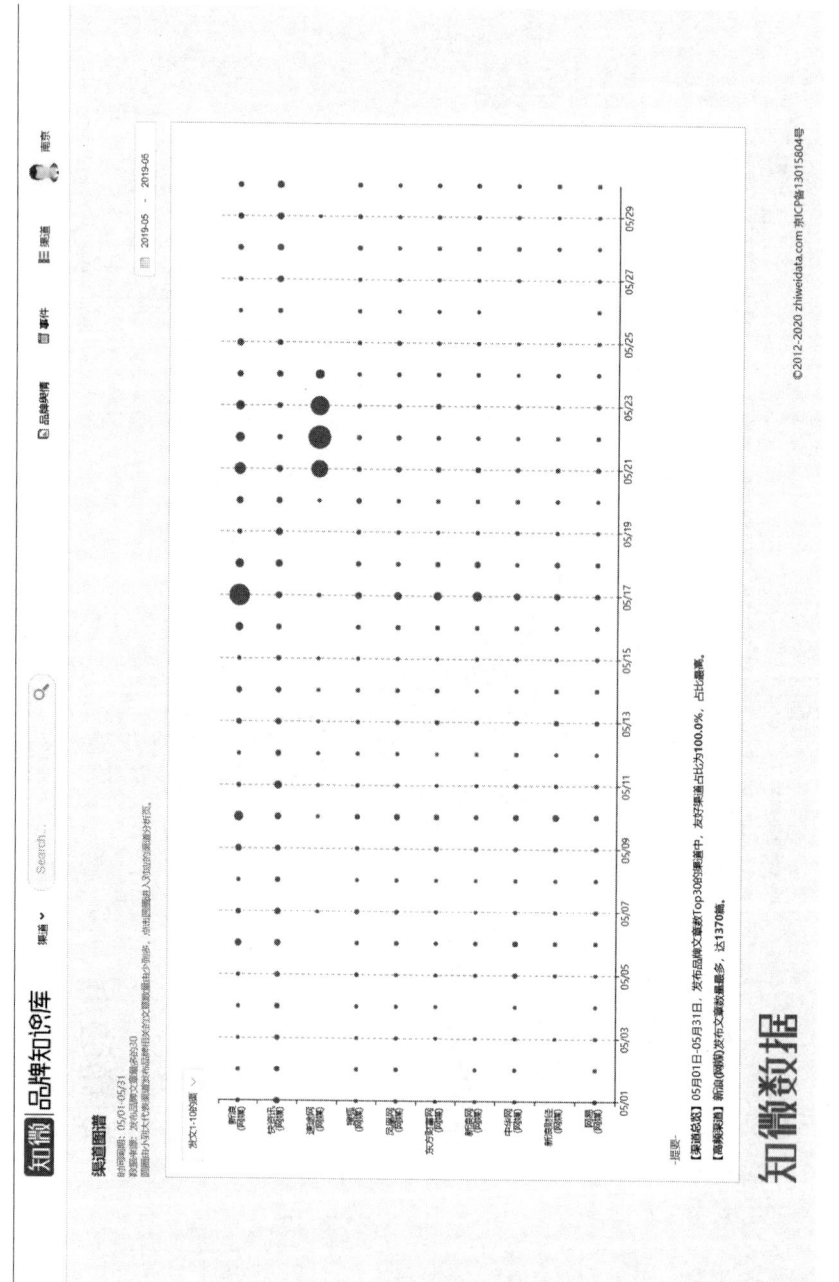

168 \\ 文化品牌评估系统研发与应用

图7-11 渠道图谱界面

排名	渠道名称	平台	正面稿件数	友好度等级	友好指数	较上一周期(值)	周期排名波动
1	速途网	网媒	391	Ⅰ级	81.2	386↑	127↑
2	新浪	网媒	92	Ⅱ级	65	75↓	1↓
3	快资讯	网媒	74	Ⅰ级	100	31↓	1↓
4	中华网	网媒	41	Ⅰ级	100	33↓	1↑
5	搜狐	网媒	40	Ⅰ级	95.5	4↓	9↑
6	凤凰网	网媒	37	Ⅰ级	100	15↓	1↓
7	36氪	网媒	27	Ⅱ级	60.2	20↑	82↑
8	东方财富网	网媒	26	Ⅱ级	65	23↓	2↓
9	云豪财经	网媒	25	Ⅰ级	84.2	3↑	16↑
10	站长之家	网媒	25	Ⅰ级	99	2↓	13↓
11	TechWeb	网媒	25	Ⅰ级	96.3	16↓	1↓
12	DoNews	网媒	24	Ⅰ级	100	23↓	4↓

图7-12 渠道榜单界面

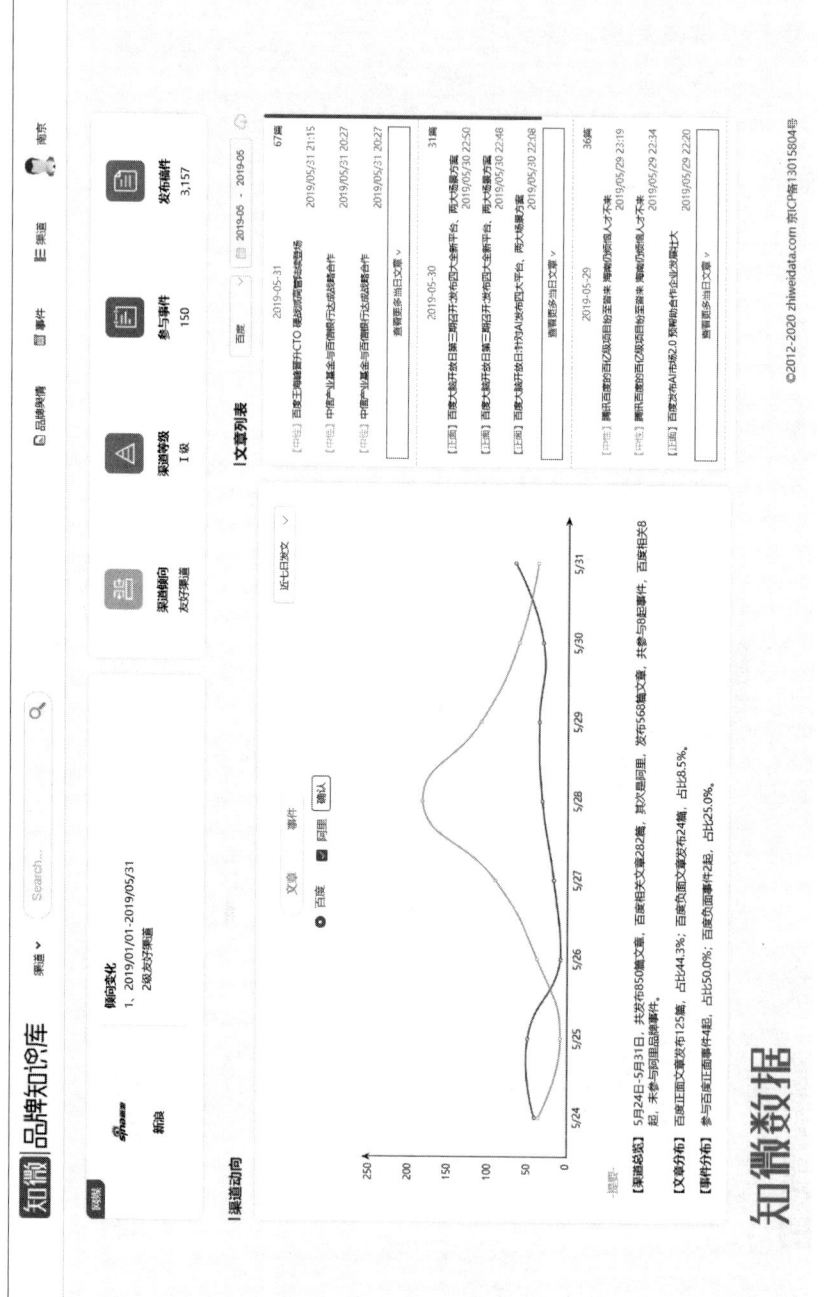

图7-13 渠道分析界面

该界面展示参与文化品牌信息的单个渠道，通过基本指标、倾向变化、历史发文/参与事件等进行维度分析。其中，基本指标包括：

（1）渠道倾向变化：根据渠道历史发文，展示渠道对文化品牌的情感倾向变化历程；

（2）渠道倾向：根据渠道发布正/负面稿件，判定渠道是否友好；

（3）渠道等级：基于渠道倾向，1级到3级表示友好/不友好程度；

（4）参与事件：统计渠道参与文化品牌事件数量；

（5）发布稿件：统计渠道参与文化品牌信息数量。

与此同时，包含渠道动向功能，展示渠道发稿数变化趋势和参与事件数量变化趋势；可通过切换文章和事件查看对应的渠道动态变化；可通过事件筛选查看不同时间范围内渠道动向，默认展示近7天数据，可查看近一个月和历史数据。

界面同时包含文章列表/事件功能，基于渠道动向的文章/事件，展示渠道发布文化品牌事件/信息相关的文章列表，以天为单位，按时间倒序展示；以及事件下载/文章下载：选择事件/文章下载时间，最多可下载近一月的稿件。

第二节　创新点

品牌知识库—文化品牌智能决策支持系统，能够针对大数据在互联网影响力评价中的重要作用，针对已有评价模型、方法在应用方面的多种问题，创新性地提出支撑文化品牌互联网影响力评估的大数据分析方法，构建文化品牌数据资源库，开发面向企业的文化品牌价值大数据分析与智能决策支持系统，并开展实证应用。系统能够分析影响品牌价值的因素，评估企业目前的优势劣势，以此实现帮助企业进行产品定位、营销分析、修正企业宏观决策方向的目的，并将大数据特性与文化互联网品牌价值综合集成智能决策支持系统连接，以高价值数据为基础，提高决策系统的有效性，这对互联网影响力的准确评估具有重要意义。

第八章

文化品牌评估的应用研究

第一节 中国文化品牌互联网影响力指数排行榜

打造数字文化创意品牌，激发"文化+"潜能，促进文化品牌产业新发展。文化创新是党的十九大提出的加快发展文化产业的主线。[①] 2017年，《关于推动数字文化产业创新发展的指导意见》出台，为互联网时代的文化发展提供了一条全新路径。"互联网+"持续带动文化产业不断向"文化+"的方向拓展。[②]

一 上榜品牌10强分析

从"2020中国文化品牌互联网影响力指数排行榜"（见表8-1）Top10来看，上榜品牌为：蓝色光标、万达电影、芒果超媒、智度股份、分众传媒、省广集团、凤凰传媒、中文传媒、中原传媒、新华文轩。

表8-1 2020中国文化品牌互联网影响力指数排行榜

单位：亿元

排名	品牌	品牌指数	品牌价值（亿元人民币）	地区
1	蓝色光标	731.96	153.28	北京

[①] 崔艳天：《重视平台化发展模式 推动文化产业转型升级》，《行政管理改革》2018年第1期。
[②] 郑天一、丛昕、张文学：《"互联网+"时代文化产业发展方向研究》，《行政事业资产与财务》2019年第12期。

续表

排名	品牌	品牌指数	品牌价值（亿元人民币）	地区
2	万达电影	486.75	75.29	北京
3	芒果超媒	445.79	62.27	湖南
4	智度股份	427.28	56.38	广东
5	分众传媒	419.58	53.93	广东
6	省广集团	394.55	45.97	广东
7	凤凰传媒	391.60	45.03	江苏
8	中文传媒	377.32	40.49	江西
9	中原传媒	371.89	38.77	河南
10	新华文轩	370.42	38.30	四川
11	完美世界	364.78	36.50	浙江
12	山东出版	360.99	35.30	山东
13	南方传媒	360.61	35.18	广东
14	中南传媒	345.19	30.27	湖南
15	天龙集团	340.86	28.90	广东
16	皖新传媒	337.27	27.76	安徽
17	华扬联众	336.23	27.42	北京
18	东方明珠	327.81	24.75	上海
19	长江传媒	312.22	19.79	湖北
20	浙数文化	311.40	19.53	浙江
21	电广传媒	308.55	18.62	湖南
22	保利文化	308.53	18.62	北京
23	奥飞娱乐	304.57	17.35	广东
24	吉宏股份	303.24	16.93	福建
25	万润科技	294.57	14.17	广东
26	华闻集团	294.45	14.14	海南
27	思美传媒	293.16	13.73	浙江
28	时代出版	291.66	13.25	安徽
29	华谊嘉信	291.30	13.14	北京
30	中国电影	290.99	13.04	北京
31	引力传媒	286.51	11.61	北京
32	联创股份	285.40	11.26	山东

续表

排名	品牌	品牌指数	品牌价值（亿元人民币）	地区
33	幸福蓝海	283.05	10.51	江苏
34	人民网	282.23	10.25	北京
35	文投控股	282.22	10.25	辽宁
36	金科文化	281.82	10.12	浙江
37	号百控股	281.78	10.11	上海
38	掌阅科技	278.56	9.08	北京
39	当代文体	277.78	8.84	湖北
40	电声股份	277.17	8.64	广东
41	城市传媒	276.20	8.33	山东
42	江苏有线	276.08	8.29	江苏
43	华媒控股	276.02	8.27	浙江
44	旗天科技	275.71	8.18	上海
45	天舟文化	275.45	8.10	湖南
46	华谊兄弟	275.17	8.01	浙江
47	华数传媒	274.26	7.72	浙江
48	浙文互联	274.01	7.64	山东
49	中信出版	273.68	7.53	北京
50	出版传媒	272.67	7.21	辽宁
51	金逸影视	269.29	6.14	广东
52	壹网壹创	267.41	5.54	浙江
53	元隆雅图	267.07	5.43	北京
54	天威视讯	266.87	5.37	广东
55	湖北广电	266.80	5.34	湖北
56	凯撒文化	266.77	5.33	广东
57	新华传媒	266.14	5.13	上海
58	三人行	266.04	5.10	陕西
59	横店影视	264.87	4.73	浙江
60	中国科传	264.77	4.70	北京
61	中文在线	263.58	4.32	北京
62	新华网	262.90	4.10	北京
63	视觉中国	261.79	3.75	江苏

续表

排名	品牌	品牌指数	品牌价值（亿元人民币）	地区
64	紫天科技	261.00	3.50	江苏
65	粤传媒	260.73	3.41	广东
66	华策影视	260.01	3.18	浙江
67	新经典	259.79	3.11	天津
68	风语筑	259.28	2.95	上海
69	湖北文旅	259.12	2.90	湖北
70	新文化	258.83	2.81	上海
71	贵广网络	258.24	2.62	贵州
72	慈文传媒	258.06	2.56	浙江
73	光线传媒	257.80	2.48	北京
74	广西广电	257.57	2.41	广西
75	读者传媒	257.53	2.39	甘肃
76	安妮股份	256.74	2.14	福建
77	新媒股份	256.41	2.04	广东
78	天下秀	256.35	2.02	广西
79	腾信股份	255.78	1.84	北京
80	吉视传媒	255.74	1.83	吉林
81	力盛赛车	255.27	1.67	上海
82	歌华有线	255.25	1.67	北京
83	米奥会展	254.86	1.54	浙江
84	宣亚国际	254.70	1.49	北京
85	艾格拉斯	254.61	1.47	浙江
86	三六五网	254.60	1.46	江苏
87	中视传媒	254.44	1.41	上海
88	上海电影	254.16	1.32	上海
89	因赛集团	253.67	1.17	广东
90	华录百纳	253.61	1.15	北京
91	金色传媒	253.43	1.09	北京
92	博瑞传播	253.42	1.09	四川
93	龙韵股份	252.73	0.87	上海
94	创业黑马	252.45	0.78	北京

续表

排名	品牌	品牌指数	品牌价值（亿元人民币）	地区
95	北京文化	252.36	0.75	北京
96	祥源文化	252.32	0.74	浙江
97	中广天择	251.52	0.48	湖南
98	欢瑞世纪	251.09	0.35	重庆
99	唐德影视	251.00	0.32	浙江
100	汇流科技	250.10	0.03	北京

从"2020中国文化品牌互联网影响力指数排行榜"可以看出，文化企业的总品牌价值为1358.06亿元人民币，Top10企业的品牌价值合计609.71亿元人民币，占总品牌价值的44.90%。

由上述数据不难看出，文化品牌经济在中国经济发展中已经成为极为重要的一部分，而且越是大型的企业，越是重视其自身文化品牌的建设。其中，蓝色光标位居榜首，品牌价值高达153.28亿元人民币，其次是万达电影和芒果超媒，品牌价值分别为75.29亿元人民币和62.27亿元人民币。（见图8-1）

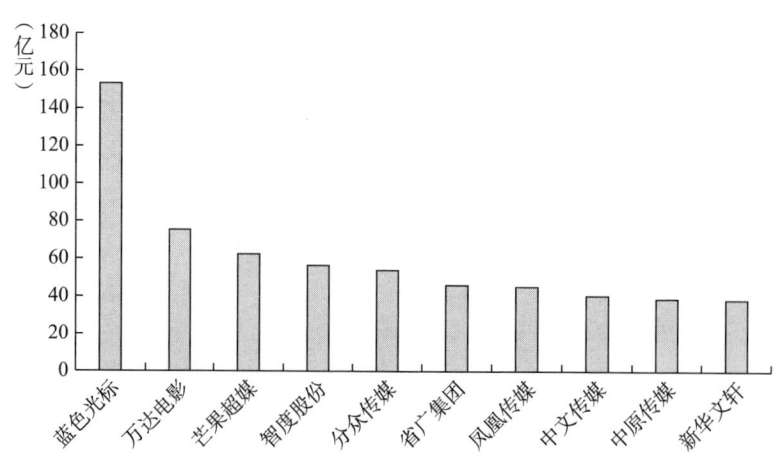

图8-1 上榜品牌10强品牌价值分析

二 上榜品牌地区分析

"2020中国文化品牌互联网影响力指数排行榜"榜单中共有22个地区

的品牌入选。其中，北京地区优势明显，共计上榜23个品牌，排名第一；浙江有15个品牌上榜，排名第二；广东有14个品牌上榜，排名第三（见图8-2）。三个地区的品牌价值总量高达777.03亿人民币，占100强文化品牌价值总量的57.22%。这一情况反映出中国的高文化品牌企业与品牌具有高度区域集中的特点，经济发达的地区对于创新的需求也更加旺盛。

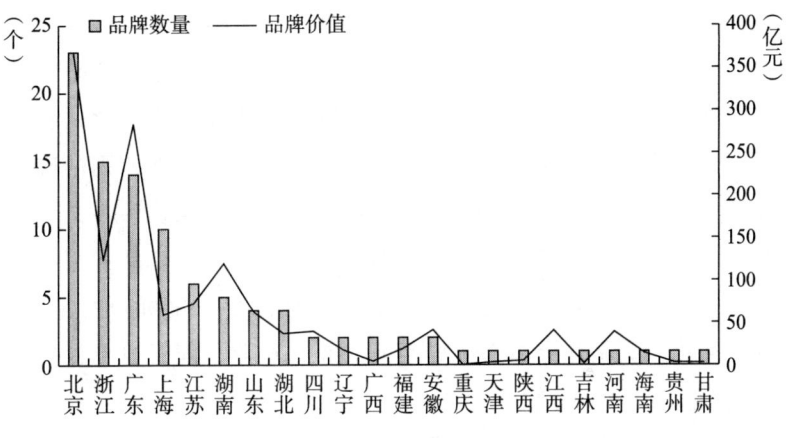

图8-2 排行榜品牌地区分析

三 中国文化行业企业品牌建设及其价值评价

此次上榜品牌中，蓝色光标以153.28亿元的品牌价值位列排行榜之首，汇流科技在榜单中排名第100位，品牌价值约为0.03亿元，排行榜中平均品牌价值约为13.58亿元。榜上品牌价值超过100亿元的企业有1家，品牌价值处在50亿元到100亿元之间的企业有4家。榜上前10强的品牌价值占本次100强品牌价值合计值的44.90%；同时前20强企业的品牌价值占榜单全部品牌总价值的65.91%。可以看出，当前中国文化行业的整体品牌价值相对比较高，且品牌价值的区间分布也比较合理，这表明行业发展良好。此外，前端的头部品牌价值比较高，仍有大部分的企业品牌价值有待进一步提升。

改革开放后，文化行业经历了黄金发展的阶段：国家政策支持、科技发展助力、资本运作加持。一些行业头部品牌借势发展，形成了自己卓越的竞争力，这些品牌从单一业务起步，逐渐寻求全产业链发展，横向纵向全面布局，通过上市筹集社会力量，并打造独特的品牌营销方式，成为国内文化行业的领军品牌。然而，当前文化行业的发展也面临着资本寒冬，例如与互联网、科技融合不足，国际化"走出去"方向不明晰，转型迟缓等问题。面向未来，品牌价值的提升离不开国际化、资本化、科技化、生态化的转型升级。

（一）行业概况

"文化工业"这一概念由社会思想家西奥多·阿多诺和马克斯·霍克海默提出，"文化工业"这一概念有其特定的所指：文化工业是文化领域采取工业化的组织形式，具体表现出标准化、技术化、商品化的特征，并进而具有意识形态的教化功能。自我意识的觉醒和主体性原则的确立是文化工业产生及发展的现代性根源。[1] 联合国教科文组织认为，文化产业的定义是按照工业标准生产、再生产、储存以及分配文化产品和服务的一系列活动。[2] 文化产业不仅拉动经济发展，也是社会文化机理的重要构成。在我国，文化产业是社会主义市场经济的新兴产业，同时也是促进社会主义文化建设与发展的关键。

文化行业由从事文化生产的具有竞争性的企业群体构成。文化行业在新时代迎来了更多的发展机遇，移动互联网与人工智能的成熟、付费习惯的形成、互动体验的优化，为文化行业的创新发展提供了各方面的支撑和保障。

文化行业细分的业务领域包括影视娱乐、新闻传媒、文学艺术、图书报刊、文化管理、印刷设计等。

（二）行业特点

1. 双重属性

文化行业的经济效益和社会效益双重属性决定了企业在盈利的同时也要肩负社会责任，注重传播社会正能量，引领构建和谐社会。[3] 同时也意味着企业在内容以及经营管理上受到国家相关部门日趋严格的审核和监管。

---

[1] 吴花花：《文化工业及其现代性根源——从"文化工业：作为大众欺骗的启蒙"说起》，《东南大学学报》（哲学社会科学版）2015年第17卷。
[2] 黎元江：《关于发展文化产业的十个问题》，《文化市场》2001年第4期。
[3] 史方倩：《中国文化产业发展的双重效益》，《前沿》2011年第16期。

2. 依靠创新驱动

创新驱动着文化行业的发展,[①] 这要求该行业的从业人员具有较高的主动创造性和一定的文化知识储备。在生产上,时刻以创新为导向,满足人们多元化的精神消费需求。互联网时代的到来,为文化行业内容与形式的创新提供了良好的契机。行业的发展依赖信息科技的进步,也需要自身与之深度融合,实现自身从生产到分发环节的创新与增值。

3. 市场风险大

文化产品满足的是人们的精神需求,它并不是人们的物质刚需,每一款产品都在面世后面对着巨大的风险,这对生产方和投资方都是挑战。文化产品在市场上平稳的运作离不开背后强大的资本支撑。[②]

(三) 国际顶尖品牌的表现

1. 迪士尼公司

(1) 基本情况。

迪士尼公司,即华特迪士尼公司,1923 年成立于美国,是一家在全球范围内多元化经营的媒体集团,总部位于加利福尼亚州。作为美国目前规模最大、知名度最高的电影制片公司之一,迪士尼致力于通过思维和技术创新打造成为世界顶级娱乐公司。

迪士尼旗下的主要娱乐资产有华特迪士尼影业集团、华特迪士尼乐园及度假区、迪士尼音乐集团、漫威影业、迪士尼电台、二十一世纪福克斯等,涵盖了影视娱乐、媒体网络、主题公园、周边体验、工作室娱乐等广泛的业务板块。

从卡通工作室起家的迪士尼,一直专注于影视制作领域,并跟随信息技术的发展不断完善和丰富自己的产品形式。迪士尼制作发行了第一部有声卡通片、第一部三调系统彩色影片、第一部彩色电影,20 世纪 80 年代专攻有线电视网络领域,20 世纪末开始制作发行家庭录像带 DVD 等,至今已形成了遍布影视、游戏、广播电视网、有线电视网、图书报纸杂志等领域的业务矩阵。迪士尼不断创新产品的内容与形式,具有较高的知名度和美誉度。

---

① 张珂鸣:《创新驱动发展战略背景下我国文化产业发展研究》,山东大学硕士学位论文,2015。

② 田海明:《文化产业的资本运作及发展之思考》,《学术界》2011 年第 1 期。

迪士尼在20世纪末，相继买下米拉麦克斯影片和美国广播公司。2006年收购皮克斯，2009年收购漫威娱乐，2012年收购卢卡斯娱乐，由此构建了三大工作室。在2019年完成了对二十一世纪福克斯的并购，形成了庞大的影视娱乐帝国。

迪士尼注重践行社会责任，成立了迪士尼自然保护基金，自1995年以来，迪士尼自然保护基金已拨款超过7500万美元用于拯救野生动物和保护地球。

（2）品牌特点。

迪士尼公司一直以来注重综合娱乐传媒集团的打造，纵向形成了从内容制作到发行的一体化产业链，策略上以内容发行为重点，同时在源头上把控好IP资产，在终端开拓渠道，在市场上拥有极强的议价能力。横向上既专注主流的影视业务，同时积极发展音乐、游戏、消费品、主题公园度假区等业务，例如电影和游戏相互改编，形成良好的互动。娱乐生态系统的形成，可以覆盖更广泛的用户群体，庞大的产业链带来边际成本的递减，实现规模经济。

迪士尼注重全球经营。在电影方面，重视海外发行，海内外票房占比结构相对稳定；旗下的环球频道在全球范围内提供影视内容，共有108个频道，包括35种语言，促进了迪士尼品牌传播的全球化；在全球范围内通过自主、合作、授权的形式建立迪士尼主题度假区，并且投资建设度假俱乐部和邮轮航线。此外，迪士尼在音乐、舞台剧、媒体网络、互动等业务上都进行了海外布局。

迪士尼十分擅长IP运作，对于系列IP有自己的运营管理策略，维持着迪士尼旗下形象资产的更新换代、保值、增值，通过IP增加了迪士尼的品牌价值。迪士尼通过联合、自主或授权的形式制作IP，开发了游戏、主题公园体验、消费品等产品或服务，在线上线下渠道售卖。以电影为例，消费品的生产同步于电影的制作，在电影上映前便被投入市场，通过系列人物或形象的宣传为电影预热。

2. WPP集团

（1）基本情况。

WPP集团是英国的一家广告和公关服务公司，总部位于伦敦，是全球四大代理公司之一。

WPP集团在传媒、体验、商务、技术等方面为客户创造变革性的想法和成果。营业内容包括广告、公共关系、媒体投资、品牌设计、商务解决方案、数据管理等。WPP 集团在 112 个国家设有 3000 多个办公室，拥有 205000 多名员工。

从一家小型的广告公司发展为全球最大的广告传播集团之一，WPP 集团仅用了 30 多年的时间。WPP 集团于 1987 年收购智威汤逊，1989 年收购奥美广告，2000 年收购博雅公关及朗涛策略设计顾问公司，完成了三大国际广告公司的收购，目前旗下拥有葛瑞、博雅公关、奥美集团、群邑集团、凯威公关、智威汤逊等 60 多家子公司，涵盖综合网络、媒体、数据洞察、公共关系和公共事务、品牌资讯、健康与保健等多个领域。

WPP 在中国拥有 14000 多名员工和 16 亿美元的年均收入，大中华地区是 WPP 仅次于美国和英国的第三大市场。WPP 在中国的广告、媒体投资管理、数据投资管理、公共关系和公共事务、品牌塑造和视觉识别等领域取得了较为稳固的市场地位。2011 年，WPP 集团与上海工艺美术职业学院（SADA）合作，共同成立 WPP 学院，培养营销与传播人才。

（2）品牌特点。

广告集团化，形成范围经济。WPP 集团在过去 30 年中一连串的并购操作让业界侧目，并在这一过程中谨慎地风险管控和规避社会规制，比如并购中采取置换手段避免垄断法……一个小广告公司通过并购和资本运作实现了向广告集团的跨越，规模不断扩大，形成了范围经济。WPP 集团在广告、公关、数字化营销、品牌与视觉设计等多条业务线上布局，集中化、多元化经营，避免了单一广告模式带来的局限，壮大了整体实力。

注重海外市场开发，结合本土化。WPP 集团的服务对象主要是国际市场上长期合作的大客户以及本土客户。WPP 精准识别了那些需要每年投入巨资在品牌管理与维护并且需要长期固定服务的国际大客户，建立了长期合作，通过提供全方位的服务形成自己的核心竞争力，同时也为本土客户提供广告代理，在本地搭建自己各具特色的子公司，以制作出在地方受欢迎的产品和服务。

3. 华纳媒体

（1）基本情况。

华纳媒体，前身为时代华纳股份有限公司，是一家全球收入排名第三的跨国媒体娱乐集团，总部位于纽约。目前主营业务为电影娱乐、电视传播网，以及杂志出版事业。时代华纳于 2016 年 10 月被 AT&T 以 1087 亿美元整体收购，收购后改名为"华纳媒体"，华纳致力于为创意人才提供舞台，为全球观众分发优质和受欢迎的内容，为消费者、内容生产者、分销商和广告商提供更好的服务和方法。

时代华纳成立于 1990 年，由主营新闻出版的时代公司和生产影视内容的华纳公司合并而成，1996 年时代华纳收购了特纳广播公司，2000 年与美国在线合并。旗下拥有家庭票房公司、特纳广播、华纳兄弟、《时代周刊》、时代华纳有线和美国在线等内容品牌和媒体渠道。家庭票房公司（HBO）负责运营同名付费电视频道、家庭票房频道及其姊妹频道极限电影频道。家庭票房频道开发了多个内容分发平台，帮助用户在互联网或移动设备通过支持的软件获取节目内容。特纳广播公司运营着有关国际新闻、娱乐、动画、青年及儿童等内容的电视业务。而华纳兄弟曾是全球最大的电影和电视娱乐制作公司之一。

（2）品牌特点。

"内容为王"是华纳媒体一直以来的战略重点，品牌立足于影视娱乐内容的生产。华纳媒体的愿景是向世界各地的观众提供最好的故事和最有吸引力的内容。为保证优质内容的输出，华纳媒体一方面保证 PGC 的专业生产，签约大量极富创造力和天赋的专业人才；另一方面提供 UGC 创作平台，多种内容生产方式在数量和质量上夯实了华纳的内容生产实力。此外，华纳媒体也重视 IP 价值的深度挖掘，华纳兄弟利用自身出品的经典银幕形象开发了消费品和主题公园，实现了内容的增值。

华纳媒体在数字化转型道路上一路高歌，借势媒介技术的发展，不断创新影视娱乐服务。华纳媒体以旗下电视传播网、电影、游戏及出版等四大内容业务为核心，通过生产数字化节省成本，分发环节打通多屏渠道，将其分发到互联网、移动设备等新媒体平台上，进而挖掘传媒品牌价值的最大化，并尝试将传统商业模式移植到新兴平台上，实现订阅付费等。

华纳媒体的另一重要品牌特点为注重开拓全球市场，逐步实现国际化扩张。其旗下品牌华纳兄弟和家庭票房公司就采用授权、合资等措施在亚太地区拓展市场，例如与我国腾讯视频达成合作，为其提供内容，还将原创影视内容授权东南亚等地区进行发行。特纳广播公司的国际频道在全球 200 多个国家和地区生产和播放新闻节目内容。这些都为华纳媒体创造了关键的营收，收获了知名度。

华纳媒体通过资本运作提高市值。80多年来，华纳媒体不断地拆分、重组、收购，与华纳兄弟、特纳广播及美国在线的三次大规模、多元化的并购重组奠定了时代华纳的业务格局，同时在资本市场拥有了较强的话语权。强大的资本支持下，华纳媒体生产出一系列在全球范围内极具知名度与竞争力的内容产品，被资本市场看好，2016年被美国第二大电信巨头AT&T收购，坐拥更强的资本靠山。

（四）中国文化行业发展情况

改革开放后，人民的文化消费需求逐渐提高，为中国的文化产业发展注入了活力，同时文化产业的蓬勃发展拉动了国民经济的进步。

2016年全国文化及相关产业增加值为30785亿元，比上年增长13.0%，比同期GDP名义增速高4.4个百分点；占GDP的比重为4.14%，比上年提高0.17个百分点。2016年文化及相关产业保持平稳快速增长，比重稳步上升，对促进经济转型升级、平稳健康可持续发展起到了重要作用。按行业分，2016年文化制造业增加值为11889亿元，比上年增长7.6%，占文化及相关产业增加值的比重为38.6%；文化批发零售业增加值为2872亿元，增长13.0%，占文化及相关产业增加值的比重为9.3%；文化服务业增加值为16024亿元，增长17.5%，占文化及相关产业增加值的比重为52.1%。按活动性质分，文化产品生产创造的增加值为19655亿元，比上年增长15.1%，占文化及相关产业增加值的比重为63.8%；文化相关产品生产创造的增加值为11130亿元，比上年增长9.5%，占文化及相关产业增加值的比重为36.2%。①

2017年全国文化及相关产业增加值为34722亿元，占GDP的比重为4.2%，比上年提高0.06个百分点。2017年文化及相关产业增加值保持平稳快速增长，GDP占比稳步上升，在加快新旧动能转换、推动经济高质量发展中发挥了积极作用。按行业分，2017年文化制造业增加值为12094亿元，比上年增长1.7%，占文化及相关产业增加值的比重为34.8%；文化批发零售业增加值为3328亿元，增长15.9%，占文化及相关产业增加值

---

① 《2016年我国文化及相关产业增加值比上年增长13%》，国家统计局，2017年9月26日，http://www.stats.gov.cn/tjsj/zxfb/201709/t20170926_1537729.html。

的比重为9.6%；文化服务业增加值为19300亿元，增长20.4%，占文化及相关产业增加值的比重为55.6%。按活动性质分，文化核心领域创造的增加值为22500亿元，比上年增长14.5%，占文化及相关产业增加值的比重为64.8%；文化相关领域创造的增加值为12222亿元，增长9.8%，占文化及相关产业增加值的比重为35.2%。①

2018年全国文化及相关产业增加值为41171亿元，占GDP的比重为4.48%，比上年提高0.22个百分点。按行业大类分，2018年文化制造业增加值为11999亿元，占文化及相关产业增加值的比重为29.1%；文化批发和零售业增加值为4340亿元，占文化及相关产业增加值的比重为10.6%；文化服务业增加值为24832亿元，占文化及相关产业增加值的比重为60.3%。按活动性质分，文化核心领域创造的增加值为27522亿元，占文化及相关产业增加值的比重为66.8%；文化相关领域创造的增加值为13649亿元，占文化及相关产业增加值的比重为33.2%。②

2019年全国文化及相关产业增加值为44363亿元，比上年增长7.8%，占GDP的比重为4.5%，比上年提高0.02个百分点。按行业分，2019年，文化服务业增加值为28121亿元，占文化及相关产业增加值的比重为63.4%，比上年提高3.1个百分点；文化制造业增加值为11899亿元，占文化及相关产业增加值的比重为26.8%，比上年降低2.3个百分点；文化批发和零售业增加值为4342亿元，占文化及相关产业增加值的比重为9.8%，比上年降低0.8个百分点。按活动性质分，文化核心领域创造的增加值为30757亿元，占文化及相关产业增加值的比重为69.3%，比上年提高2.5个百分点，其中，文化传播渠道比重提高最多，占文化及相关产业增加值的比重为11.9%，比上年提高3.7个百分点。文化相关领域创造的增加值为13605亿元，占文化及相关产业增加值的比重为30.7%，比上年降低2.5个百分点。③

---

① 《2017年我国文化及相关产业增加值占GDP比重为4.2%》，国家统计局，2018年10月10日，http://www.stats.gov.cn/tjsj/zxfb/201810/t20181010_1626867.html。
② 《2018年全国文化及相关产业增加值占GDP比重为4.48%》，国家统计局，2020年1月21日，http://www.stats.gov.cn/tjsj/zxfb/202001/t20200121_1724242.html。
③ 《2019年全国文化及相关产业增加值占GDP比重为4.5%》，国家统计局，2021年1月5日，http://www.stats.gov.cn/tjsj/zxfb/202101/t20210105_1812052.html。

在国际上，我国文化产业目前对外已经形成文化走出去格局，积极推进跨文化传播，与全球优秀文化交流与融合，对外文化贸易比重逐渐优化，在"一带一路"的文化贸易方面收获成效，国家的文化软实力得到提升。①

在国内，文化产业结构不断升级，在社会主义市场经济体制的格局下，以公有制为主体，多种所有制共同发展的文化产业所有制结构基本形成，为文化产业的发展提供了有保障的市场运作条件，接受来自社会各界的投资和监督。社会日益注重对公共文化的投入，大量财政被用于公共文化的建设，文化产业的外部性凸显，社会共享发展成功，助力和谐社会、美好生活的构建。

此外，文化产业的新兴业态不断出现。发展势头正猛的互联网、人工智能等，在文化领域被广泛运用，不断创新、衍生出新的文化业态，经营模式、平台、内容都在发生巨大的改变，促进了文化的多元化发展与完整的文化创新体系的形成，满足并且激发了人民日益增长的精神文化需求。

国内文化产业市场的不断深入发展为文化产业提供了良好的背景支持，改革开放后，文化企业迅猛发展，培育了民众不断增长的文化消费能力，成为国民经济的重要增长点，且近年来"互联网+数字化"又为其发展提供了新赛道，国企、民营、外资合作的文化公司欣欣向荣。然而，呈现新面貌的同时，文化行业的发展也面临一定挑战。主要表现为互联网、数字文明的赋能不充分，阶段性资本寒冬背景带来投资环境改变，全球化布局能力尚弱，现代文化产业体系不健全等，这导致行业内企业的可持续发展能力不足，抵抗风险能力较弱。

（五）国内领军品牌表现

1. 蓝色光标

（1）基本情况。

2019年文化传媒行业上市公司中，蓝色光标营业收入排名第一，达281.06亿元。

蓝色光标业务的历史最早可以追溯至1996年。蓝色光标于2010年在深圳证券交易所创业板上市，2020年公司营业收入超过405亿人民币。公

---

① 蒯金娜、莫菲：《从提高文化软实力到提高中国文化产业竞争力》，《人力资源管理》2018年第8期。

司总部位于北京,现有员工近5000人,在中国各大区域设有分支机构,并在北美、欧洲以及亚太其他国家和地区拥有国际业务网络。

蓝色光标持续服务于约3000个国内外品牌客户,其中财富500强企业100多个。客户涵盖游戏、汽车、互联网及应用、电子商务、高科技产品、消费品、房地产以及金融八大行业的知名品牌。

蓝色光标位列北京民营企业百强第16名,北京民营企业文化产业百强第5名,《财富》中国500强第338位,中国民营企业500强第334位,是首都文化企业30强单位、北京文化产业投融资协会联席会长单位、首都文化产业协会常务理事单位、中国广告协会副会长单位、中国4A协会副理事长单位。

(2)品牌特点。

一是服务内容涵盖营销传播整个产业链。蓝色光标及其旗下子公司的业务板块有营销服务(数字营销、公共关系、活动管理等)、数字广告(移动广告、智能电视广告、中国企业出海数字广告)和国际及港澳台地区业务,以及基于数据科技的智慧经营服务,服务地域基本覆盖全球主要市场。

二是不断探索营销新技术新方法。蓝色光标累计拥有超百项技术专利及软件著作权,并发布了智能自动化人机交互产品族"小蓝机器人家族",推动和引领行业变革,被北京市科委认定为"众创空间"和"北京市设计创新中心"。

2. 万达电影股份有限公司

(1)基本情况。

万达电影股份有限公司于2005年成立,是大连万达集团旗下的连锁电影院线,总部位于北京市朝阳区万达广场,业务模块包括电影制作、放映、发行、广告、时光网、游戏等,在影院投资建设、影院电影放映以及其他衍生业务上全面布局。

万达电影2015年在深圳证券交易所中小企业板块上市,成为首家登陆A股的院线公司。2016年,万达电影宣布完成对好莱坞知名电影娱乐整合营销公司Propaganda GEM以及中国游戏发行公司互动互爱的战略并购。2018年,阿里巴巴集团及文投控股共收购了万达集团持有的万达电影12.77%的股份。

万达电影在国内电影市场处于行业领先地位，截至 2018 年 12 月 31 日，在中国以及澳大利亚和新西兰拥有直营影院 595 家，银幕 5279 块，2018 年年度观影人次超过 2 亿，曾获"21 世纪中国最佳商业模式创新奖""年度卓越行业企业"等。

万达电影原名万达院线，主要从事影院投资建设、院线电影发行、影院电影放映及相关衍生业务，集中于影视行业产业链下游。2016~2018 年完成了对成立于 2011 年的万达影视的收购，将万达影视的电影和电视剧的投资、制作和发行，以及网络游戏发行和运营业务一并收入囊中。至此，万达电影打通了产业链上下游，尝试打造全产业链电影生态圈。

2019 年文化传媒行业上市公司中，万达电影排名第二，营业收入为 154.35 亿元。

（2）品牌特点。

一是资本与文化的高度融合。无论是万达集团，还是新股东阿里巴巴、文投控股，抑或大举并购国内外院线、影院资产，都为万达电影增加了战略价值，为万达电影提供了坚固的资本支持。

二是依托"万达广场"。城市综合体成功的品牌效应带动了影院的市场运作，凭借万达集团商业地产领域的便利，万达电影采用自建和外延并购的方式大举扩张，近十年来领跑国内票房市场，在影院取得较好成绩之后又反过来通过影院的知名度和品牌赞誉来促进综合体的发展，形成了良性循环的生态，衍生出独特的电影院线与商业地产互惠发展模式。

三是探索出了自己独特的品牌营销方式。比如坚持打造以连锁、标准、规模为核心的高品质的电影院线，以专业化分工、标准化管理带动规模经济，降低成本，增强自身在市场中的议价能力。万达电影的整合营销业务不仅在工具层面有从银幕广告到产品植入再到电影宣发的三个节点，还有可落地的 310 座影院和 2 亿人次。

四是以"会员+"战略为核心。通过打造电影会员体系，吸引超过 1 亿的会员群体，这部分活跃用户，为万达电影带来品牌忠诚度以及场景消费的黏性，其用户画像帮助万达进一步进行精准营销。万达电影还联合 COSTA、故宫食品等品牌打造跨界观影新场景，为消费者呈现一场"极致放映品质+独特娱乐体验"的观影旅程。

3. 芒果超媒

（1）基本情况。

芒果超媒股份有限公司原名快乐购物股份有限公司，系由快乐购物有限责任公司整体变更设立，于2005年12月28日在长沙市工商行政管理局登记注册，总部位于湖南省长沙市。2018年7月，公司名称由"快乐购物股份有限公司"变更为"芒果超媒股份有限公司"。公司的主营业务包括芒果TV互联网视频业务、新媒体互动娱乐内容制作、媒体零售及其他。

2020年，面对新冠肺炎疫情带来的严峻考验，公司始终坚持主流新媒体集团在媒体融合发展中的使命担当，强化战略导向，统筹推进疫情防控和业务发展各项工作。恪守内容为王，坚持将长视频作为核心竞争力的内容战略，持续发挥内容自制优势，内容创新屡创佳绩；稳步提升互联网视频业务运营效能，优化收入结构，全产业链上下游业务协同发展。《乘风破浪的姐姐》《朋友请听好》《妻子的浪漫旅行》《密室大逃脱》《明星大侦探》等热门综艺和《以家人之名》《锦衣之下》《下一站是幸福》《琉璃》《从结婚开始恋爱》等热播剧集，有效带动了公司广告收入和会员收入增长。2020年公司归属于上市公司股东的净利润预计区间为19亿～20亿元，2020年末芒果TV有效会员数达3613万。

（2）品牌特点。

一是新媒体平台运营发展势头强劲。新媒体平台运营业务由子公司快乐阳光负责经营，主要包括互联网视频业务和运营商业务。互联网视频业务主要通过自主研发及运营的芒果TV互联网视频平台开展，面向全国及海外都市年轻用户群体，构建包括软硬件、内容、营销、用户在内的产品体系和"一云多屏"平台，提供湖南卫视综艺节目点播服务，并同步推送热门电视剧、电影、综艺节目、动漫、音乐等内容以及部分电视台、网络同步直播节目。运营商业务为向合作的IPTV和OTT平台提供综合内容服务及增值应用服务，在平台上设立"芒果TV"专区，提供综艺、影视、少儿等内容的直播、回看、点播等服务矩阵。

二是内容制作能力显著。新媒体互动娱乐内容制作包括影视剧、综艺节目及游戏等内容的制作和运营。在影视剧及综艺节目制作方面，形成储备项目、编创、发行、宣传、版权、技术、财务、艺人等职能完整的运营能力；拥有专业的影视剧制作、宣传策划团队及完善的发行渠道、完备的技术设备、成熟的拍摄基地，自主或联合制作完成各类题材影视剧，围绕IP进行内容全产业开发。游戏业务则涉及游戏IP合作、研发、发行等环节，产品涵盖移动单机游戏、移动网络游戏、网页游戏等。

三是媒体零售积极布局新业务。随着移动互联网时代消费习惯的变迁，公司在传统媒体零售业务的基础上，开始对内容电商、数据营销、消费金融等新业务进行积极布局，资产注入之前公司共包含四大业务板块，分别是家庭消费业务、内容电商业务、O2O电商业务以及消费金融服务。

（六）中国文化品牌竞争要素分析

1. 文化产业集约化程度

文化品牌的竞争力主要表现为文化企业间的激烈碰撞。虽然从"十三五"规划开始，中国涌现了很多文化产业品牌，但是从规模情况来看，仍然有规模很小、产业集约不充足等问题，很大程度上阻碍了我国文化品牌的发展进程。从质量来分析，文化集团普遍缺少创新力，制作功底较为弱势，自我迭代更新明显不足，阻碍了企业迈向未来的可持续发展。虽然我国非常积极地倡导文化品牌"走出去"，但国家对于市面上的文化产品限制偏多，内容无法形成实质性的创新，随着国际竞争日益激烈，文化集团很难适应国际化的多元文化发展需求。

2. 人才资源和发展资金

任何品牌的发展都需要有充足的人才支持和物质基础，但是从目前的发展分析，人才支持和物质基础明显不足，这就导致我国的文化从业人员专业能力偏低；在品牌发展初期如果缺乏资金的支持，那么品牌竞争力就会降低，很难适应目前文化的发展需要。当前文化企业内部缺乏高素质人才、缺乏顶尖人才、整体人才的结构不完善、资金不充足等问题已经成为限制文化品牌壮大的重要原因。

3. 外国文化产品的市场争夺

随着全世界互联网技术的蓬勃发展，中国的文化品牌正在受到外国文化产品的挑战。我国互联网技术、经济发展与外国某些发达国家相比存在距离，整体文化品牌的发展也还没有达到能够全面满足中国大众需求的阶段，许多文化领域仍然是未充分开发甚至一片空白，社会文化资源没有充分利用。但是对于发达国家而言，凭借着丰富的市场运作经验、强大的文化传播能力以及雄厚的资本实力，他们将文化产品不断输入中国，不仅获得了巨额商业利润，而且对文化品牌的认知进行争夺、抢占和渗透。

（七）中国文化行业提升品牌价值需要解决的行业问题

近年来，中国文化行业迅猛发展，国家给予政策扶持，新兴业态越来越丰富，市场的消费能力也越来越强，培育了一批发展良好的头部企业。然而，进一步提升品牌价值，打造享誉国际的综合文化企业仍然面临诸多问题，需要克服目前存在的种种困境。

"高风险"是文化行业尤其是上游公司面临的常态，投资市场低迷成为品牌价值提升的一大难题。文化产品例如影视行业，前期投资高、制作周期长、收益渠道窄是影视生产环节必然会面临的资金问题，在内容创作上由于是预测市场需求而生产，最终能否迎合市场都是未知数，极有可能未达到预期收益。此外，政策环境不稳定也给投资方带来了诸多顾虑。2017年7月，全国金融工作会议对外释放出"引导资金脱虚向实"的信号，此后，证监会对于文化传媒影视公司上市的财务审核越来越严格，2018年至今，A股文化传媒IPO保持着零的纪录，涉"税收事件"的文娱公司更是股价纷纷大跌。文化行业容易遭遇寒冬，这使投资公司更愿涉足更为稳健的科技、消费等新的领域。

品牌国际化布局有待加强。通过前文对比发现，国际的文化知名品牌，在国际市场上广泛布局经营业务或开展并购融资，积极开拓国外市场，设立海外办事机构，与全球客户建立长期合作关系，将外部资源转化为自身品牌价值的一部分。我国文化行业则在国际化布局上略显迟缓和谨慎，文化公司肩负着国家文化"走出去"的重任，是对外文化贸易的重要载体。而利用市场化方式运作，更能够充分结合国际消费者的文化需求，扎根当地文化市场，提升国家影响力。

与科技融合不足，传统业务亟待转型升级。移动互联网时代，大数据、人工智能为文化行业的发展充分赋能，我国的文化企业很少抓住此机遇提升自身品牌价值。"科技+文化"前景一片蓝海，而少有文化公司能抓住这一良机，更多的则是被困在传统业务的泥淖中，难以实现转型升级。

（八）中国文化行业企业品牌建设的发展趋势

品牌打造是目前中国文化行业企业的短板，提升品牌价值可以为自身企业乃至整合行业、产业带来潜在的附加价值。着眼于我国文化行业发展现状，文化行业企业的品牌建设将迎来这些走向。

坚持打造优质内容。品牌的形成根源于优质的内容产品，"内容为王"是永远不过时的品牌经营战略。在商业利益的驱动下，一些短视的文化公司生产出大量粗制滥造的"快消品"，没有从根本上建设自身品牌。只有经得住历史和人民检验的文化作品和公司，才能在激烈的竞争中站稳脚跟。而在新形势下，优质内容也要适应当前消费模式的变化，创新文化产品与服务，站在消费者前端，创造新需求。

与科技深度融合，整合上下游环节。互联网与文化日益深度融合，传统文化业态正在转型升级，大数据、信息科技在文化创作生产、渠道、消费终端将得到全面应用。数字图书馆的云服务、数字在线出版，重构了传统出版流程和发行方式；大数据平台技术在文学艺术领域的应用创新，催生了个性化定制、精准化营销等新形态；以资源数字化、生产智能化、传播网络化、消费终端化为标志，文学艺术正在全面转型升级，"互联网+文化"的趋势不断向纵深发展，为文化行业企业品牌建设提供契机，企业借助科技实现分众垂直化经营成为可能，将抢占细分市场，形成独特竞争力。

坚持文化"走出去"，加强版权输出。推动国内文化产品走出去是增强中华文化国际影响力的重要内容。文化行业企业在其中扮演着关键的主体角色，越来越多的国内文化行业企业开始布局国际化，以版权输出为核心，加强对外贸易与合作。不仅响应了国家对外构建可持续的文化贸易格局的号召，也是树立自身竞争力、品牌影响力的关键动作。这不仅要求文化行业企业坚持生产具有中国文化产品特色符号的文化精品，还要疏通版权交易渠道、降低交易成本，在国际市场上寻求更广阔的舞台。

国家政策扶持力度加强。多年来文化体制改革的不断深入，催生了一大批文化企业的繁荣发展。随着我国社会主义市场经济改革的深化，文化产业市场化程度不断加深，国家对于文化产业行业的政策态度也有所转变。文化产业的长足发展，需要国家在政策层面的扶持与鼓励，充分释放市场主体的活力。党的十八大以来，我国政府出台的政策重点放在支持文化产业的发展与市场的建设。如资本市场的构建、文化金融的合作等开放市场的政策为文化产业的进一步发展减少了后顾之忧，文化公司应把握国家政策的变动，肩负社会责任，谋求自身发展，提升自身品牌价值。

第二节 中国文化品牌评估案例

一 百年巨匠品牌价值评估报告

亚洲星云品牌管理（北京）有限公司品牌价值评价中心遵循"独立、客观、公正、科学"的职业准则，对"百年巨匠"品牌价值进行评价。

（一）评价结果

评价对象：百年巨匠

品牌价值：1.17亿元

评价基准日：2020年3月20日

图8-3 "百年巨匠"品牌价值证书

本次评价采用的方法为:"多周期超额收益法"与"市场期权法"。

"多周期超额收益法"静态评价品牌基于历史表现预估的未来持续收益的价值;"市场期权法"动态衡量品牌在未来不确定因素下增加或减少的价值,评价模型具有较强的科学性、可操作性、广泛适用性等特点。

评价结果是在相关假设和前置条件的基础上得出的,若相关假设情况不存在或者前置条件发生变化,会对评价结果有所影响。

评价分析认为:百年艺尊(北京)文化传播有限公司还没有把品牌建设上升到公司战略层面,品牌整体上还处于成长阶段,暂时没有构成持久的竞争优势。

(二)评价理念

1. 品牌的意义

"亚洲品牌"认为,品牌是道德的商业逻辑,是责任价值的判断能力和创造能力,是企业最具有价值的资产之一。强势的企业品牌具有优秀的企业品牌文化,一方面能强化企业凝聚力,保留和吸引人才,提升企业经营和管理能力;另一方面能提升品牌知名度、美誉度,提升客户忠诚度,能够使企业获得巨大的超额收益,拥有强大的核心竞争力。

2. 品牌价值评价的意义

产品和服务是品牌价值实现的载体,准确衡量品牌价值,能够使企业和投资者正确认识品牌的价值,了解在不同条件和环境下的品牌价值动态变化情况,为企业品牌战略提供参考,促使企业更合理地配置资源,进行品牌管理,提升品牌价值,使企业获得更长远的发展。

品牌价值评价有以下两个方面的意义。第一,发现品牌价值。品牌价值作为企业的无形资产,构成了企业的软实力。通过对企业品牌价值进行评价,可以让企业认清自己的优势与不足,可以让企业不仅仅关注自身硬实力,也更加关注自身的软实力。第二,提升品牌价值。通过品牌价值评价,可以使企业对其品牌价值大小、行业内及国际排名有一个清晰的认识,这样才能更好地跟上行业和国际的步伐。

(三)假设条件

1. 一般假设条件

(1)"百年巨匠"所遵守的国际现行法律、法规、制度及社会和经济政策与现行政策无重大变化；

（2）"百年巨匠"的品牌管理方式、经营范围无重大变化；

（3）"百年巨匠"能够保留并发挥管理人员、关键人才、技术人员的能力，以支持企业的业务发展；

（4）"百年巨匠"品牌能够被企业有效地持续使用，并在可预见的未来，该持续使用情况不会发生重大变化；

（5）"百年巨匠"适用的信贷利率、汇率、赋税基准及税率，政策性征收费用等不发生重大变化；

（6）"百年巨匠"现有存量资产及其权属明确，未来收益预期中考虑了追加投资的增加或减少、营销策略的变化、人力资源的变化等；

（7）未考虑"百年巨匠"未来可能承担的抵押、担保事宜，以及特殊交易方可能追加付出的价格等对其评价的影响；

（8）"百年巨匠"的品牌资料真实、合法、有效；

（9）根据评价的要求，确定上述前提条件在评价基准日时成立。"亚洲品牌"不承担由于条件改变而产生评价差异的责任。

2. 评价因素

在此次评价中，"亚洲品牌"就"百年巨匠"品牌的历史、市场营销、品牌资本运作及未来发展规划进行了深入分析，此次评价主要考虑以下因素：

（1）"百年巨匠"的品牌文化、品牌价值理念、品牌战略；

（2）"百年巨匠"品牌所具有的各项优势、溢价能力；

（3）"百年巨匠"品牌及"百年艺尊"公司历史绩效及现状；

（4）影响"百年巨匠"及所属行业的特定经济环境及竞争因素；

（5）"百年巨匠"所在行业的近期及未来政策影响；

（6）"百年巨匠"品牌的行业地位及未来发展前景。

（四）品牌价值评价基本模型

1. 模型简介

Asiabrand通过十余年品牌研究，形成自主知识产权专利技术。在国标多周期超额收益法（GB/T 29188-2012）基础上增加了"市场期权法"，形成"Asiabrand品牌评价法"。把品牌发展潜力、未来可能的品牌投入等更多因素加入考量范畴，力求更加客观科学地估算企业品牌价值和市场竞争力，更能体现企业未来品牌增值趋势。

◆ 建立品牌价值纵向比较机制，形成企业品牌指数。

◆ 建立市场关注度数据，形成市场关注度变动指数。

◆ 建立行业比较机制，形成品牌行业坐标参数。

收益法：对品牌未来收益进行预测，并以消费者与品牌的关系为参数进行调整，评估品牌价值的基数。

市场期权法：以品牌未来发展潜力形成的期权价值为补充，结合品牌预期价值形成最终的评价价值。

品牌价值（V_B）分为两部分：一是基于现有条件背景和经营状况，品牌能够给企业带来的经济收益所计算的价值（V_0）；二是品牌的文化底蕴、品质的坚守等因素对发展潜力的影响，在未来市场条件发生变化的时候，企业可能对品牌选择加大或缩小投资，品牌给企业带来的经济利益因此将发生变化，品牌价值的增值或贬值的部分（V_C）。

2. 模型计算公式

$$V_B = V_0 + V_C$$

式中：

V_B——品牌价值；

V_0——品牌预期收益；

V_C——品牌发展潜力；

V_0 基于多周期超额收益法计算。

$$V_0 = \sum_{t=1}^{T} \frac{F_{BC,t}}{(1+R)^t} + \frac{F_{BC,T+1}}{(R-g)} \cdot \frac{1}{(1+R)^T}$$

式中：

V_0——品牌预期收益；

$F_{BC,t}$——t 年度品牌现金流；

$F_{BC,T+1}$——$T+1$ 年度品牌现金流；

T——高速增长时期；

R——品牌价值折现率；

g——永续增长率，可采用长期预期通货膨胀率；

V_C 基于市场期权法计算。

$$V_C = S \cdot N(d_1) - L \cdot e^{-rT_n} \cdot N(d_2)$$

式中：

$$d_1 = \frac{\ln \frac{S}{L} + (r + 0.5 \cdot \sigma^2) \cdot T_n}{\sigma \cdot \sqrt{T_n}}, d_2 = \frac{\ln \frac{S}{L} + (r - 0.5 \cdot \sigma^2) \cdot T_n}{\sigma \cdot \sqrt{T_n}} = d_1 - \sigma \cdot \sqrt{T_n}$$

V_C——品牌发展潜力货币价值；

L——预期未来品牌投资总成本的终值；

S——品牌未来超额收益的现值之和，可参考V_0；

T_n——期权有效期，可以参考同类型企业的平均寿命；

r——连续复利计无风险利率；

σ——品牌价值波动率；

$N(\ )$——正态分布变量的累积概率分布函数；

d_1，d_2——Black-Scholes模型的两个参数。

3. 品牌价值指数修正

为了尽可能使从有限的财报信息中获取的品牌价值客观、公正，我们设定品牌强度、品牌宽度、品牌深度、品牌差异度、品牌稳定度五个维度，探究其对品牌价值的影响。设上述五个维度指标分别为U、I、O、P、Q，则在其影响下，企业的品牌价值可以修正为：

$$V' = V_B \times \gamma$$

其影响力因数$\gamma = \sqrt[5]{U \times I \times O \times P \times Q}$。

（五）品牌价值评价结果

1. 品牌价值指数表

通过可获得的企业信息所形成的数据链代入模型，结合企业所属行业发展情况和企业在行业中的定位及竞争优势，计算获得了企业品牌五个维度的品牌价值指数，如表8-2所示。

表8-2 品牌价值指数

企业名称	百年艺尊（北京）文化传播有限公司
品牌强度	0.731
品牌宽度	0.568

续表

企业名称	百年艺尊（北京）文化传播有限公司
品牌深度	0.654
品牌差异度	0.687
品牌稳定度	0.525
品牌综合指数	0.635

2. 品牌预期收益计算表

"百年巨匠"品牌预期收益计算如表8-3所示。

表8-3 "百年巨匠"品牌预期收益

单位：元，%

年份	2020	2021	2022	2023	2024	2024及永续
流动有形资产收益	137097.68	150581.04	163539.89	175603.85	186399.07	186399.07
非流动有形资产收益	5237.51	6285.01	7384.89	8492.62	9554.20	9554.20
有形资产收益	142335.19	156866.05	170924.78	184096.47	195953.27	195953.27
年度净利润	1344466.26	1471531.58	1593287.96	1706339.63	1807275.39	1807275.39
品牌现金流	841491.75	920265.88	995654.22	1065570.21	1127925.48	1127925.48
折现系数	113.43	128.67	145.95	165.55	187.79	187.79
现值	741846.94	715224.22	682184.56	643635.32	600623.96	5033728.30
品牌预期收益	—	—	—	—	—	8417243.31

3. 未来的发展潜力计算表

"百年巨匠"品牌未来的发展潜力计算如表8-4所示。

表8-4 "百年巨匠"品牌未来发展潜力

投资成本终值 L	43820295.59
超额收益的现值 S	5473970.42
T_n	10 年
连续复利利率 r	2.78%
σ	0.4109
$N(d_1)$	0.2306
品牌发展潜力 V_c	570370.59

4. 品牌的价值结果

$$V_B = V_0 + V_C = 898.76 \text{万元}$$

（六）品牌价值评价分析

1. 企业品牌综合指数分析

通过对"百年巨匠"品牌价值指数的分析，可以发现该品牌总体表现较好，各项指数均大于0.5，高于行业平均水平。其中品牌强度较为突出，表明"百年巨匠"市场认可度较高、社会反响强烈，已初步形成了一定的市场影响力。各项指数波动较小，表明品牌综合能力较为稳定。（见图8-4）

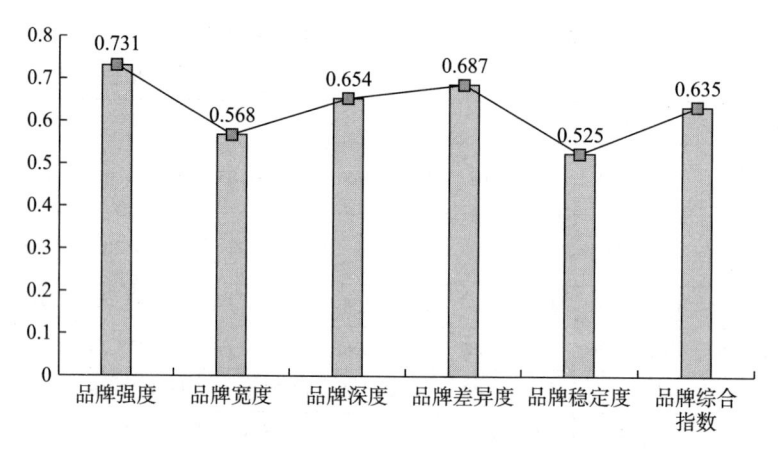

品牌强度	品牌宽度	品牌深度	品牌差异度	品牌稳定度	品牌综合指数
0.731	0.568	0.654	0.687	0.525	0.635

图8-4　"百年巨匠"品牌价值指数

就品牌宽度来看，"百年巨匠"系列产品众多，内容覆盖美术、书法、京剧、话剧、音乐、文学、戏曲、国学、建筑、教育、科技、中医等多个领域，对于不同领域的历史和文化都有着自己独到的见解，已经形成了一系列优秀的作品，能够源源不断为品牌的建设添砖加瓦。并且，"百年巨匠"已成功完成了前两季的拍摄工作，在社会上口碑甚好，在文化艺术领域也占有了一定的市场份额。但就目前来看，"百年巨匠"在文化艺术领域仍属于后起之秀，作品内容覆盖面还不够广，市场辐射力不够强，品牌延伸的方向性也不够清晰。在宽度方面，"百年巨匠"还拥有着很大的提升空间。

就品牌深度来看，"百年巨匠"从创立之初就开始了对市场的深耕，一直以弘扬中国优秀传统文化为使命。作为文化的记录者和传播者，"百年巨匠"有着丰富的文化内涵和历史底蕴。前两季的作品感染力十足，已经建立了比较稳定的收视规模。但"百年巨匠"作为文化品牌，品牌的深度也是自身对中华传统工匠文化领悟的深度。对比《大国工匠》，《百年巨匠》的表现形式就略显单一，震撼力较差，行业外影响力有限，对中国优秀传统文化发掘的略显浅薄。但这并不妨碍"百年巨匠"成为中国传统文化优秀的传播者，未来发展潜力巨大。

就品牌差异度来看，"百年巨匠"已经产生了很好的社会效应，在新闻媒体及文化教育界也形成了很高的知名度。作品传达出来的文化和价值理念自带光环，其表现形式也形成了一定的差异度。但企业在差异化的宣传上表现却并不突出，不能将自己独特的产品和价值理念转化为品牌优势。建议企业建立"个性化、多层级、分众式"的宣传规划，进一步提升品牌的差异度。

就品牌稳定度来看，虽然企业成立的时间不长，但是企业对于市场和自身定位清晰，品牌的价值理念较为稳定。《百年巨匠》纪录片前两季的完美制作，已经得到了全社会的认可。目前，"百年巨匠"又在准备下一季拍摄工作，可见其价值理念的坚定性。但美中不足的是，企业对于品牌的保护力度明显不够，对品牌的归属性和适用性的界限划分也不够清晰，这会使品牌一直处于易损状态，对品牌的稳定度产生不利影响。

由于各品牌维度都处于较高水平，所以"百年巨匠"的品牌综合指数也较高，品牌整体处于良性发展的阶段。当今社会经济高速发展，技术壁垒难以长时间稳定维持，这就显得价值理念和企业文化相当重要。"百年巨匠"所做的正是对中国传统工匠精神的记录和传播，这也正是现阶段社会所迫切需要的，是竞争对手难以模仿的，更是企业综合价值的体现。

2. 品牌综合分析

（1）品牌商业价值分析。

纪录片的商业价值一般分为现实价值和衍生价值，其中现实价值的主要来源包括版权费、赞助费、广告费等，然后就是衍生产品的服务拓展而产生的价值。经过多年的摸索，中国纪录片的专业制作机构已经逐步建立起一套纪录片的衍生开发以及运营模式，通过图书、音像制品等一系列不同种类的衍生产品服务提升纪录片的商业价值。

以《舌尖上的中国》为例，其在广泛传播和备受好评的基础上，开始寻求从单一的电视媒体价值到全媒体价值的突破，不仅引发了一轮中国传统美食潮流，而且商家围绕赞助和冠名一起发酵，期望借助节目发展打造品牌，从而进行宣传推广和市场营销。《舌尖上的中国》获得了苏泊尔和四特酒约 1 亿元的冠名赞助，并且国内版权收益也超过 1 亿元，海外销售 226 万美元。

"百年巨匠"的相关活动也备受媒体关注，其大型纪录片《百年巨匠》在央视、各省市级卫视、海外频道等平台上播出，并得到新华社、人民日报、光明日报等众多权威媒体的多次报道。"百年巨匠"有着较高的社会传播度和较好的大众口碑，相对于《舌尖上的中国》而言，《百年巨匠》也具备巨大的商业价值和社会影响，通过对中国传统工艺的传播，启发了当代工业和品牌建设。

（2）品牌文化价值分析。

百集纪录片《百年巨匠》，由中国艺术研究院、中央电视台、中央新闻纪录电影制作厂（集团）等单位联合摄制，是我国第一部大规模、全方位拍摄制作的关于 20 世纪画坛巨匠、艺苑大师、文坛泰斗的纪录片，分为美术篇、书法篇、京剧篇、话剧篇、音乐篇、文学篇，以百集的规模拍摄 40 多位 20 世纪中国文艺领域的杰出代表。作品体现了"坚持以人民为中心的创作导向，弘扬中国精神、凝聚中国力量"的精神，以六大篇章百集巨制的恢宏体量，呈现出中国 20 世纪绚烂辉煌、璀璨夺目的文化艺术大观，集思想性、文献性、艺术性于一体，是一项昭示今人、启迪未来的文化工程。

《百年巨匠》纪录片通过讲述 43 位文化名人往事，梳理了我国文化历史的发展，让我们从文化的维度去看待当代中国。同时，文化名人身上体现了社会价值和审美价值，通过文化名人的人生观、价值观、立场等为我们树立了文化标尺，塑造了中国样式、中国风格、中国气派的文化形象。

但是《百年巨匠》与同类型的《大国工匠》相比就显得相形见绌了，由于《百年巨匠》对传统文化的历史挖掘不够深入，对中国文化的哲学性揭示不足，因此难以达到《大国工匠》的强烈震撼效果，即使是在受众不了解相关工艺的情况下，《大国工匠》同样能让观众产生强烈的共鸣和感叹，所以"百年巨匠"对业界以外的影响力有限，这也就造成了其衍生空间狭小。

（七）企业发展建议

"亚洲品牌"认为，"百年巨匠"拥有着巨大的商业价值和文化价值，但是企业却没有确定以品牌为领导的发展路径，未能将已有项目品牌——"百年巨匠"价值最大化，导致企业不能很好地利用产品品牌价值资源，在客观上严重影响了"百年巨匠"的品牌价值，企业的发展在一定程度上也受到阻碍。

1. 明确品牌发展路径和产品营销路径

强势的品牌能够给企业带来持久的超额收益，但这是在品牌领导企业发展的基础上，制定清晰的品牌发展路径才能实现。长期来看，企业管理制度往往会偏离既定目标，结果导致超额收益无法长久，甚至为追求更大的经济效益而违规经营，所以企业首先需要明确品牌发展路径。

"百年艺尊"缺乏品牌引领发展的意识，没有明确自己的发展方向和品牌发展路径，导致在市场传播效果良好的情况下没能产生较好的经济效益，企业的主营业务收入不足，企业的运转主要靠政府的资金补助和大量的债务维持，企业有着较大的发展压力，从而难以产生较高的资产增值。

企业需要明确自身的营销路径，挖掘品牌衍生价值。"百年艺尊"作为文化传播公司，在中国传统工匠文化的记录和传播上已经取得了一定的成绩。但是现阶段只是以影视和书籍作为主要传播方式，传播方式单一且需要较长的制作周期。企业可以考虑朝多元化的方向发展，推出传统工艺纪录片的同时可以发布相关纪念品或一些联名制作的产品，将传统工艺和时下潮流文化相结合，可一定程度地提高品牌的行业竞争力。

2. 提升企业资源配置能力和资产变现能力

"百年艺尊"属于文化艺术传播企业，在早期出版了《百年巨匠》的文化艺术纪录片。该作品虽然产生了一定的社会影响，也形成了一定的市场资源，但是没有很好地对其维护和进行产业化的发展，只是简单地申请了相关门类的商标，没有深入地了解其中的文化内涵。从企业财务报表上来看，企业资产负债率已经超过90%，这当中应付账款占了企业债务的绝大部分。并且企业主营业务利润较少，其他业务利润占企业营业利润的绝大部分，营业费用极高，这充分体现了企业现阶段的发展压力巨大，其主要原因是品牌的价值贡献率很低，品牌投入没有达到预期的回报。

企业的资源配置能力和资产变现能力较差，不能很好地将优势资源转化为企业的盈利能力，以实现自身价值的最大化。建议企业能对目前掌握的资源进行重新梳理和排列，以品牌发展路径规划为指导，实现企业的长远发展和品牌价值的不断增值。

声明

1. 就"亚洲品牌"所知，本报告中陈述的内容是根据所掌握资料的客观判断。

2. "亚洲品牌"在评价对象中没有现存的或预期的利益，对被评价方不存在偏见。

3. 评价报告的分析和结论是在恪守独立、客观、公正、科学原则基础上形成的，仅在评价报告设定的评价假设和限制条件下成立。

4. 评价结论仅在评价报告载明的评价基准日有效。

5. "亚洲品牌"具备评价业务所需的相关专业评价能力。除已在评价报告中披露的和运用评价机构或专家的工作外，评价过程中没有运用其他评价机构或专家的工作成果。

6. "亚洲品牌"对评价对象的法律权属给予了必要的关注，但不对评价对象的法律权属做任何形式的保证。

7. 评价报告的使用权限于评价报告中载明的评价目的，因使用不当造成的后果与"亚洲品牌"无关。

亚洲星云品牌管理（北京）有限公司
2020 年 3 月 26 日

二　美林和川文化传媒（北京）有限公司品牌价值评价报告

亚洲星云品牌管理（北京）有限公司（简称"Asiabrand"），遵循"独立、客观、公正、科学"的职业准则对美林和川文化传媒（北京）有限公司进行品牌价值测评，并出具品牌评价报告。

（一）评价结果

1. 详情介绍

经"品信保"品牌价值评价系统评定，美林和川文化传媒（北京）有限公司的可控品牌价值为：49707997.04元，其品牌综合指数为0.57，安全授信比例为0.28，建议安全授信额度为13965960.86元。

2. 评价结果

评价对象：美林和川文化传媒（北京）有限公司

可控品牌价值：人民币4970.80万元

评价日：2020年2月24日

3. 特别说明

本评价报告仅以企业品牌价值尽调清单及企业财报数据分析生成，如因所报数据有误造成可控品牌价值评价误差，与评价机构无关。

图8-6 "美林和川"品牌价值证书

（二）分析说明

1. 关于数据

美林和川文化传媒（北京）有限公司所提供的数据为企业3年的财报数据与"品信保"品牌价值评价尽调表的数据信息。本报告在分析、计算过程中所用的数据均为该公司提供的客观数据，以保证分析报告的独立性、客观性、科学性、公正性。

2. 关于评价思路

以"Asiabrand"品牌评价2.0技术为基准，将企业财务报表中与品牌价值相关的指标，作为基本变量。

用层次分析法，对财务报表中的数据进行正向化、标准化、去主观化，构建成对比较矩阵，部分无法进行定量分析的数据，可以采用模糊评价方法，构建隶属度函数进行量化。

通过层次分析模型，可以得到企业的品牌价值综合评分，将评分与基准价值进行比较，得出企业品牌价值的估算值。通过设定安全系数，将估算值转换为安全授信额度，给银行提供参考与相关建议。

3. 关于评价准则

（1）亚洲品牌基于企业所填报的现有数据和企业外部数据的收集最大限度地利用了"品信保"评价模型的基本功能，以"Asiabrand 2.0模型"为补充，力求对美林和川文化传媒（北京）有限公司作出较客观的品牌价值评价，并通过对企业的各项指标进行严谨的推理分析，得到企业的可控品牌价值及安全授信额度。

（2）本报告所建立的模型考虑了财务报表中的24个指标，另外辅以企业规模、企业品牌存续年限、所属行业、品牌知名度、品牌稳定度、品牌深度、产品差异度、价格控制能力和营业利润增长率等指标进行修正，整个过程尽量减少主观评价过程，更多依赖于财务数据，以求其结果的科学性、客观性、公正性。

（3）本报告通过分析数据得出相关品牌价值评价和企业可控品牌价值评估结果，从而为银行对标企业融资风控评价提供参考。

（三）数据处理过程

亚洲品牌接收数据后，对所接收数据进行了分类梳理，并对相关企业的公开信息进行了搜集和分类，在尽量补充信息的基础上，对已有数据进行了如下处理。

1. 尽量补充缺失数据

在有限的数据条件下，建立模型需要珍惜每一条数据。因此，对某些可以通过其他数据的线性变量关系求得的数据，我们努力求得；对一些缺失的关键数据，又无法通过变量关系计算取得，而缺失会导致模型建立出现异常的情况，我们采用了全局中位数的方法进行了必要的填补，尽量避免缺失数据对建模分析产生较大影响。

2. 数据的正向化

由于选取的指标中有的属于收入型指标越高越好，有的属于支出型指标越低越好，因此我们在进行数据处理之前需要将低优指标转化为高优指标。指标同趋化公式如下。

$$x_{ij}' = \begin{cases} x_{ij} \\ \dfrac{1}{x_{ij}} \\ 1 - x_{ij} \\ a_i - |x_{ij} - a_i| \end{cases}$$

3. 数据的标准化

为了取消变量之间的差异，本模型采用标准化的方式，消除其量纲影响，使其可以在同一个水平下进行比较。

$$x_{ij} = \frac{x_{ij} - m_j}{M_j - m_j} \times 90 + 10$$

$$M_j = \max(x_{ij}), m_j = \min(x_{ij})$$

（四）品牌价值评价基本模型

1. 基于企业数据建立模型

本文针对美林和川文化传媒（北京）有限公司的财务状况与企业存续状况，在"品信保"的基础模型上，建立了一个合理的品牌价值评估体系，给该企业的贷款审核提供一个基准。

此次建立的基本模型如图 8-7 所示。

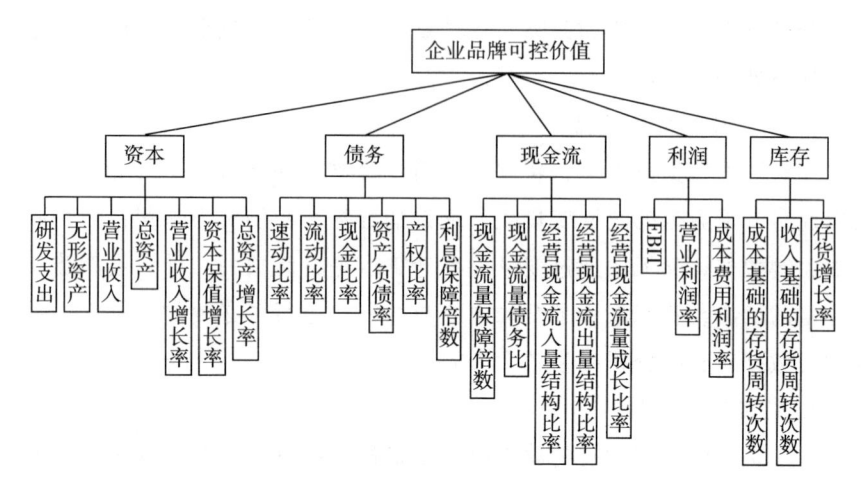

图 8-7 基于财务数据建立企业品牌可控价值评估模型

利用排序原理，求得各行的算数平均数，然后计算各个评价指标的重要性权数，计算公式为：

$$\bar{a}_i = \sqrt[m]{a_{i1} \times a_{2j} \times \cdots \times a_{im}} = \sqrt[m]{\prod_{j=1}^{m} a_{ij}}$$

则权重为：

$$w_i = \frac{\bar{a}_i}{\sum_{i=1}^{m} \bar{a}_i}, 这里 i = 1,2,\cdots,m$$

则矩阵得到的权向量为：

$$w = (w_1, w_2, \cdots, w_i)^T$$

组合权重计算出后，需要对数据进行组合一致性检验：

$$CR = \frac{\sum_{j=1}^{2} CI(j) a_j}{\sum_{j=2}^{2} RI(j) a_j}$$

当 $CR < 0.1$ 时，则可认为层次总排序结果具有较满意的一致性并接受该分析结果。

由上述的层次分析计算，已经客观地计算出了各个指标的权重，由此可以得到各个分组得分为：

$$F_i = \sum_{j=1}^{n} a_{ij} \times w_i$$

获得总值为：

$$F = \sum_{i=1}^{n} F_i \times W_i$$

其中w_i为各个指标的权重，W_i为指标的组合权重，a_{ij}为指标标准化后的数值。

2. 基于企业公开信息数据建立品牌价值维度模型

由于这样计算出来的品牌价值评分没有考虑企业规模、存续时间等直接影响品牌价值的因素，因此需要对企业评分计算进行修正。

修正公式为：

$$F' = \frac{F_m}{1 + \left(\frac{F_m}{F_0} - 1\right)\frac{\alpha}{t}} \times \frac{x_i}{\sum_{i=1}^{m} x_i} (\alpha \text{ 取 } 3)$$

为了尽可能使从有限的财报信息中获取的品牌价值客观、公正，我们通过对企业公开信息的搜集梳理，增设了品牌稳定度、品牌知名度、品牌深度、产品差异度、价格控制能力五个维度，探究其对品牌价值的影响。

设上述五个维度指标分别为U、I、O、P、Q，影响力因数为γ，在其影响下，则企业品牌评分可以修正为：

$$F'' = F' \times \gamma$$

其中影响力因数γ，可以用以下公式计算得到。

$$\gamma = \sqrt[5]{U \times I \times O \times P \times Q}$$

在计算得出上述分值后，本报告选择基准法+"Asiabrand品牌价值评价模型2.0"方法，我们选择了同行业运营状况较好的公司作为基准公司。之后，用品牌价值评估模型计算出基准公司的品牌价值。

得到：

$$W_i = F''_i \times \frac{W_0}{F_0}$$

为能够为银行授信提供更多参考，结合"品信保"品牌价值评价模型的基本功能，本报告进一步设立了可控品牌价值比授信额度的计算公式。

以企业资产负债率为基准，设定分段函数 $T(x)$；授信额度为 Y，安全授信比例为 β，资产负债率为 x。

则授信额度计算公式为：

$$Y = W_i \times \beta$$

$$\beta = \frac{1}{T(x)}$$

其中：

$$T(x) = \begin{cases} 2.5 \times x + 2.75; & x < 0.5 \\ 4; & x = 0.5 \\ \dfrac{x}{0.5} \times 4; & x > 0.5 \end{cases}$$

$$\beta = \frac{1}{T(x)}$$

（五）品牌价值评价结果

通过可获得的企业信息所形成的数据链代入模型，结合企业所属行业发展情况和企业在行业中的定位及竞争优势，计算获得了企业五个维度的品牌价值综合指数，如表 8-5 所示。

表 8-5　企业品牌价值综合指数

企业名称	美林和川文化传媒
品牌知名度	0.17
品牌深度	0.67
品牌稳定度	0.76
产品差异度	0.84
价格控制能力	0.79
品牌综合指数	0.57

通过将所得财务数据代入上述模型计算、分析，并将企业资产规模、资产负债率、营收增长率、研发投入、无形资产规模、营业利润增长率等多个财务维度进行相关性分析，结合企业品牌价值指数，获得即期企业品牌可控价值。这样有利于企业更加全面了解品牌价值对企业竞争力的影响因素和品牌价值形成规律，从而可以有针对性地准确提升品牌价值。

为便于了解，我们将企业基本信息和影响品牌价值的相关指标合并为一览表，如表8-6所示。

表8-6 可控品牌价值评价结果

企业名称	美林和川文化传媒
品牌年龄	15 年
资产规模	162354009.64 元
资产负债率	32.37%
营业收入增长率	13.48%
营业利润增长率	5.76%
品牌综合指数	0.57
可控品牌价值	49707997.04 元
评价日	2020/2/24

（六）品牌价值评价分析

1. 企业品牌综合指数分析

通过对企业的品牌价值指数分析，可以发现，品牌价值指数与企业财务指标所反映的企业经营表现高度吻合。品牌价值指数高的企业，其财务指标均显示良好。两项指标高度吻合从客观角度反映了企业的实际运行状态。

从表8-7可以看出，美林和川文化传媒（北京）有限公司的品牌深度指数为0.67，品牌稳定度指数为0.76，而产品差异度为0.84，价格控制能力为0.79，品牌综合指数也达到0.57。而其财务数据的关键指标除资产规模较大外，其资产负债率为32.37%，营收增长率为13.48%，营业利润增长率为5.76%，关键性相关指标线性关系处于平稳状态，说明企业处于良性循环。

表8-7 企业的品牌综合指数分析

公司	品牌知名度	品牌深度	品牌稳定度	产品差异度	价格控制能力	品牌综合指数
美林和川文化传媒	0.17	0.67	0.76	0.84	0.79	0.57

2. 品牌价值指标综合分析

为了更直观反映品牌价值评价指标的客观性，我们将企业综合指标反映在雷达图中，进行分析，如图 8-8 所示。

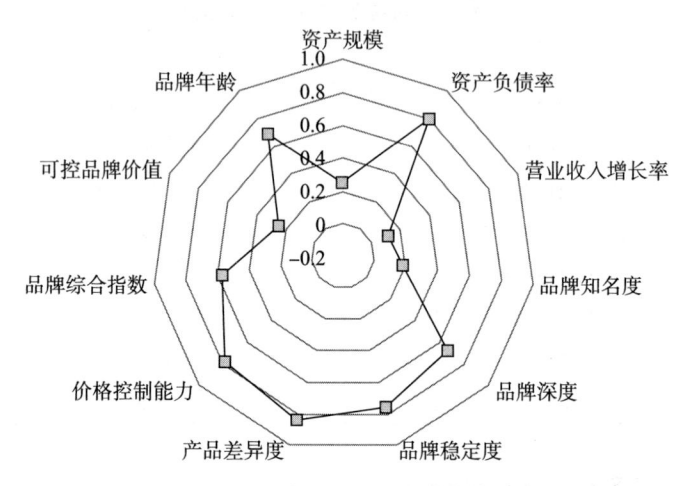

图 8-8 美林和川文化传媒品牌价值

从雷达图可以看出，美林和川文化传媒（北京）有限公司的品牌综合指数处在相对平衡位置，其中虽然品牌知名度指数较低，但其品牌深度较高，说明企业深耕客户的策略取到了较好的成果，作为文化传媒企业，在行业竞争如此激烈的市场环境中，能够通过差异化策略实现企业和服务价格控制能力体现自己的竞争优势，说明该企业的品牌具有较好的稳定度与竞争优势。

该企业的资产规模为 1.62 亿元，资产负债率为 32.37%，营收增长率为 13.48%，营业利润增长率为 5.76%，可以看出企业运行状态良好，加之其所属行业在新冠肺炎疫情过后会有较多的发展机会，可以预见其优秀的发展能力可以在未来的发展中，取得良好的业绩。

（七）财务补充分析

本次财务补充分析，仅就品牌价值评价模型对财务可见指标进行比较分析。如图 8-9 所示。

资产负债率逐年下降，流动比率近三年稳步提升，2019 年期末流动比率为 2.26，按一般公认标准，流动比率大于 2 说明企业偿债能力强，且短期偿债能力逐年增强，债权有保障。

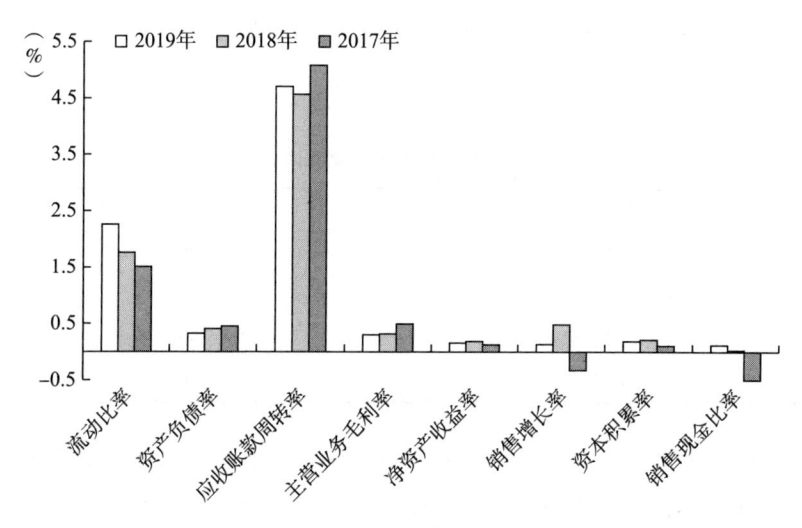

图 8-9　美林和川文化传媒指标对比

2018年的主营业务毛利率较2017年下降了17.55%，但是销售收入较2017年增长了48.55%，使主营业务利润率较2017年增长了6.44%，实现净利润约1633.65万元；2019年的销售收入增速放缓，较2018年增长13.48%，实现净利润约1727.74万元。公司近两年的净资产收益率都在15%以上，说明企业管理能力强，运营效益好。良好的运营效益可以培育更多的利润增长点，从而确保企业发展的可持续性。

销售现金比率逐年提升，企业收入质量好，资金利用效果好，"造血功能"强大，属于资金足以抵贷的良好发展势态。企业提供资料显示近三年用于业务拓展的短期借款还款及时，信用好。

通过对企业的偿债能力、营运能力、盈利能力、发展能力及现金能力选取关键性指标对比可以发现美林传媒近三年企业成长性好，效益水平高，对风险的把控好。

美林和川文化传媒（北京）有限公司属于轻资产企业，在业务运营中将耗资、耗时、耗力的重资产业务外包，由本企业输出品牌、输出管理，显示了企业强大的资源整合实力，增强了企业的获利能力。另外，一旦市场竞争加剧，或者行业发展遇到瓶颈，企业就拥有更多的选择权。

（八）建议

根据本报告的综合分析、计算的结果，我们就企业可控品牌价值和企业综合情况计算出安全授信比例（见表8-8），在此基础上测算出银行安全可授信额度，仅供参考。

表8-8 企业安全授信比例

企业名称	美林和川文化传媒
可控品牌价值	49707997.04元
安全授信比例	0.28%
建议安全授信额度	13965960.86元
评价日	2020/2/24

美林和川文化传媒（北京）有限公司的规模较大，24项指标的数据也属于良好，测算出的总授信额度较高，本模型计算得到的安全信贷额度也超过了1000万元。依照尽调表数据显示，该企业虽然已有负债，但还款情况良好。对于该企业亚洲品牌给出的建议为：参考企业成长空间及经营计划，进行分批次或者循环放贷，进一步把控信贷风险。

特别说明

由于数据的局限性，无法就企业所属行业发展前景、企业市场定位、企业竞争优势和未来市场期权价值等一系列指标进行评价和说明，为企业和银行提供更多有价值的信息，谨表遗憾。

特此报告。

亚洲星云品牌管理（北京）有限公司

2020年2月24日

附录一　企业品牌价值评价标准
Evaluation Criteria of Enterprise Brand Value

亚洲星云品牌管理（北京）有限公司发布
2019 年 06 月 25 发布　2019 年 06 月 25 日实施
Q/YZXY 001—2019

前　言

（一）总则

无形资产被公认为高价值资产，而品牌价值又是企业无形资产中最重要也是被理解最不充分的部分。随着国家品牌方针的开展，企业品牌价值赋予变得迫切。为了响应国家政策、积极推进品牌建设，本标准在国家白皮书标准中的 GB/T 29187－2012《品牌评价 品牌价值评价要求》和 GB/T 29188－2012《品牌评价 多周期超额收益法》的理论基础上，结合亚洲品牌集团多年积累的实践成果，从财务、行为和法律等方面提供了一套有效的品牌价值评价方法。

（二）与 GB/T 29187－2012《品牌评价 品牌价值评价要求》的关系

GB/T 29187－2012《品牌评价 品牌价值评价要求》规定了品牌价值评价的一般要求、评价方法、评价依据、评价报告以及评价独立性等通用性内容，是开展品牌价值评价的主要依据。GB/T 29187－2012《品牌评价品牌价值评价要求》规定，品牌价值可采用收入途径、市场途径或成本途径进行评价。选择何种方法进行评价，要视评价目的、价值概念和被评价品牌的特征而定。

亚洲品牌集团依据国家白皮书标准 GB/T 29187-2012《品牌评价 品牌价值评价要求》，结合我国实际情况，改进国标中的评价方法和实施细节，形成了一套可实际应用的品牌价值计算方法。

（三）评价方法

亚洲品牌集团结合了国标的"多周期超额收益法"与经济学中著名的"市场期权法"，形成了更加符合实际情况的评价方法。

多周期超额收益法考虑品牌在未来经济寿命周期内带来的现金流量，用适当的折现率将其转换为现值来测算品牌价值。远期收益存在较大不确定性，难以准确预测，因此将品牌未来收益周期分为近期可预测的高速增长期和未来中远期等多个周期。将品牌强度系数引入品牌价值测算中，反映品牌对未来现金流折现能力的影响。

市场期权法作为多周期超额收益法的补充，填补了品牌发展潜力方面的空白，品牌的发展潜力也是一种选择权，所有者有权利选择以品牌做何种后续投资，也就是说，品牌发展潜力，符合欧式期权的特征，也是一种期权，其发展潜力就是品牌持有人未来改变品牌投入规模所获得的收益，可以扩展应用布莱克-斯克尔斯（Black-Scholes）期权定价模型。

（四）参照标准

本标准依据 GB/T 1.1-2009 给出的规则起草。

本标准是对 GB/T 29187-2012《品牌评价 品牌价值评价要求》提出评价方法的具体化，遵循 GB/T 29187-2012《品牌评价 品牌价值评价要求》的要求与原则。

本标准起草单位：品牌评价网 & ABAS 专家委员会联合起草。

本标准主要起草人：王建功、周君、葛新权、陈曦、张聪明、尉军平。

第一部分

品牌评价 品牌价值评价要求

1 范围

本标准规定了品牌价值的测算程序和方法的要求。

本标准规定了品牌评价的框架，包括目的、评价基础、评价途径、评价方法和合格数据源以及假设。同时规定了评价结果的报告方法。

2 术语和定义

下列术语和定义适用于本文件。

2.1 资产（asset）

一个实体拥有或控制的合法权利或可组织的资源，这些权利和资源具备产生经济利益的能力。

2.2 品牌（brand）

与产品和服务相关的无形资产，包括（但不限于）名称、用语、符号、形象、标识、设计或其组合，用于区分产品、服务和（或）实体，或兼而有之，能够在利益相关方（2.7）意识中形成独特印象和联想，从而产生经济利益（价值）。

2.3 无形资产（intangible asset）

可识别的无实物形态的非货币性资产。

2.4 品牌货币价值（monetary brand value）

以可转让的货币单位表示的品牌经济价值。

注：所计算的品牌价值可以是单一数值或数值区间。

2.5 价值前提（premise of value）

最适宜价值评价的交易环境假设。

2.6 现值（present value）

未来的一笔货币收益折算到当前时刻的价值。

2.7 利益相关方（stakeholder）

决策受到或可能受到品牌影响的人或组织。

注：通常利益相关方有顾客、消费者、供应商、雇员、潜在雇员、股东、投资者、政府当局和非政府组织等。

2.8 商标（trademark）

能够将一个企业的货物或服务与其他企业的货物或服务区分开来的、受到法律保护的符号或符号的任意组合。

示例：词语（包括人名）、字母、数字、形象元素和色彩组合。

注1：该定义符合WTO《与贸易有关的知识产权协议TRIPS》中对商标的定义。

注2：商号名称是用于识别企业、协会或其他组织的名称。商号名称可以与用于区分公司的货物和（或）服务的商标相同或不同。

2.9 评价报告日（valuation date）

做出评价结论的日期。

2.10 评价基准日（value date）

评价输入数据、评价假设和评价结果的有效日期。

3 一般要求

3.1 透明性

品牌货币价值评价过程应透明，包括评价输入数据、假设以及风险的披露与量化，适当的情况下还应进行品牌价值对评价模型中主要参数的敏感度分析。

3.2 有效性

评价应基于从评价基准日起有效和相关的数据和假设。

3.3 可靠性

重复评价时，稳定地得出可比且一致的结论。

3.4 充分性

品牌评价应建立在充分的数据和分析基础上，以形成可靠的结论。

3.5 客观性

评价人员进行评价时不应带任何形式的偏见。

3.6 财务、行为和法律因素

评价品牌货币价值时，应考虑财务、行为和法律因素，这些因素构成总体评价的一部分。品牌货币价值评价应在财务、行为和法律模块调查结果的基础上进行。

4 具体要求

4.1 目的声明

目的声明应规定预期用途、评价报告使用者、被评价资产、价值前提、评价人员（评估者）资质要求、评价报告日和评价基准日。

根据评价目的界定价值的概念。

4.2 价值概念

品牌的货币价值代表品牌在其预期的有效经济寿命期内所具有的经济利益。通常，货币价值应参照现金流进行计算，现金流参考收入、经济利润或成本节约来确定。

4.3 品牌界定

评价人员应识别、定义和描述被评价品牌。

5 评价途径和方法

5.1 总则

评价人员应采用收入、市场或成本途径评价品牌价值。评价目的、价值概念和被评价品牌的特征将决定使用哪一种或几种途径计算品牌价值。

5.2 收入途径

5.2.1 收入途径描述

收入途径通过参考品牌在剩余的有效经济寿命期内预期产生的经济利

益的现值测量品牌价值。

采用收入途径时应遵循的步骤包括估算品牌剩余有效经济寿命期预期内，归属于品牌的税后现金流；选择适当的折现率将税后现金流折算成现值。

5.2.2 现金流的确定

5.2.2.1 一般要求

在品牌评价现金流（或可代替的衡量品牌收益的其他标准）应是使用该品牌后产生的现金流与不使用该品牌所产生的现金流之间的差值。确定现金流的方法可参照 5.2.2.2。

5.2.2.2 多周期超额收益法

多周期超额收益法通过计算扣除企业运营所需的所有其他资产回报后的未来剩余现金流现值来评价品牌价值。

当企业现金流由几种无形资产共同产生时，为了能够计算各项无形资产的资本成本，此方法要求评估每项无形资产的价值。

5.2.3 财务变量的确定

5.2.3.1 折现率的确定

在收入途径下，没有在未来现金流中反映出来的风险应在折现率中予以考虑。

用以折现归属品牌的未来现金流的折现率，应由企业整体现金流的折现率，如加权平均资本成本（Weighted Average Cost of Capital，WACC）推导获得。由于企业是资产和负债的投资组合，因此品牌现金流折现率也应反映该品牌的特有风险。

如果在现金流预测或在品牌估计经济寿命中没有明确考虑某些企业特定因素，则应在折现率中予以考虑。这些因素包括但不限于市场、行为和法律风险。

5.2.3.2 有效经济寿命

采用收入途径时，品牌的有效经济寿命应参考被评价品牌所在行业中的品牌经济寿命的一般趋势。所评价的品牌价值不应包括超出品牌剩余有效经济寿命期外的价值。

注：品牌的有效经济寿命可能是无限期的。

5.2.3.3 税收因素

5.2.3.3.1 税率

收入途径中，现金流应采用税后口径。

5.2.3.3.2 税收摊销收益（taxamortization benefit）

评价品牌价值时，应考虑折旧（摊销）所产生的节税效应，必要时可计算出来。

如果品牌价值包括节税价值，评价报告应明确说明，并且在适当的情况下将其单独披露。

5.2.3.4 长期增长率

在收入途径下，超出明确预测期的应当用长期预期增长率评价。所使用的长期增长率应建立在合理的经济规律之上。

5.3 市场途径

5.3.1 市场途径描述

市场途径依据市场上与被评价的品牌类似的品牌交易时的价格来估算被评价品牌的价值。

市场途径根据假设被评价品牌出售时预计获得的合理价格估计品牌价值。采用市场途径时，应收集可比品牌成交价格的相关数据，并根据被评价品牌与可比品牌之间的差异进行调整。对于所选择的可比对象，应以收购价格为基础计算价值倍数，这些价值倍数将被应用到被评价品牌的价值合计中。

5.3.2 采用市场途径应考虑的因素

采用市场途径时，作为可比品牌应具有与被评价品牌相似的特性，如强度系数、商品和服务、经济和法律状况。

为保证可比性，可比品牌交易的完成时间应接近于被评价品牌的评价基准日，并在合理的期限内。

评价应考虑到以下事实：各独立方在交易中协商确定的实际价格可能反映了品牌持有者所不能实现的战略价值和协同效应。

5.4 成本途径

5.4.1 成本途径描述

成本途径根据在建立品牌时的投资成本，或复原重置成本，或更新重置成本测算品牌价值。

对品牌的实际投资成本应包括截至评价基准日花费在建立和保护品牌的所有费用。复原重置成本包括以评价时的价格构建一个具有同等效应的相似品牌的成本。更新重置成本表示在评价基准日重新创建一个相似品牌发生的成本,并应按照品牌知名度和品牌强度的潜在损失对再生成本进行调整。

5.4.2 采用成本途径应考虑的因素

采用成本途径时,应将投入与这种投入产生的品牌知名度进行对比分析,不应自然地认为支出与价值之间一定存在某种必然联系。

注:成本途径评价通常建立在历史数据之上,没有考虑企业未来的盈利潜力。

当其他评价途径无法应用,并且可以获得成本估计所需的可靠数据时,可以采用成本途径。

成本途径可用于评价其他评价途径所得评价结果的一致性和合理性。

6 必要的评价输入

6.1 市场和财务数据

为了评估被评价品牌的市场运营状况(如规模、趋势),应对目前和预测的市场销量、价值、利润和渠道等因素进行调查分析评审。评价人员应保证上述评审结论在评价过程中有所体现。

评估应包括所有相关财务数据的分析评价。

6.2 行为方面

6.2.1 与财务状况的关系

为了评价品牌的价值,关键财务参数和评价假设应根据品牌行为方面的分析进行调整。

当采用收入途径时,为了确定可归因于品牌的货币比例和在确定折现率时评估与品牌相关的风险,应进行品牌行为方面的分析。

当采用市场途径时,为了确定适当的价值乘数,应进行品牌行为方面的分析。

当采用成本途径时,为了确定建立等效用的相似品牌的成本,应进行品牌行为方面的分析。

6.2.2 一般考虑因素

品牌评价应明确说明品牌产生价值的方式，并且应考虑品牌经营中，由品牌功能所产生的全部经济利益。

注：品牌价值的核心在于利益相关方的品牌印象和联想。品牌印象和联想能够限制或扩展品牌的不同使用目的。

品牌带来的经济利益很多，现举例如下。

a. 品牌创造更好的认知和沟通信息的连接，从而提高企业的各种沟通活动效率，有利于提高品牌经营的利润率。

b. 品牌促进产品和服务的差异化，如果差异是有意义的，则对顾客的购买行为有积极影响。这种有意义的差异将产生偏好，最终带来财务增长。

c. 品牌有利于获取和保留顾客，从而增强业务的可持续性，为未来需求提供了保证，从而降低企业的经营风险。

6.2.3 确定品牌状况

评价应包括品牌在市场中的形势评估和品牌价值驱动因素。

注：利益相关方对品牌理性或感性的精神诉求将决定品牌未来的成功，从而保持或提高品牌价值，或二者兼而有之。这些关系是品牌效用和品牌忠诚产生的基础，能够带来持续购买并形成品牌溢价的能力。因此，如果缺乏利益相关方对品牌和竞争品牌感知情况的全面细致的比较分析，那么对品牌价值和品牌特点风险的评估通常是无意义的。

6.2.4 品牌强度

为了估计将来的销售量、收入和风险状况，评价人员应在利益相关群体中进行品牌强度分析，并在评价中予以体现。

注1：用于解释品牌强度的常用指标包括品牌知名度、品牌感知特征、品牌知识、品牌态度和品牌忠诚度。

注2：评价中可获取的品牌强度数据的质量和数量在不同品牌之间有显著差别。

注3：品牌强度受消费行为和趋势的变化、品牌投资、竞争活动和实施商标保护计划的影响。

6.2.5 对需求的影响

品牌评价应与对品牌在其所处的特定市场和行业环境中的相关性评价

相结合。品牌相关性描述了由品牌施加给市场中目标群体购买决策的影响。应将品牌的行业相关性与公司特点相结合来分析品牌对整体价值的贡献。

注：该信息表明现金流中哪些归属于品牌。

当前和未来的品牌价值均应考虑品牌相关性。因此在品牌价值评价中，应包括对品牌在所调查的市场或细分行业中相关性变化（提高或下降）的估计。

6.3 法律方面

6.3.1 法律保护评价

品牌价值评价应包括对品牌所享有的法律保护情况的评价，需识别以下情况。

a. 品牌所享有的每一项合法权利；

b. 每一项合法权利的合法所有人；

c. 对品牌价值产生负面或积极影响的法律因素。

注1：品牌价值评价的一个重要组成部分是确定品牌在每个相关司法领域内享有的法律保护。法律保护是影响品牌价值的一个因素，因为法律保护允许品牌持有人利用正式法律体系排除第三方使用同一品牌。

注2：现有的品牌保护方面的法律权利在不同法律体系之间存在差别。除少数例外（如欧盟商标体系），这些法律权利仅在国家层面有效。

6.3.2 需要评估的合法权利

6.3.2.1 概述

基于当地法律的分析应是品牌价值评价的必要组成部分。

评价人员应识别品牌所有者和其与品牌相关的合法权利。

注：一般来说，法律保护最重要的形式是注册商标，当然也存在保护品牌的其他合法权利。例如，商号保护权，在用未注册商标的保护权、注册或未注册设计保护权、版权，以及防止不正当、欺骗性或反竞争行为的权利。上述合法权利并非在所有市场都是与品牌相关的，并且除上述权利外，还可能存在其他国家权利。

6.3.2.2 所有权

在品牌价值评价中确定的价值只属于合法权利的所有者。

6.3.2.3 合法权利的确定

合法权利应根据相关的国家或地区法律确定。

注：合法权利通过注册、使用或立法付诸执行。合法权利以单项权利或系列权利形式存在。

6.3.2.4 通过注册获得的合法权利

通过注册获得的合法权利在注册文件中应以符号、商品/服务、地域加以界定。

6.3.2.5 通过使用获得的合法权利、潜在权利，或兼而有之

通过使用获得的权利应根据相应国家和地区的法律规定，考虑使用的区域和市场的认可情况来加以界定。

6.3.3 影响品牌价值的法律因素

评价人员应考虑对品牌价值产生积极或消极影响的所有法律因素，包括：

a. 特殊性；

b. 使用范围/注册范围（区域、商品和服务）；

c. 使用程度；

d. 品牌坏名声或知名程度；

e. 作废、优先及弱化的风险，以后持有人强化合法权利的能力或意愿。

注1：法定因素依赖于品牌的合法权利与其运行的市场之间的关联。这些因素通常决定了合法权利与市场认知之间的关系。

注2：第三方权利能够对现有品牌或品牌的使用计划产生影响，进而影响其价值。

6.4 可靠数据和假设的来源及使用

评价人员应确保获得完成品牌价值评价所需要的可靠数据。应包括品牌持有人和合适的第三方提供的数据。评价人员应充分评估所使用的数据和假设的相关性、一致性和充分性。

7 报告

品牌评价报告应明确陈述下列内容：

a. 评价人员的立场和身份；

b. 评价目的；

c. 被评价品牌的界定；

d. 品牌相关资产的估值；

e. 报告使用者或读者；

f. 价值前提；

g. 采用的途径和方法；

h. 评价报告日；

i. 评价基准日；

j. 品牌评价结果；

k. 使用数据来源；

l. 合法权利、行为方面和财务分析概述；

m. 关键假设和敏感性；

n. 使用限制。

8 独立性

评价人员在形成评价意见时，应行使认真的专业判断，在评价意见中保持独立性和客观性。

第二部分

品牌评价　品牌价值评价方法

1 范围

本评价方法是在品牌评价的国家标准（即多周期超额收益法）的测算模型、Asiabrand 价值评价体系专用计算方法、指标体系与过程要求的基础上，结合实际市场，综合考虑品牌价值的未来发展潜力，衡量不确定因素的价值，即品牌持有者有选择扩大或者减少产品规模的权利的价值，更具有科学性。

本标准相较于国标 GB/T 29188-2012《品牌评价 多周期超额收益法》更适用于测算企业或企业集团的综合品牌价值，可用于企业或企业集团进行品牌价值自我评价，也可作为第三方进行品牌价值评价的依据。

2 术语和定义

下列术语和定义适用于本文件。

2.1 多周期超额收益法（multi-cycle excess earnings method）

计算扣除企业经营所需的所有其他资产的收益后的未来剩余现金流的现值来测算品牌价值。

2.2 市场期权法（market option method）

期权是一种选择权，持有人在未来的特定时间内，有权利以特定价格采取某种行为，期权的价值就是未来履行期权时所能获得的收益。将品牌预期增长的期权价值作为修正该品牌未来发展的潜力部分额外价值。

2.3 品牌现金流（brand cash flow）

由品牌带来的货币形式的收益。

2.4 评估年（valuation year）

品牌价值评估的目标年份。

2.5 高速增长期（rapid growth period）

开展品牌价值评价时，能对企业或企业集团品牌现金流进行明确预测，基于品牌产品目前已有收益基数，高于一般增长规律的未来一段高速增长时期。

注：高速增长期一般为3~5年。

2.6 折现率（discount rate）

将未来收益转化为现值所使用的报酬率。

2.7 品牌价值折现率（brand value discount rate）

将品牌未来收益转化为现值所使用的报酬率。

2.8 永续增长率（sustainable growth rate）

假设企业未来长期稳定、可持续的增长，高速增长期以后的企业现金流增长率。

注：本标准采用长期预期通货膨胀率计算。

2.9 品牌强度系数（brand strength coefficient）

由品牌文化的承载性、质量和服务水平、创新引领性、品牌稳定度、品牌领导力、客户关系强度、法律保护度、企业信用度因素构成，反映的是品牌的可持续发展能力和影响力。

3 品牌价值计算

3.1 模型

品牌价值 = 品牌预期收益 + 品牌发展潜力

即 $V_B = V_0 + V_C$

3.2 多周期超额收益法

预期收益即品牌产品相对于无品牌产品的超额收益，可用收益法预估，在此选择国家标准，即多周期超额收益法。

基于多周期超额收益法的企业或企业集团品牌价值预期收益按式（1）计算。

$$V_0 = \sum_{t=1}^{T} \frac{F_{BC,t}}{(1+R)^t} + \frac{F_{BC,T+1}}{(R-g)} \cdot \frac{1}{(1+R)^T} \tag{1}$$

式中：V_0 为品牌预期收益；$F_{BC,t}$ 为 t 年度品牌价值；$F_{BC,T+1}$ 为 $T+1$ 年度品牌现金流；T 为高速增长时期，根据行业特点，一般为 3～5 年；R 为品牌价值折现率；g 为永续增长率，可采用长期预期通货膨胀率。

3.2.1 品牌现金流的确定

3.2.1.1 品牌现金流

每年的品牌现金流 F_{BC} 按式（2）计算。

$$F_{BC} = (P_A - I_A) \cdot \beta \tag{2}$$

式中：F_{BC} 为当年年度品牌现金流；P_A 为当年年度调整后的企业净利润，适用时考虑非经常性经营项目影响；I_A 为当年年度企业有形资产收益；β 为企业无形资产收益中归属品牌部分的比例系数。

预测高速增长期及更远期的品牌现金流时，可采用将评估基准年前三年至五年品牌现金流加权平均等方法进行预测。

3.2.1.2 有形资产收益的确定

3.2.1.2.1 有形资产收益

有形资产收益应按式（3）计算。

$$I_A = A_{CT} \times \beta_{CT} + A_{NCT} \times \beta_{NCT} \tag{3}$$

式中：I_A 为有形资产收益；A_{CT} 为流动有形资产总额；β_{CT} 为流动有形资产投资报酬率；A_{NCT} 为非流动有形资产总额；β_{NCT} 为非流动有形资产投资报酬率。

3.2.1.2.2 流动有形资产收益率

流动有形资产收益率可参照中国人民银行公布的短期基准贷款利率进行计算，如1年期银行贷款基准利率。

3.2.1.2.3 非流动有形资产收益率

非流动有形资产收益率可参照中国人民银行公布的长期基准贷款利率进行计算，如5年期银行贷款基准利率。

3.2.2 品牌价值折现率的确定

3.2.2.1 品牌价值折现率

品牌价值折现率应按式（4）计算。

$$R = Z \times K \tag{4}$$

式中：R 为品牌价值折现率；Z 为行业平均资产报酬率；K 为品牌强度系数。

3.2.2.2 行业平均资产报酬率

行业平均资产报酬率可通过计算相近行业、类型和规模的上市企业平均资产报酬率得到，也可通过统计调查等方式获得行业平均资产报酬率。

3.2.2.3 品牌强度系数

品牌强度系数由8个一级指标构成，分别为品牌文化的承载性（K_1）、质量和服务水平（K_2）、创新引领性（K_3）、品牌稳定度（K_4）、品牌领导力（K_5）、客户关系强度（K_6）、法律保护度（K_7）、企业信用度（K_8），按式（5）计算。

$$K = \sum_{i=1}^{8} K_i \times W_i \tag{5}$$

式中，K 为品牌强度系数；K_i 为第 i 个一级指标评估值；W_i 为第 i 个一级指标对品牌强度系数 K 的影响权重。

若品牌文化的承载性（K_1）、质量和服务水平（K_2）、创新引领性（K_3）、品牌稳定度（K_4）、品牌领导力（K_5）、客户关系强度（K_6）、法律保护度（K_7）、企业信用度（K_8）等方面指标由二级指标构成时，可用式（6）计算。

$$K_i = \sum_{j=1}^{j} K_{ij} \times W_{ij} \tag{6}$$

式中：K_i 为第 i 个一级指标得分；K_{ij} 为第 i 个一级指标下的第 j 个二级指标评估值；W_{ij} 为第 j 个二级指标对一级指标 i 的影响权重。

根据我国企业和市场实际情况，通过特定的转化方法，将品牌强度系数取值限定在科学的范围内，如取值范围为 0.6 ~ 2。

3.3 市场期权法

3.3.1 品牌发展潜力的确定

品牌的发展潜力也是一种选择权，所有者有权利选择以品牌做何种后续投资，也就是说，品牌发展潜力，符合欧式期权的特征，也是一种期权，其发展潜力就是品牌持有人未来改变品牌投入规模所获得的收益，可以扩展应用布莱克－斯克尔斯（Black-Scholes）期权定价模型。

当选择品牌潜力投资的产出比预期的好，企业就可以扩大使用品牌投资（扩大现有产品规模或者新增品牌产品类别），这种表现就是一种看涨期权；当不利条件出现、预期品牌投资项目不佳时，企业可以选择不同的规模缩减品牌投资（减小现有产品规模或者削减品牌产品类别），这种表现就是一种看跌期权。

3.3.2 布莱克－斯克尔斯（Black-Scholes）期权定价模型

模型有以下七个重要的假设。

（1）股票价格行为服从对数正态分布模式；

（2）在期权有效期内，无风险利率和金融资产收益变量是恒定的；

（3）市场无摩擦，即不存在税收和交易成本，所有证券完全可分割；

（4）该期权是欧式期权，即在期权到期前不可实施；

（5）不存在无风险套利机会；

（6）证券交易是持续的；

（7）投资者能够以无风险利率借贷。

看涨期权公式为：

$$V_C = S \cdot N(d_1) - L \cdot e^{-rT_n} \cdot N(d_2) \tag{7}$$

其中：

$$d_1 = \frac{\ln \frac{S}{L} + (r + 0.5 \cdot \sigma^2) \cdot T_n}{\sigma \cdot \sqrt{T_n}}$$

$$d_2 = \frac{\ln \frac{S}{L} + (r + 0.5 \cdot \sigma^2) \cdot T_n}{\sigma \cdot \sqrt{T_n}} = d_1 - \sigma \sqrt{T_n}$$

式中：V_C 为品牌发展潜力价值；L 为预期未来品牌投资总成本的终值；S 为品牌未来超额收益的现值之和，可参考 V_0；T_n 为期权有效期，可以参考同类型企业的平均寿命；r 为连续复利计无风险利率；σ 为品牌价值波动率；N 为正态分布变量的概率分布函数，即：

$$N(d_n) = \frac{1}{\sqrt{2\pi}} \int_{-\infty}^{d_n} e^{-\frac{x^2}{2}} dx$$

第一，该模型中无风险利率必须是连续复利形式。一个简单的或不连续的无风险利率（设为 r_0）一般是一年计息一次，而 r 要求为连续复利利率。r_0 必须转化为 r 方能代入上式计算。两者换算关系为：$r = \ln(1 + r_0)$ 或 $r_0 = E(r) - 1$。例如 $r_0 = 0.06$，则 $r = \ln(1 + 0.06) = 0.0583$，即 100 以 5.83% 的连续复利投资第二年将获 106，该结果与直接用 $r_0 = 0.06$ 计算的答案一致。

第二，期权有效期 T_n 的相对数表示，即期权有效天数与一年 365 天的比值。如果期权有效期为 100 天，则 $T_n = 100/365 = 0.274$。

对品牌资产发展潜力进行期权定价，主要需要确定 5 个指标参数：S 为品牌全部未来现金流的现值之和（所交易资产的现值），L 为品牌投入成本（期权交割价格），T_n 为品牌期权的有效期（期权有效期），r 为连续复利计无风险利率，σ 为品牌价值波动率（波动率，即年度化方差）。

3.3.3 在品牌估值实际操作中，对于5个参数的确定方法

3.3.3.1 L—品牌投入成本

投资计划预期未来总成本的终值，为项目商业化成本，包括广告、促销、公益事业等各种与品牌直接相关的资源投入。

3.3.3.2 S—品牌全部未来现金流的现值之和

可通过对品牌未来的超额收益折现而来，可以直接采用多周期超额收益法的最终结果 V_0。

3.3.3.3 T_n—品牌期权的有效期

主要取决于品牌持有企业具体的投资进程，以及市场竞争等多方面的因素，一般可以参考同类型企业的平均寿命来客观设计一定的计算期限。据统计，中国企业品牌寿命平均为7.3年，民营企业品牌寿命为2.9年，跨国公司平均寿命为12年，世界500强平均寿命为41年。

3.3.3.4 r—连续复利计无风险利率

可以采用相同期限的银行存款或国债的利率，换算成一年期的复利利率。

3.3.3.5 σ—品牌价值波动率

对于上市企业，可以采取品牌持有企业的股票波动率进行代替，考虑到收益率具有时序可加、削弱共线性及异方差的优势，将股票波动率以对数收益率计算；而对于非上市企业，可采用相同行业的规模相近的上市公司市值加权波动率代替。

4 测算过程

4.1 识别评价目的

根据测算意向用途、结果使用方、被测算品牌特性等因素确定评价目的。不同的评价目的会影响评价程序、测算精度和结果报告形式。

4.2 明确价值影响因素

本标准所测算的品牌价值综合考虑企业的财务、质量、技术和市场等方面的因素，尤其是质量等非财务要素对品牌价值的影响。

4.3 描述测算品牌

测算前应识别、界定和描述接受评价的品牌，包括其产品范围、价值

范围等。

4.4 规定模型参数

根据国家有关政策规定和当前市场经济情况，确定以下内容。

a. 评价年和评价周期；

b. 现金流预测方法；

c. 评价周期内的永续增长率、行业平均资产报酬率、无形资产收益中归属品牌部分的比例系数等模型参数；

d. 各级评价指标的权重等。

4.5 采集测算数字

遵循真实、准确、客观的原则，采集企业财务与其他信息，作为企业或第三方评价的输入值。

4.6 执行测算过程

测算过程如下。

a. 根据企业财务信息，计算每个评价周期内的品牌现金收益（F_{BC}），预测未来各周期品牌现金流；

b. 采用适当方法汇总各级评价指标，计算品牌强度系数 K；

c. 将上述信息输入评价模型，计算所测算品牌的价值。

4.7 报告测算结果

根据评价目的，选择适当报告测算结果。

5 2.0版本与1.0版本的比较

a. 与1.0版本相比，2.0版本的品牌价值测算不再依赖于既定的三年财务数据报表，而是通过对各行业企业信息数据的研究测算，预测出了科学合理的企业发展增长率，以此为依据摆脱了品牌价值评价对时间周期数据的依赖，为促进中小型企业融资、促进新兴企业的发展做出了重大的贡献。

b. 相比于1.0版本，2.0版本高速增长期的计算更加灵活多变，针对企业所处的不同行业，科学地选择高速增长期年限，使品牌价值评价更加精准。

c. 2.0 版本对计算系统结构进行了优化,针对不同类型数据缺失的财务报表,能自动处理数据的缺失异常问题,并计算出品牌价值,从根本上解决了数据采集端口狭窄、数据形式不规范的问题。

d. 2.0 版本根据品牌的往期表现和发展潜力,从八大维度对品牌的强度进行判定,并绘制出了品牌强度系数的雷达图像。

e. 2.0 版本相比于 1.0 版本的创新之处是根据对品牌价值的分析,从基期到即期再到预期深度研究出了品牌价值的发展趋势,并绘制出了品牌价值的发展趋势线,做出了定基指数图像。

附录 A

(资料性附录)

本标准使用的符号和缩写

本标准使用的符号和缩写如表 1 所示。

表 1 本标准使用的符号和缩写

类别	指标名称	符号
基础指标	品牌货币价值	V_B
	品牌未来收益	V_0
	品牌发展潜力价值	V_C
	t 年度品牌现金收益	$F_{BC,t}$
	$T+1$ 年度品牌现金收益	$F_{BC,T+1}$
	高速增长期	T
	第 i 个一级指标评估值	K_i
	第 i 个一级指标对品牌强度系数 K 的影响权重	W_i
	第 i 个一级指标下的第 j 个二级指标评估值	K_{ij}
	第 j 个二级指标对一级指标 i 的影响权重	W_{ij}
	品牌强度系数	K
	预期未来品牌投资总成本的终值	L
	品牌未来超额收益的现值之和	S
	期权有效期	T_n

续表

类别	指标名称	符号
利润	当年年度调整后的企业净利润	P_A
收益	当年年度有形资产收益	I_A
资产	流动有形资产总额	A_{CT}
	非流动有形资产总额	A_{NCT}
百分比	流动有形资产投资报酬率	β_{CT}
	非流动有形资产投资报酬率	β_{NCT}
	行业平均资产报酬率	Z
	品牌价值折现率	R
	永续增长率	g
	企业无形资产收益中归因品牌部分的比例系数	β
	连续复利计无风险利率	r
	品牌价值波动率	σ

附录二 文化品牌影响力评价标准

Evaluation Criteria of Cultural Brand Influence

亚洲星云品牌管理（北京）有限公司发布
2021年7月25日发布　2021年7月25日实施
Q/YZXY 001—2021

前　言

本标准依据 GB/T 1.1-2009 给出的规则起草。

本标准由国家重点研发专项"现代服务业共性关键技术研发及应用示范"、项目"视听媒体收视调查与文化品牌评估理论与技术"、课题"文化品牌评估系统研发与应用"课题负责小组归口。

本标准起草单位：亚洲星云品牌管理（北京）有限公司、北京汉晟时代科技有限公司。

本标准主要起草人：王建功、周君、葛新权、陈曦、张聪明、于霄、尉军平、白利军。

文化品牌影响力评价标准

1 范围

本标准规定了文化品牌影响力评价维度、评价指标、评价方法及评价报告的相关要求。

本标准适用于归属于文化类的企业品牌、产品品牌及其他品牌的影响力评价，也可以作为行业组织和第三方机构衡量品牌影响力的参考依据。

2　规范性引用文件

下列文件对于本文件的应用是必不可少的。凡是注日期的引用文件，仅注日期的版本适用于本文件。凡是不注日期的引用文件，其最新版本（包括所有的修改单）适用于本文件。

GB/T 27925—2011　商业企业品牌评价与企业文化建设指南

GB/T 29185—2012　品牌价值 术语

GB/T 29186—2012　品牌价值 要素

GB/T 34090.1—2017　互动广告 第1部分：术语概述

GB/T 36680—2018　品牌 分类

3　术语和定义

下列术语和定义适用于本文件。

3.1　品牌类别

品牌的类别如下所示。

——企业品牌。针对企业，由专门分辨企业的名称、用语、符号、形象、标识、设计或其组合为主要载体的品牌。

——产品品牌。针对产品，由专门分辨产品的名称、用语、符号、形象、标识、设计或其组合为主要载体的品牌。

——其他品牌。指非营利品牌等上述未涉及的品牌类别。

3.2　文化品牌

以文化为核心内容，为社会公众提供文化产品和文化相关产品，由专门分辨企业、产品或服务的名称、用语、符号、形象、标识、设计或其组合为主要载体的品牌。

3.3　利益相关方

决策受到或可能受到品牌影响的人或组织。通常利益相关方有顾客、消费者、供应商、雇员（潜在雇员）、股东、投资者、政府和非政府组织等。

3.4 品牌形象

消费者及其他利益相关方对品牌相关信息进行个人选择和加工,形成有关该品牌的印象和联想的集合,可分为展示的形象和记忆的形象两部分。

3.5 品牌定位

为建立品牌的竞争优势,进行独特的品牌价值设计,使品牌在消费者及其他利益相关方中形成独特的印象和联想。

3.6 顾客满意度

顾客通过对一个品牌产品或服务的可感知效果与对比预期相比较后,所形成的愉悦或失望的状态。

3.7 品牌传播

企业利用各种有效发声点告知消费者及其他利益相关方品牌信息、劝说购买品牌以及维持品牌记忆的各种直接及间接的手段。

3.8 社会责任

组织通过透明和合乎道德的行为,对社会和环境的影响承担的高于组织自己目标的社会义务。

4 总体要求

4.1 目的声明

开展评价时,应首先声明本次评价的目的。目的声明应规定预期用途、被评价服务、前提条件、评价人员(评估者)资质要求、评价报告日和评价基准日。

4.2 评价原则

开展品牌评价宜遵循下列原则。

——客观性原则。品牌评价体系应保证评价的客观性,以保证评价结果的权威性。

——全面性原则。评价应涉及多个方面,避免以偏概全。

——充分性原则。品牌评价应建立在充分的数据和分析基础上,以形成可靠的结论。

——持续改进原则。品牌评价体系应持续改进以提供客观、公正、与时俱进的评价结果。

品牌是道德的商业逻辑，当评价对象出现损害社会公众利益、生态污染、重大质量安全事故等情况时，不予评价。

4.3 被评价品牌的界定

评价人员在开展评价之前应识别、定义和描述被评价品牌，如被评价品牌属于企业品牌、产品品牌或其他品牌等，界定被评价品牌覆盖的产品范围或服务范围。

4.4 评价数据的来源

评价人员应确保获得完成品牌服务评价所需要的可靠数据。应包括品牌持有人和合适的第三方提供的数据。评价人员应充分评估所使用的数据和假设的相关性、一致性和充分性。

4.5 评价人员的要求

在评价过程时，参与人员应考虑 4.2 中的评价原则。基于这些原则，参与评价人员应遵循以下几点：

——了解被评价品牌的现状和发展前景；

——积极与其他评价人员沟通，解决存在的问题或疑惑；

——考虑实际操作情况，确保评价过程是确实可行的；

——将持续改进作为组织过程的目标。

5 评价指标

5.1 概述

本标准从主观与客观两个角度入手，综合考虑了五大价值维度，对文化品牌的影响力进行评价。主观方面包含文化内涵价值、受众感知价值的评价；客观方面包含传播价值和市场价值的评价；测算指标采用分级形式，其下分设一级、二级和三级指标。文化品牌影响力的测算指标体系及说明见附录 A。

5.2 文化内涵价值

5.2.1 品牌理念

以企业核心理念为依托，体现企业自身个性特征，促使并保持企业正常运作以及长足发展而构建的并且反映整个企业明确的经营意识的企业价值文化。可以从以下方面进行评价：

——品牌愿景（企业未来发展蓝图、使命及目标）；

——经营理念（企业经营指导思想、商业模式、服务理念）；

——文化定位（企业文化、品牌形象、个性化定位）。

5.2.2 文化底蕴

企业在长期生产经营活动中所沉淀下来的、被内外部各方普遍认可的价值观念、行为规范、道德、风尚、习俗等。与企业的文化底蕴历史沿革和文化传承高度相关。可以从以下方面进行评价：

——文化传承（历史优秀文化传承及弘扬）；

——品牌历史（品牌年龄、历史沿革）。

5.3 受众感知价值

5.3.1 品牌知名度

消费者及其他利益相关方对特定品牌的知晓程度。可以从以下方面进行评价：

——社会知名度（被公众所知晓的程度）；

——行业知名度（被同行所知晓的程度）。

5.3.2 品牌美誉度

消费者及其他利益相关方对特定品牌的偏好、信任和认同程度。可以从以下方面进行评价：

——品牌认可度（政府、权威机构、合作方及公众的认可度）；

——情感满意度（客户满意度、情绪积极率）。

5.3.3 品牌忠诚度

顾客对企业产品或服务的认可、依赖、坚持长期购买和使用该企业产品或服务所表现出的在思想和情感上的一种高度信任和忠诚。表现为消费者购买决策中，对某品牌具有偏向性的行为反映。可以从以下方面进行评价：

——忠实用户数量（日活跃用户数量、用户总量）；

——价格敏感度（溢价支付意愿、重复购买可能性）；

——推介度（净推荐值、口碑传播速度）。

5.3.4 品牌联想度

消费者及其他利益相关方记忆中与特定品牌相关的所有想法，包括对其名称、产品、产业、形象、服务、价值等方面的想法、感受及期望等。可以从以下方面进行评价：

——属性联想（受众对于企业产品或服务特征的联想）；

——利益联想（受众对于产品或服务利益关系的联想）；

——态度联想（受众对于产品或服务态度、情绪的联想）。

5.4 传播价值

5.4.1 传播能力

传播主体充分利用各种手段，让既定传播内容广泛扩散的能力。可以从以下方面进行评价：

——广告宣传力度（广告成本投入、广告曝光量、广告到达率）；

——新闻、媒体传播力（新闻、媒体、报刊引用次数）；

——公关传播能力（品牌业界交流、品牌培训活动、品牌客户活动）；

——新媒体综合传播力（微信公众号、微博、搜索引擎等传播渠道的提及率）。

5.4.2 传播效果

传播行为所引起的客观结果，包括对他人和周围社会实际发生作用的一切影响和后果。具体指传播主体借助某种行为实现其意图或目标的程度。可以从以下方面进行评价：

——广告、标语记忆度（受众对广告、标语的记忆程度）；

——网站流量（企业官网、App、推广页面流量）；

——互动效果（广告互动效果、社群互动效果）；

——品牌舆情（品牌舆情积极、消极情况）。

5.5 市场价值

5.5.1 市场领导力

品牌在市场上所处的地位以及品牌在价格控制、新技术开发、分销覆盖和促销强度上对市场的影响作用。可以从以下方面进行评价：

——市场占有（覆盖）率（市场占有率、市场覆盖率）；

——创新引领性（理念创新、技术创新、营销创新）；

——产融结合度（品牌受资本市场的青睐程度）；

——国际影响力（国外市场数量、国外雇员数量、国际知名度）。

5.5.2 超值创利能力

品牌创造超额收益的能力。可以从以下方面进行评价：

——营收增长率（企业近年来营收增长情况）；

——营业利润率（企业营业利润率与行业利润率比较情况）；

——权益净利率（企业权益净利率高低）。

5.5.3 企业信用度

企业在社会信誉、劳工权益、商品交易的履约情况等方面所反映出的守信程度。可以从以下方面进行评价：

——奖励惩罚（与品牌产品或服务相关的奖励及惩罚）；

——劳工权益保障（劳动报酬、职工社保、职业技能培训）；

——危机公关能力（企业危机公关、法律保护度）。

5.6 社会价值

5.6.1 社会贡献度

企业通过履行社会责任而对社会做出贡献的程度。可以从以下方面进行评价：

——税收贡献（企业税收贡献情况）；

——提供就业情况（企业提供就业的情况）；

——公益事业支持度（企业在公益事业上的表现）；

——政产学研参与度（企业参与政府、学校、科研院所的合作情况）。

5.6.2 发展趋势性

企业目前的发展方向与社会趋势的契合程度。可以从以下方面进行评价：

——政策支持度（与国家政策倡导方向的契合度）；

——文化支持度（与大众精神文化需求的契合度）；

——市场潜力（市场容量、市场竞争情况）。

6 评价模型

文化品牌影响力的评价得分由文化内涵价值（Q_1）、受众感知价值（Q_2）、传播价值（Q_3）、市场价值（Q_4）、社会价值（Q_5）五大评价维度按式（1）计算。

$$Q = \sum_{i=1}^{5} Q_i \times W_i \tag{1}$$

式中：

Q——品牌影响力评价得分；

Q_i——第 i 个评价维度得分；

W_i——第 i 个评价维度对品牌影响力的影响权重。

若文化内涵价值（Q_1）、受众感知价值（Q_2）、传播价值（Q_3）、市场价值（Q_4）、社会价值（Q_5）五大评价维度由一级指标构成时，按式（2）计算。

$$Q_i = \sum_{j=1}^{n} Q_{ij} \times W_{ij} \tag{2}$$

式中：

Q_i——第 i 个评价维度得分；

n——第 i 个评价维度下一级指标个数；

Q_{ij}——第 i 个评价维度下第 j 个一级指标得分；

W_{ij}——Q_{ij} 对 Q_i 的影响权重。

若评价维度下的一级指标由二级指标构成时，按式（3）计算。

$$Q_{ij} = \sum_{l=1}^{m} Q_{ijl} \times W_{ijl} \tag{3}$$

式中：

Q_{ij}——第 i 个评价维度下第 j 个一级指标得分；

m——第 j 个一级指标项下二级指标个数；

Q_{ijl}——Q_{ij} 项下第 l 个二级指标得分；

W_{ijl}——Q_{ijl} 对 Q_{ij} 的影响权重。

7 文化品牌影响力评价过程

7.1 识别评价目的

根据测算意向用途、结果使用方、被测算品牌特性等因素确定评价目的。不同的评价目的，会影响评价程序、测算精度和结果报告形式。

7.2 明确品牌影响力评价要素

本标准所开展的品牌影响力评价体系从主观和客观的角度出发，综合考虑了文化品牌的文化内涵价值、受众感知价值、传播价值、市场价值、社会价值五大评价维度的相关影响因素，并评价各因素的表现水平。

7.3 描述测算品牌

评价前应识别、界定和描述接受评价的品牌，包括其产品/服务范围、价值范围等。

7.4 采集测算数据

遵循真实、准确、客观的原则，采集与评价要素相关的数据作为评价人员的评价的输入值和参考值。

7.5 执行评价过程

指标的测量可以采用对比法，判断每项指标的表现和在同行业中所处的水平。在形成评价结果时，评价人员应行使认真的专业判断，保持独立性和客观性。在实际评价中可根据具体情况细化、增减指标。

具体每项指标的评价方法见附录 B。

8 评价报告

品牌评价报告应明确陈述下列内容：
a）评价人员的立场和身份；
b）评价目的；
c）被评价品牌的界定；
d）报告使用者或读者；
e）评价依据；
f）评价主要方面和具体评价指标；

g）评价所采用的方法；

h）评价基准日和评价报告日；

i）评价数据和信息的来源；

j）评价结果；

k）使用限制。

附录 A

（规范性附录）

文化品牌影响力评价指标体系及说明

本附录规定了文化品牌影响力评价指标和指标分值分配，满分为1000分，详见表 A.1。

表 A.1　文化品牌影响力评价指标体系及说明

评价维度（分值）	一级指标（分值）	二级指标（分值）	评价内容
文化内涵价值（120）	品牌理念（70）	品牌愿景（10）	企业未来发展蓝图、使命及目标
		经营理念（30）	企业经营指导思想、商业模式、服务理念
		文化定位（20）	企业文化、品牌形象、个性化定位
	文化底蕴（50）	文化传承（30）	历史优秀文化传承及弘扬
		品牌历史（20）	品牌年龄、历史沿革
受众感知价值（280）	品牌知名度（70）	社会知名度（40）	被公众所知晓的程度
		行业知名度（30）	被同行所知晓的程度
	品牌美誉度（90）	品牌认可度（60）	政府、权威机构、合作方及公众的认可度
		情感满意度（30）	顾客满意度、情绪积极率
	品牌忠诚度（70）	忠实用户数量（30）	日活跃用户数量、用户总量
		价格敏感度（20）	溢价支付意愿、重复购买可能性
		品牌推介率（20）	净推荐值、口碑传播速度
	品牌联想度（50）	属性联想（20）	受众对于企业产品或服务特征的联想
		利益联想（20）	受众对于产品或服务利益关系的联想
		态度联想（10）	受众对于产品或服务态度、情绪的联想

续表

评价维度（分值）	一级指标（分值）	二级指标（分值）	评价内容
传播价值（150）	传播能力（80）	广告宣传力度（20）	广告成本投入、广告曝光量、广告到达率
		媒介引用次数（20）	媒体、报刊引用次数
		公关传播能力（10）	品牌业界交流、品牌培训活动、品牌客户活动
		新媒体综合传播力（30）	微信公众号、微博、搜索引擎等传播渠道的提及率
	传播效果（70）	广告、标语记忆度（30）	受众对广告、标语的记忆程度
		网站流量（10）	企业官网、App、推广页面流量
		社群活跃度（20）	广告互动效果、社群互动效果
		品牌舆情（10）	品牌舆情积极、消极情况
市场价值（300）	市场领导力（135）	市场占有（覆盖）率（45）	市场占有率、市场覆盖率
		创新引领性（35）	理念创新、技术创新、营销创新
		产融结合度（30）	品牌受资本市场的青睐程度
		国际影响力（25）	国外市场数量、国外雇员数量、国际知名度
	超值创利能力（100）	营收增长率（40）	企业近年来营收增长情况
		营业利润率（30）	企业营业利润率与行业利润率比较情况
		权益净利率（30）	企业权益净利率高低
	企业信用度（65）	奖励惩罚（20）	与品牌产品或服务相关的奖励及惩罚
		劳工权益保障（20）	劳动报酬、职工社保、职业技能培训
		危机公关能力（25）	企业危机公关、法律保护度
社会价值（150）	社会贡献度（90）	税收贡献（20）	企业税收贡献情况
		提供就业情况（20）	企业提供就业的情况
		公益事业支持度（30）	企业在公益事业上的表现
		政产学研参与度（30）	企业参与政府、学校、科研院所的合作情况
	发展趋势性（60）	政策支持度（20）	与国家政策倡导方向的契合度
		文化支持度（20）	与大众精神文化需求的契合度
		市场潜力（20）	市场容量、市场竞争情况

附录 B
（规范性附录）
文化品牌影响力评分要求

本附录规定了文化品牌影响力评分要求，详见表 B.1。

表 B.1 文化品牌影响力评分要求

评分比例	要点
0~20%	■在该评分项要求中水平很差，或没有描述结果，或结果很差 ■在该评分项要求中没有或有极少显示趋势的数据，或显示了总体不良的趋势 ■在该评分项要求中没有或有极少的相关数据信息，或对比性信息
20%~40%	■在该评分项要求中结果很少，或在少数方面有一些改进和（或）处于初期绩效水平 ■在该评分项要求中有少量显示趋势的数据，或处于较低水平 ■在该评分项要求中有少量相关数据信息，或对比性信息
40%~60%	■在该评分项要求的多数方面有改进和（或）良好水平 ■在该评分项要求的多数方面处于取得良好趋势的初期阶段，或处于一般水平 ■在该评分项要求中能够获得相关数据，或对比性信息
60%~80%	■在该评分项要求的大多数方面有改进趋势和（或）良好水平 ■与该评分项要求中一些趋势和（或）当前显示了良好到优秀的水平 ■在该评分项要求中获得大量相关数据，或对比性信息
80%~100%	■在该评分项要求重要的大多数方面，当前结果/水平/绩效达到优良水平 ■与该评分项要求中大多数的趋势显示了领先和优秀的水平 ■在该评分项要求中能够获得充分相关数据，或对比性信息

附录三　文化品牌互联网影响力评价标准
Evaluation Criteria of Cultural Brand Internet Influence

亚洲星云品牌管理（北京）有限公司发布
2021 年 7 月 31 日发布　2021 年 7 月 31 日实施
Q/YZXY 002—2021

前　言

本标准依据 GB/T 1.1—2009 给出的规则起草。

本标准由国家重点研发专项"现代服务业共性关键技术研发及应用示范"、项目"视听媒体收视调查与文化品牌评估理论与技术"、课题"文化品牌评估系统研发与应用"课题负责小组归口。

本标准起草单位：北京宏博知微科技有限公司、亚洲星云品牌管理（北京）有限公司、北京信息科技大学。

本标准主要起草人：于霄、汪宏帅、王建功、周君、葛新权、陈曦、张聪明、尉军平、白利军。

文化品牌互联网影响力评价标准

1　范围

本标准规定了文化品牌互联网影响力评价指标、评价方法及评价报告的相关要求。

本标准适用于归属于文化类的企业品牌、产品品牌及其他品牌的互联网影响力评价，也可以作为行业组织和第三方机构衡量品牌互联网影响力的参考依据。

2　规范性引用文件

下列文件对于本文件的应用是必不可少的。凡是注日期的引用文件，仅注日期的版本适用于本文件。凡是不注日期的引用文件，其最新版本（包括所有的修改单）适用于本文件。

GB/T 29185—2012　品牌价值 术语

GB/T 29186—2012　品牌价值 要素

GB/T 31282—2014　品牌价值评价 互联网及相关服务

GB/T 36680—2018　品牌 分类

3　术语和定义

下列术语和定义适用于本文件。

3.1　品牌类别

品牌的类别如下所示。

——企业品牌。针对企业，由专门分辨企业的名称、用语、符号、形象、标识、设计或其组合为主要载体的品牌。

——产品品牌。针对产品，由专门分辨产品的名称、用语、符号、形象、标识、设计或其组合为主要载体的品牌。

——其他品牌。指非营利品牌等上述未涉及的品牌类别。

3.2　文化品牌

以文化为核心内容，为社会公众提供文化产品和文化相关产品，由专门分辨企业、产品或服务的名称、用语、符号、形象、标识、设计或其组合为主要载体的品牌。

3.3　互联网影响力

传播主体借助互联网工具让既定传播内容广泛传播，而产生的对一定范围内的人群在政治、经济和文化等社会各个方面的思想或行为产生影响的能力。

3.4 文化品牌互联网影响力指数

指文化品牌在全网平台中影响力大小的量化指标。

3.5 渠道影响力指数

指发布文化品牌相关信息的信源的影响力大小的量化指标。

4 总体要求

4.1 目的声明

开展评价时，应首先声明本次评价的目的。目的声明应规定预期用途、被评价服务、前提条件、评价人员（评估者）资质要求、评价报告日和评价基准日。

4.2 评价原则

开展品牌评价宜遵循下列原则。

——客观性原则。品牌评价体系应保证评价的客观性，以保证评价结果的权威性。

——全面性原则。评价应涉及多个方面，避免以偏概全。

——充分性原则。品牌评价应建立在充分的数据和分析基础上，以形成可靠的结论。

——持续改进原则。品牌评价体系应持续改进以提供客观、公正、与时俱进的评价结果。

4.3 被评价品牌的界定

评价人员在开展评价之前应识别、定义和描述被评价品牌，如被评价品牌属于企业品牌、产品品牌或其他品牌等，界定被评价品牌覆盖的产品范围或服务范围。

4.4 评价数据的来源

评价数据来源于全网主流平台的客观数据，包括但不限于媒体、自媒体、短文本、长文本、视频、图片等。评价人员应充分评估所使用的数据和假设的相关性、一致性和充分性。

5 评价指标

5.1 概述

文化品牌互联网影响力的评价指标采用分类形式。根据文化品牌互联网信息传播的特点，分为微博、微信、网络媒体三大类。文化品牌互联网影响力的计算也考虑了时间切分的原则，主要采用以自然月为基本单元的评定方式，动态呈现文化品牌当前的影响力状况。文化品牌互联网影响力评价指标体系及说明见附录 A。

5.2 微博渠道影响力

微博渠道影响力计算主要参照的指标是微博账号的粉丝数，以及账号发布的历史微博的转发量等指标，来刻画一个微博账号在热点事件中所带来的整体的传播广度和深度。

另外，在计算微博渠道影响力的过程中，我们引入了 H 因子，H 因子又称 H 指数，是美国物理学家 Hirsch 于 2005 年提出用于"评价科学家的科研绩效"。虽然其原始论文的题目及 Hirsch 对 H 因子的含义描述值得讨论，但 H 因子在短短几年时间内就全球风靡，很快被扩展用于期刊、研究团队、大学、科研院所、学科、基金和研究热点等不同领域。H 因子的物理含义可简单地表述为："有 H 篇论文被引用了不少于 H 次"。不少学者认为 H 因子综合衡量了论文的数量和影响力。有趣的是，原本人为规定的 H 指数居然被一些学者数学推导得出：H 因子与原有的评价指标之间存在着微妙的联系。而且数据也一定程度上证实了这些联系。H 因子主要是一个影响力判定参数，其特点是关注科学家发表了多少有影响力的论文。因此，若你的研究没有一定的质量，没有引起学界的关注和交流，无论你发表了多少论文，都无法获得一个较高的 H 因子。H 因子的测度有利于那些出精品的科学家，也可以发现哪些人是"灌水"者。

H 因子在计算微博渠道影响力的过程中，主要应用在转发量这个指标体系里，计算的方式是，有 n 条微博被转发了不少于 n 次。根据最终的计算结果和排序情况，得出微博平台上影响力高的微博账号。

总的微博渠道的影响力计算方式如下所示。

微博渠道影响力（MBI）计算公式

一级指标	权重	二级指标	标准化方法
粉丝指数（30%）	30%	微博粉丝数（Fnum）	（Fnum/10000）^（1/2）
H 指数（70%）	70%	H 因子（H-index）	无

微博渠道影响力值（MBI）= 30% ×（Fnum/10000）^（1/2）+ 70% × H-index + 媒体类基数
媒体类基数（40/30/10）

5.3 微信渠道影响力

微信平台的渠道影响力指数主要依据了微信公众号的平均阅读数和平均点赞数来进行计算。其中，平均阅读数代表了该账号的信息传播广度，平均点赞数代表了该账号的信息传播深度。依据这两个指标，配置以相应的权重，计算出微信平台的渠道影响力指数。具体公式如下。

微信渠道影响力（WCI）计算公式

一级指标	权重	二级指标	标准化方法
阅读指数（70%）	90%	平均阅读数（Rmean）	（Rmean/10）^（1/2）
点赞指数（30%）	10%	平均点赞数（Zmean）	（Rmean/2）^（1/2）

微信渠道影响力值（WCI）= 90% ×（Rmean/10）^（1/2）+ 10% ×（Rmean/2）^（1/2）+ 媒体类基数
媒体类基数（20/15/10）

5.4 网络媒体渠道影响力

网媒平台的渠道影响力计算模型采用了媒体网站的百度权重，以及媒体网站的 PV，进行加权计算，另外，引入了一个 A/B 指数的概念，对媒体网站的渠道进行了如下的划分。

A 类媒体：中央级媒体，四大门户网页，具有突出影响力的境外媒体和自媒体、微博大 V 号、澎湃、界面、今日头条；

B 类媒体：中央级媒体地方频道、省级媒体及一线城市媒体、重要财经类、科技类媒体；

C 类媒体：其他媒体。

具体的计算方式如下所示。

网媒渠道影响力（WMI）计算公式

一级指标	权重	二级指标	标准化方法
PV 指数（70%）	70%	平均 PV 数（Pmean）	Ln（Pmean+1） 0-1Normalize（）
A/B 指数	30%	A/B 指数（A/B-index）	无
网媒渠道影响力值（WMI）= 70% × Normalize［Ln（Pmean+1）］+ 30% × A/B-index			

5.5 文化品牌互联网影响力指数

计算文化品牌互联网影响力指数时，按照自然月（或其他指定时间段）对数据进行采集、存储和计算，将该时间段中所有相关信息涉及的微博、微信公众号、网络媒体的渠道影响力指数计算出来，再将其按照权重进行加和，即可得到文化品牌的互联网影响指数。设某文化品牌互联网影响力指数为 BI，则：

$$BI = \sum WBI \times W_1 + \sum WCI \times W_2 + \sum WMI \times W_3$$

其中，W_1、W_2、W_3 为自定义权重，默认均为 1/3。

6 文化品牌互联网影响力评价过程

6.1 识别评价目的

根据测算意向用途、结果使用方、被测算品牌特性等因素确定评价目的。不同的评价目的，会影响评价程序、测算精度和结果报告形式。

6.2 明确品牌互联网影响力评价要素

本标准所确定的品牌互联网影响力评价体系，综合考虑了文化品牌互联网信息传播的多个主要平台，以及各个平台中的关键指标。

6.3 描述测算品牌

评价前应识别、界定和描述接受评价的品牌，包括其产品/服务范围、价值范围等。

6.4 采集测算数据

遵循真实、准确、客观的原则，采集与评价要素相关的数据，准确、科学设定采集关键词、平台和时间等参数。

7 评价报告

品牌评价报告应明确陈述下列内容。

a）评价人员的立场和身份；
b）评价目的；
c）被评价品牌的界定；
d）报告使用者或读者；
e）评价依据；
f）评价主要方面和具体评价指标；
g）评价所采用的方法；
h）评价基准日和评价报告日；
i）评价数据和信息的来源；
j）评价结果；
k）使用限制。

附录四　互联网文化品牌决策管理体系标准

Criteria of Internet Culture Brand Decision Management System

亚洲星云品牌管理（北京）有限公司发布

2021 年 7 月 31 日发布　2021 年 7 月 31 日实施

Q/YZXY 003—2021

前　言

本标准依据 GB/T 1.1—2009 给出的规则起草。

本标准由国家重点研发专项"现代服务业共性关键技术研发及应用示范"、项目"视听媒体收视调查与文化品牌评估理论与技术"、课题"文化品牌评估系统研发与应用"课题负责小组归口。

本标准起草单位：北京宏博知微科技有限公司、亚洲星云品牌管理（北京）有限公司、北京信息科技大学。

本标准主要起草人：于霄、汪宏帅、王建功、周君、葛新权、陈曦、张聪明、尉军平。

互联网文化品牌决策管理体系标准

1　范围

本标准规定了互联网文化品牌决策管理体系的职责、管理内容和方法、流程等相关要求。

本标准适用于归属于文化类的互联网企业的品牌决策管理。

2　规范性引用文件

下列文件对于本文件的应用是必不可少的。凡是注日期的引用文件，仅注日期的版本适用于本文件。凡是不注日期的引用文件，其最新版本（包括所有的修改单）适用于本文件。

GB/T 29185—2012　品牌价值术语

GB/T 29186—2012　品牌价值要素

GB/T 31282—2014　品牌价值评价互联网及相关服务

GB/T 36680—2018　品牌分类

3　术语和定义

下列术语和定义适用于本文件。

3.1　互联网文化品牌

以文化为核心内容，以互联网为主要载体，为社会公众提供文化产品和文化相关产品，由专门分辨企业、产品或服务的名称、用语、符号、形象、标识、设计或其组合为主要载体的品牌。

3.2　决策管理

决策是决定采取某种行动，这种行动的目的在于使当事人所面临的事件呈现令人满意的状态。此处当事人称为该行动的受益人。决策管理就是决策者通过制定决策，采用适合于本企业的决策模式，以达到企业管理的一种管理方法。

4　总体要求

4.1　目的声明

互联网文化品牌决策管理，是需要建立一套完整的决策管理体系，适用于互联网行业和文化行业的特性，以更好地建设和维护企业品牌。

4.2　总体原则

开展互联网文化品牌决策管理宜遵循下列原则。

——客观性原则。决策管理应尊重市场和数据客观情况，避免主观误判，最大限度地尊重事实情况，实事求是。

——全面性原则。因为互联网传播的复杂性和文化品牌的无形特征，应尽可能多地考虑到所有相关的复杂因素，对决策管理流程的影响因素考虑全面。

——机动性原则。互联网品牌传播瞬息万变，需要有能够持续监测外部动态的工具，保证品牌决策的机动性。

4.3 职责设定

互联网文化品牌决策管理的职责设定，既要考虑到一般的企业品牌决策管理机制，也要考虑到互联网文化品牌的特性。首先，互联网文化品牌的最高负责人应由品牌企业的最高负责人负责，事实上企业的最高负责人也是企业品牌的一部分。其次，品牌决策的直接负责人应为公关副总裁/公关总监，作为品牌工作的直接负责人。最后，由专门的公关/品牌部门负责品牌决策的执行和反馈。

企业各业务（专业）部门是涉及自身业务范畴的对外公关行为的主要执行者和落实者，服从品牌管理部门的统一指挥、统筹、调度、协调。企业各部门和全体员工均有责任和义务维护公司品牌形象。

4.4 流程设定

应对于互联网文化品牌日常的决策管理，建立舆情监测系统→重要和危机信息收集→品牌常规分析→突发事件应对和复盘→品牌修复和完善等主要步骤。

5 决策管理流程

5.1 建立舆情监测系统

互联网文化品牌面临的品牌环境瞬息万变，要保持品牌决策人员对于市场和公众的高度敏感性。应建立成熟完善的舆情监测系统，对互联网中品牌相关的正面、中性、重要、负面、敏感和相关信息进行全面、及时、准确的监测，保证决策人员能够第一时间全面掌握品牌发展动向，才能根据最新情况作出准确、科学的决策。

应建立一套完善的品牌声誉风险管控舆情服务体系，将数据采集、舆情监测、舆情分析、舆情危机发现、舆情应对等统筹为一个完整的管理体系，准确把握自身及竞品基于舆情监测、数据分析的相关舆情态势，为领导决策提供有力支撑；及时监测、报告和处理机构相关的声誉风险，建立高效的沟通和协调机制，协助在声誉风险事件中合理开展舆情引导。

监测系统，应对海量、实时、异构的网络数据以数据为核心，建立标准规范、安全可靠、高效稳定的海量数据处理及传输中心，将各类结构化、半结构化和非结构化的海量数据进行清洗、转换、关联、比对和标识，并以高速传输的方式对外发布数据服务，建立横向集成、纵向贯通、全局共享的数据服务模式，实现数据的高效存储、加工、访问和管理。

同时利用面向业务的综合数据分析处理技术，对海量数据进行深度挖掘分析，改变单个系统处理有限信息的价值局限性，整体发掘提升数据价值。

舆情监测系统的具体要求

监测平台	监测指标	监测体系
网络媒体、平面媒体、社交媒体等；具体主要包括：微博、微信公众号、媒体网站、平面媒体、新闻客户端、论坛社区、自媒体平台等	数据采集全面，全平台数据综合覆盖率达95%以上；数据采集及时，全平台数据综合数据延迟在5分钟以内；解析准确，页面解析准确度在99%以上	监测系统结合技术、业务人员共同进行，建立完整的数据采集、信息研判和分析报告团队

5.2 重要和危机信息收集

在完善的舆情监测系统的基础上，应分类对相关外部信息进行全面收集整理，特别是和品牌相关的重要和危机信息。信息收集机制主要如下。

监测平台	监测对象	监测目的	监测频率
网络媒体、平面媒体、社交媒体等	品牌自身	第一时间掌握品牌最新信息，尤其是负面危机信息	高频率，实时进行
	品牌领导人	做好领导人声誉和形象把控	高频率，实时进行
	品牌产品	及时获知消费者意见和建议	高频率，实时进行
	竞争对手品牌	掌握竞争对手最新动态和发展情况	中频率，每天进行
	行业	了解行业最新动态，尤其是专业观点和行业发展方向	中频率，每天进行

续表

监测平台	监测对象	监测目的	监测频率
网络媒体、平面媒体、社交媒体等	监管和政府机构	及时获知监管和政府机构动态，提前预判监管方向	中频率，每天进行

5.3 品牌常规分析

品牌常规分析主要依靠各类型分析报告，这些报告可传达或汇报至所有层级的决策人员，如下表所示。

品牌常规分析报告体系

报告体系	报告内容	报告频率	决策价值
品牌日报	汇总品牌、竞品和行业重要动态	每日	对每天的品牌外部信息进行概况，结构化分类列举重要信息，覆盖品牌自身、竞品和行业，迅速掌握当天舆情状况
品牌周报	分析品牌当周整体表现	每周	每周对品牌发展状况进行简要分析判断，快速了解品牌发展趋势
品牌月报	汇编品牌自身、竞品和行业当月主要信息和事件，对品牌自身整体舆情状况特别是负面信息进行汇总分析，主要包含： 1. 当月品牌媒体报道舆情声量及趋势； 2. 当月品牌大事件列表、平台分布等，以及对媒体报道内容进行分类别（品牌、高层、产品）统计； 3. 当月品牌主要风险舆情及业务负面信息同期对比、涉及各主题负面信息对比等； 4. 竞品和行业重要动态； 5. 舆情预警分析和下月预判	每月	每月对品牌的舆情整体表现进行深度分析评估和诊断，分析品牌声誉发展状况和趋势，为接续的公关动作提供参考依据

5.4 突发事件应对和复盘

针对重大突发事件，启动专项监测和重大突发事件预警流程，便于决策人员第一时间了解重大突发事件的概况，同时需要给出专业、科学的事件应对建议，协助决策人员进行危机应对。主要手段包括分析舆情发展态势、提供突发事件案例的阶段性汇总、按需输出舆情专报及案例分析报告等。报告中包含事件概况、舆情综述、数据统计等内容，提炼新闻主要观点和网民评论要点；突发事件结束后提供项目总结报告，有关报告包含事件发生过程中的重大节点说明，舆情走势分析，媒体主要观点网民评论要点，影响力研判以及下阶段响应策略建议。

对于不同等级危机需随时根据舆情发展情况作相应人员配备部署。重大危机事件需结合事件本身与媒体两个维度进行判断，由此设立红色、橙色、黄色三个等级的舆情危机预警，并根据不同等级危机随时根据舆情发展情况作相应人员配备部署。

1. 红色危机：涉及品牌事件例如人员死亡、重大刑事案件、重大敏感群体事件、敏感黑洞风险（政治异见、民族歧视、宗教歧视、地域歧视、性别歧视、残疾歧视等）、重大财产损失、相关政策重大负面反馈、重大名人发布负面信息（名人、明星、意见领袖）等，涉及报道媒体中含有央级媒体、大 V 粉丝超过 500 万且该微博被转发 100 次以上、媒体组团报道（短时间内主流媒体报道同一事件）等。

2. 橙色危机：涉及品牌事件例如人员受伤、刑事案件、相关政策负面反馈、名人发布负面信息等，涉及报道媒体中含有央级媒体、主要门户类媒体（新浪、网易、腾讯、搜狐、凤凰）、重点媒体（新京报、澎湃新闻等）、大 V 粉丝超过 200 万的微博且该条微博被转发 100 次以上等。

3. 黄色危机：涉及品牌事件例如一般冲突、小型事故等，涉及报道媒体中含有主流媒体（各省级、省会城市党报、都市报、电视台原创报道）。

5.5 品牌修复和完善

针对品牌发展过程中出现的问题，进行及时的干预和处理，尽最大可能减少负面信息对于企业品牌的不良影响。积极维护和政府、媒体、消费者、员工、竞争对手的良好关系，积极扩散品牌正面信息。

附录 A

（规范性附录）

互联网文化品牌决策管理标体系及说明

本附录规定了互联网文化品牌决策管理体系的危机应对流程机制，详见图 A.1。

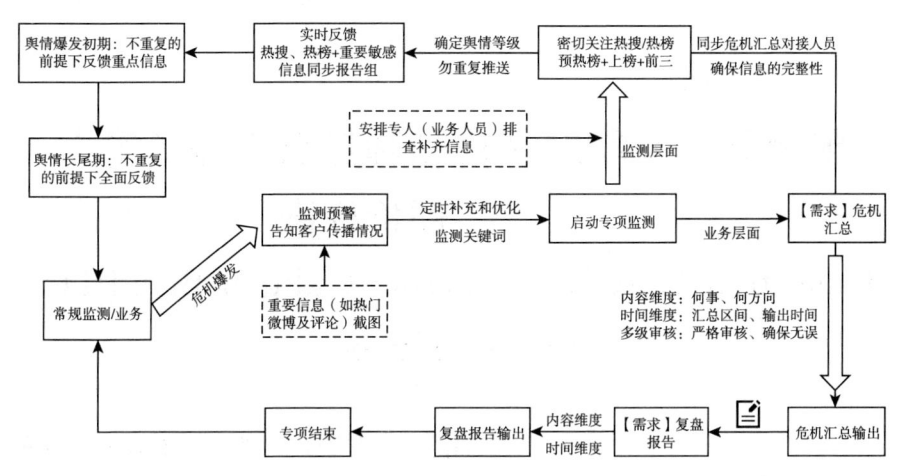

图 A.1　危机应对流程机制

附录五　互联网文化品牌热点事件影响力评价标准

Evaluation Criteria of Internet Cultural Brand Hot Events Influence

亚洲星云品牌管理（北京）有限公司发布

2021 年 7 月 31 日发布　2021 年 7 月 31 日实施

Q/YZXY 004—2021

前　言

本标准依据 GB/T 1.1—2009 给出的规则起草。

本标准由国家重点研发专项"现代服务业共性关键技术研发及应用示范"、项目"视听媒体收视调查与文化品牌评估理论与技术"、课题"文化品牌评估系统研发与应用"课题负责小组归口。

本标准起草单位：北京宏博知微科技有限公司。

本标准主要起草人：于霄、汪宏帅、满庆丽、刘彦佐、张琪、王珏。

互联网文化品牌热点事件影响力评价标准

1　范围

本标准规定了互联网文化品牌热点事件影响力评价指标、评价方法及评价报告的相关要求。互联网文化品牌热点事件影响力的评价是互联网文化品牌质量管理的关键环节。

本标准适用于归属于文化类的互联网企业品牌、产品品牌及其他品牌的热点事件影响力评价，也可以作为行业组织和第三方机构衡量互联网文化品牌热点事件影响力的参考依据。

2 规范性引用文件

下列文件对于本文件的应用是必不可少的。凡是注日期的引用文件，仅注日期的版本适用于本文件。凡是不注日期的引用文件，其最新版本（包括所有的修改单）适用于本文件。

GB/T 29185—2012　品牌价值术语

GB/T 29186—2012　品牌价值要素

GB/T 31282—2014　品牌价值评价互联网及相关服务

GB/T 36680—2018　品牌分类

3 术语和定义

下列术语和定义适用于本文件。

3.1 品牌类别

品牌的分类如下所示。

——企业品牌。针对企业，由专门分辨企业的名称、用语、符号、形象、标识、设计或其组合为主要载体的品牌。

——产品品牌。针对产品，由专门分辨产品的名称、用语、符号、形象、标识、设计或其组合为主要载体的品牌。

——其他品牌。指非营利品牌等上述未涉及的品牌类别。

3.2 互联网文化品牌

以文化为核心内容，以互联网为主要载体，为社会公众提供文化产品和文化相关产品，由专门分辨企业、产品或服务的名称、用语、符号、形象、标识、设计或其组合为主要载体的品牌。

3.3 热点事件

指在社会中引起广泛关注、参与讨论、激起民众情绪，引发强烈反响的事件。

3.4 渠道

指发布信息的来源主体，可以是一个媒体网站、微博账号、微信公众号等，代表可确定的信源。

3.5 传播广度

传播广度指的是事件发生后，消息传播的受众规模。本模型主要定义为微博个体用户的粉丝数和网媒网站平台的谷歌权重值。

3.6 传播深度

传播深度与传统定义方式的传播路径深度不同，本模型考虑的是一类事件的传播影响力而不是个体微博新闻的传播，将深度定义为传播受众对新闻的接受和反应程度；以微博的转发量、评论量为代表。

4 总体要求

4.1 目的声明

开展评价时，应首先声明本次评价的目的。目的声明应规定预期用途、被评价服务、前提条件、评价人员（评估者）资质要求、评价报告日和评价基准日。

4.2 评价原则

开展热点事件影响力评价宜遵循下列原则。

——客观性原则。热点事件影响力评价体系应保证评价的客观性，以保证评价结果的权威性。

——全面性原则。热点事件影响力评价应涉及多个方面，避免以偏概全。

——充分性原则。热点事件影响力评价应建立在充分的数据和分析基础上，以形成可靠的结论。

——持续改进原则。热点事件影响力评价体系应持续改进以提供客观、公正、与时俱进的评价结果。

4.3 被评价热点事件的界定

评价人员在开展评价之前应识别、定义和描述被评价热点事件，如被评价事件能够构成显著的过程性、周期性，特别是事件的传播周期必须是可控的、有限的时间段。

4.4 评价数据的来源

评价人员应确保获得完成评价所需要的可靠数据。评价人员应充分评估所使用的数据和假设的相关性、一致性和充分性。

5 评价指标

5.1 概述

文化品牌热点事件影响力的评价指标采用分类形式，包括微博影响力、网媒影响力。文化品牌热点事件影响力评价指标体系及说明见附录A。

5.2 微博平台影响力

微博平台反应的更多是网民个人的舆论场，有着信息发布门槛低、随时随地传播信息、传播方式呈现裂变、信息交互简便快捷等特点。微博平台考虑的因素主要有：

——事件相关的微博信息数量；

——事件相关的微博信息的转发数、评论数等；

——相关微博账号的粉丝数量、活跃度、认证信息等。

5.3 网络媒体影响力

网络媒体代表着主流媒体机构的舆论场，有着信息相对权威、可信度较高、单位影响力较大等特点。网媒平台考虑的因素主要有：

——事件相关的网媒报道信息数量；

——网媒排名和行业相关性。

6 评价流程和模型

第一步：输入包含热点事件的关键词。

为了能够准确地通过网络上用户所发布的信息查找到涉及某一事件的信息，可以限定所要查找的目标信息；当接收到用户的输入指令后，能够快速地从该输入指令中分析出本次所要查找的关键词，而关键词之间的连接方式本方案并不限定，可以通过数学符号来连接，如"＋""×"等；也可以通过文字描述来连接，如"和""与"等；还可以通过"空格"来连接。

第二步：将输入指令中的关键词进行映射处理，获得关键词集合。

为了确保关键词的充分全面，可以采用映射函数对输入指令中所含的关键词进行映射处理，以便从网络媒体平台的信息中获取更多关于该事件的信息。

第三步：将多个网络媒体平台进行分类，主要分为微博和网媒两大类型。

为了使获得的热点事件的网络影响力值的评估结果更为真实地反映出该事件在网络传播中所形成的影响力的大小，需要考虑现今网络中所形成的涉及文化品牌行业的网络媒体平台各自具备的特性，比如交互性、即时性、海量性、共享性、个性化、社群化、随意性等任意一个或多个的组合，并将全部网络媒体平台按照各自的特性进行分类，以便能够根据不同网络平台的特性计算出相应的热点事件的网络影响力值。

如在微博平台上注册的所有用户可以随时分享、获取信息，不受时间、地点等其他因素的限制；而微博媒体平台作为一种分享与交流的平台，更注重内容呈现的随意性，方便用户将一段时间内的所见、所闻、所感通过微博平台呈现给其他用户。

接下来，系统将分成两个流程来分别处理微博信息和网媒信息，分别计算热点事件信息的微博平台影响力值和热点事件信息的网媒平台影响力值。两个流程分别独立而且同时进行，最终将计算的两个平台的影响力值相加得出总体的网络影响力值。

第四步：利用获得的关键词集合，获取微博平台中包含关键词集合的所有信息。

利用第二步获取的关键词集合，在微博平台中查找和命中符合关键词集合的所有信息，并将这些信息存储下来。针对关键词集合，在微博中搜索包含上述关键词集合的信息，并将这些微博信息保存下来作为下一步分析的基础。

第五步：利用获得的关键词集合，获取网媒平台中包含关键词集合的所有信息。

利用第二步获取的关键词集合，在网媒平台中查找和命中符合关键词集合的所有信息，并将这些信息存储下来。针对关键词集合，在网站中搜索包含上述关键词集合的信息，并将这些网媒信息保存下来作为下一步分析的基础。

第六步：获取上述微博信息的描述性信息。

针对第四步获取的微博信息，进一步采集这些微博信息的描述性信息，如发布微博的用户的粉丝数、微博的转发数、微博的点赞数等，并将这些描述性信息存储下来作为下一步分析的基础。例如在新浪微博中，利用某事件关键词集合获取了 402 条微博信息，再分别获取这 402 条信息中的每条信息的转发总数、点赞总数、微博发布人的粉丝总人数等描述性信息，最后将获取到的 402 个微博描述性信息集合，用于为后续针对微博平台进行评估分析提供基础分析数据。完成以上程序后，执行第八步。

第七步：获取上述网媒信息的描述性信息。

针对第六步获取的网媒信息，进一步采集这些网媒信息的描述性信息，主要有描述发布信息的网站的信息和描述信息本身的其他信息，如发布信息的网站的名称、URL、网站的浏览统计数据和搜索引擎数据、信息本身的标题时间等信息。将以上这些信息存储下来，并执行第九步。

第八步：利用微博信息的描述性信息确定出微博平台网络影响力指标向量集合。

为了计算热点事件信息的微博平台影响力，需要就搜集而来的微博平台中的热点事件信息的各类描述信息进行分析，并最终确定通过哪些维度来计算微博信息的影响力。通过分析得知，影响一条微博信息的影响力的主要因素有两大类：粉丝数量和信息质量。前者通过发布信息的微博用户的粉丝数得来，后者可以通过这条信息的转发数量和点赞数量来确定。并且，一般来说，转发数量对于一条信息的传播影响力要大于点赞数量的影响。例如利用某关键词集合获取了 402 条微博信息，那么针对每条信息都保存其发布用户的粉丝数、本条信息的转发数、本条信息的点赞数，最后将所有 402 条信息的这些数据全都存储下来，并用于以后的计算。

第九步：利用网媒信息的描述性信息确定出网媒平台网络影响力指标向量集合。

为了计算热点事件信息的网媒平台影响力，需要就搜集而来的网媒平台中的热点事件信息的各类描述信息进行分析，并最终确定通过哪些维度来计算微博信息的影响力。通过分析得知，影响一条网媒信息的影响力的因素主要有两个：网站排名和行业相关性。先通过抓取发布信息的网站的谷歌 PR 值得来网站排名；之后，依据网站与文化行业的相关度，赋予这个网站一个 0~10 的等级评定指数，等级评定指数的数值越大，则表示这个网站与文化行业的相关性越大，以此来参与其影响力值的计算。

第十步：将获得的微博平台网络影响力指标向量集合代入微博平台影响力值计算公式：

$$I(FW) = \sum_{k=1}^{L}[a \times Norm(FWfan_k) + 0.7 \times (1-a) \times Norm(FWforwards_k) + 0.3 \times (1-a) \times Norm(FWthumb_k)]$$

微博影响力值代表着热点事件信息在微博中的影响力。首先，根据微博的特点，确定了计算微博影响力值的指标，分别为单个个体的粉丝数量 $FWfans_k$、单条信息的转发数量 $FWforwards_k$ 和点赞数量 $FWthumb_k$。以新浪微博为例，关于某个热点事件信息的微博条数有 422 条，那么每条信息的发布者所拥有的粉丝数量，直接影响了该信息的曝光量和转发量，粉丝数量越多，所能带来的曝光和转发就越多，就越能影响该信息的传播和二次传播。单条信息的转发数量和点赞数量代表着该条信息的质量，点赞数量代表着受到该条信息辐射的网络用户对于该条信息的认同程度，点赞数量越多代表着该条信息所能引起的认可度越高，而转发数量不仅能够反应网络用户对于该条信息的认可程度，更能体现出网络用户对于传播该条信息的积极性。其次，为了便于计算，利用 Norm（）将以上三个指标的值转化为 Sigmond 标准化值。再次，基于以上对于影响力指标的确定和重要性判断，以及对海量真实数据的分析和挖掘，来赋予上述三个指标相应的权重。其中，粉丝数量和信息质量（包括转发数量和点赞数量）的权重分别为 a 和 $1-a$，而对于信息质量来说，转发数量和点赞数量分别占到其权重的 0.7 和 0.3，即转发数量所带来的信息影响力要远大于点赞数量所带来的影响力，即转发数量和点赞数量在微博影响力值总体中所占权重为 $0.7 \times (1-a)$ 和 $0.3 \times (1-a)$。最后，在取得各指标标准化值和确定所占权重之后，将 L 条信息的单条信息影响力值相加，即可以得出热点事件信息的微博影响力值，并执行第十二步。

Norm（）函数的具体计算公式为：

$$Norm(t) = \frac{1}{1+e^{-t}}$$

其中，t 为第一网络影响力指标向量所包含的 $FWfans_k$，$FWforwards_k$，$FWthumb_k$ 中的任意一个。

第十一步：将获得的网媒平台网络影响力指标向量集合代入网媒平台影响力值计算公式：

$$I(FN) = \sum_{k=1}^{M}[b \times Norm(FNpr_k) + (1-b) \times Norm(FNrank_k)]$$

网媒影响力值代表着热点事件信息在网媒中的影响力值。首先，根据网媒的特点，确定了计算网媒影响力值的指标分别为网站的谷歌 PR 值即 $FNpr_k$、网站的行业相关性 $FNrank_k$。

例如针对关键词集合，在网站中搜索包含上述关键词集合的信息，最终得到符合搜索条件的热点事件信息 90 条。那么网站的谷歌 PR 值代表着网站的受欢迎程度，PR 值越高，代表着网站越流行越重要，能够给信息带来大量的曝光和传播。

其次，网站的相关性值也决定了信息在网站中的传播能否垂直和深入。基于以上对于影响力指标的确定和重要性判断，以及对于海量真实数据的分析和挖掘，来赋予上述三个指标相应的权重。谷歌 PR 值和网站的行业相关性的权重分别为 b 和 $1-b$。最后，在取得各指标标准化值和确定所占权重之后，将 L 条信息的单条信息影响力值相加，即可以得出热点事件信息的网媒影响力值，并执行第十二步。

第十二步：计算热点事件的网络影响力总值：

$$I(F) = c \times I(FW) + (1-c) \times I(FN)$$

热点事件的网络影响力总值是通过赋予热点事件信息的微博影响力值和网媒影响力值以相应的权重来计算得出的。在前述的步骤中，计算获得了热点事件信息的微博影响力值 $I(FW)$ 和网媒影响力值 $I(FN)$，将微博影响力值赋予权重 c，网媒影响力值赋予权重 $1-c$，对其进行求和，即可得出热点事件信息的网络影响力总值。

附录 A

（规范性附录）

互联网文化品牌热点事件影响力评价指标体系及说明

本附录规定了互联网文化品牌热点事件影响力评价指标和指标分值分配，满分为 100 分，详见表 A.1。

表 A.1 互联网文化品牌热点事件影响力评价指标体系及说明

一级指标（分值）	二级指标（分值）	评价内容
微博影响力（40）	粉丝数（20）	事件传播覆盖人数
	转发数（56）	传播广度
	点赞数（24）	传播深度
网媒影响力（60）	谷歌 PR 值（70）	网站影响力
	行业相关性（30）	和互联网文化行业的关联性

参考文献

一　中文文献

（一）专著类

1. 范周：《中国文化产业 40 年回顾与展望》，商务印书馆，2019。
2. 范周：《中国文化产业重大问题新思考》，商务印书馆，2019。
3. 陈序经：《文化学概观》，中国人民大学出版社，2005。
4. 陆扬、王毅：《文化研究导论》，复旦大学出版社，2006。
5. 肖前：《马克思主义哲学基本原理》，中国人民大学出版社，1994。
6. 向勇：《文化产业导论》，北京大学出版社，2015。
7. 林拓、李惠斌、薛晓源：《世界文化产业发展前沿报告》，社会科学文献出版社，2004。
8. 孙连才：《文化产业教程》，中国传媒大学出版社，2012。
9. 蔡军、〔美〕托马斯·洛克伍德、王晨升、唐裔隆、刘吉昆主编《设计驱动商业创新：2013 清华国际设计管理大会论文集》（中文部分），北京理工大学出版社，2013。
10. 彭翊主编《中国文化企业品牌发展报告（2018）》，社会科学文献出版社，2018。
11. 〔美〕戴维·阿克：《管理品牌资产》，吴进操、常小虹译，机械工业出版社，2019。
12. 〔法〕让·诺尔·卡菲勒：《战略性品牌管理》，王建平、曾华译，商务印书馆，2000。

13. 王建功主编《中国企业品牌价值评估报告（2017~2018）》，社会科学文献出版社，2018。
14. 〔美〕约瑟夫·熊彼特：《经济发展理论》，郭武军译，中国华侨出版社，2020。
15. 杜平、于施洋：《中国政府网站互联网影响力评估报告（2013）》，社会科学文献出版社，2013。
16. 许树柏：《层次分析法原理：实用决策方法》，天津大学出版社，1988。
17. 刘军：《社会网络分析导论》，社会科学文献出版社，2004。
18. 刘鹏：《大数据》，电子工业出版社，2017。
19. 李宁：《Python 爬虫技术：深入理解原理、技术与开发》，清华大学出版社，2019。
20. Tom White：《Hadoop 权威指南》，清华大学出版社，2011。

（二）期刊类

1. 刘震：《改革开放以来我国文化体制改革进程的全景分析》，《清江论坛》2013 年第 9 期。
2. 张晓明：《中国文化产业发展之历程、现状与前瞻》，《山东社会科学》2017 年第 10 期。
3. 习近平：《坚定文化自信，建设社会主义文化强国》，《求是》2019 年第 12 期。
4. 尉军平：《文化企业的品牌价值评价方法研究》，《文化产业导刊》2019 年第 4 期。
5. 刘鹏：《文化软实力竞争与我国文化软实力建设的路径选择》，《中共浙江省委党校学报》2011 年第 5 期。
6. 梁权、谢天雪：《新形势下信息文化与人才素养的建构》，《河北企业》2007 年第 3 期。
7. 童世俊：《提高国家文化软实力：内涵、背景和任务》，《毛泽东邓小平理论研究》2008 年第 4 期。
8. 刘靖北：《四句经典表述给理论传播带来的启示》，《青年记者》2019 年第 7 期。
9. 霍桂桓：《文化软实力的哲学反思》，《学术研究》2011 年第 3 期。

10. 周正兵：《大卫·索斯比文化经济学思想述评》，《山东大学学报》（哲学社会科学版）2016 年第 6 期。

11. 苑捷：《当代西方文化产业理论研究概述》，《文化研究》2004 年第 5 期。

12. 李凤亮、宗祖盼：《中国文化产业发展：趋势与对策》，《同济大学学报》（社会科学版）2015 年第 1 期。

13. 刘军：《美国文化产业发展现状与启示》，《乌蒙论坛》2008 年第 3 期。

14. 王仲君、彭娟娟：《出版业与文化的相关性分析》，《统计与决策》2007 年第 5 期。

15. 张晓春、卢润德：《当前我国文化产业存在的问题及对策》，《商场现代化》2007 年第 29 期。

16. 魏鹏举：《中国文化产业投融资的现状与趋势》，《前线》2014 年第 10 期。

17. 王玉娟：《品牌资产的概念界定及其与评估的关系》，《集团经济研究》2007 年第 13 期。

18. 田地：《论品牌战略问题》，《商业文化月刊》1999 年第 2 期。

19. 佚名：《从品牌形象到品牌资产》，《广告主》2012 年第 12 期。

20. 贺鹏：《中小企业品牌建设的策略》，《企业研究》2009 年第 4 期。

21. 吴洪刚：《互联网加速品牌资产升值与贬值》，《河南畜牧兽医》（市场版）2015 年第 9 期。

22. 王新新：《品牌本体论》，《企业研究》2004 年第 8 期。

23. 崔巍：《我国房地产企业品牌建设的分析与研究》，《中国房地产》2016 年第 2 期。

24. 李艳：《文化产业的品牌管理》，《理论建设》2008 年第 4 期。

25. 欧阳有权：《我国文化品牌发展现状、问题及对策》，《黑龙江社会科学》2008 年第 5 期。

26. 刘金祥：《论创建文化品牌的现实意义》，《现代经济探讨》2012 年第 3 期。

27. 何宇：《"一带一路"战略下我国文化产业国际化问题研究》，《郑州大学学报》2017 年第 2 期。

28. 王昕：《数字品牌评估的理论溯源及价值延展》，《国际品牌观察》2019

年第 7 期。
29. 丁家永：《品牌资产的变化》，《金融博览》2016 年第 3 期。
30. 于君英、沈蕾、杜芹平：《基于顾客的品牌价值评价》，《统计与决策》2011 年第 14 期。
31. 胡彦蓉：《品牌资产评估方法研究》，《经济研究导刊》2009 年第 23 期。
32. 陈嘉佳：《品牌资产评估模型的研究综述》，《商场现代化》2010 年第 5 期。
33. 符国群：《Interbrand 品牌评估法评介》，《外国经济与管理》1999 年第 11 期。
34. 张潇兰：《研究方法及评价指标体系简介》，《中国投资》2006 年第 10 期。
35. 张露：《企业品牌价值会计计量研究》，《经济研究导刊》2010 年第 13 期。
36. 张放、赵春艳、张伟：《品牌竞争力评价方法综述》，《当代经济》2009 年第 17 期。
37. 郑成思：《"自己与自己比"：论商标的价值评估》，《国际贸易》1997 年第 7 期。
38. 卢泰宏：《品牌资产评估的模型与方法》，《中山大学学报》（社会科学版）2002 年第 3 期。
39. 徐瑞平、阎东明、孙伟：《基于消费者态度的品牌资产评估方法构建》，《长安大学学报》（建筑与环境科学版）2003 年第 4 期。
40. 张伟峰、万威武：《国内外知名品牌价值之比较：一种网络优势评估分析》，《商讯：商业经济文荟》2004 年第 2 期。
41. 周晓东、张胜前：《品牌资产评估方法的分析与比较》，《经济师》2004 年第 4 期。
42. 李友俊、崔明欣：《品牌价值构成及灰色评估》，《商业时代》2005 年第 24 期。
43. 黄鹰：《关于品牌价值因果定量评估法的几个问题》，《开放导报》2005 年第 6 期。
44. 孙永彩：《期股权投资成本法转权益法问题及其对策》，《财会通讯》2011 年第 13 期。

45. 戴远、金占明：《品牌价值及其评估方法》，《上海企业》2003年第5期。
46. 王玉娟：《"中国最有价值品牌评估法"评析》，《财会研究》2007年第12期。
47. 李向辉、李晓辉：《基于计算机数据分析的品牌价格平衡模型》，《高科技与产业化》2005年第12期。
48. 胡彦蓉：《品牌资产评估方法研究》，《经济研究导刊》2009年第23期。
49. 夏娟：《品牌价值评估方法的比较分析》，《对外经贸》2012年第5期。
50. 楼艺婵：《民族手工艺品牌价值综合评价体系研究——以新华村"寸四""寸发标"银器为研究对象》，《学术探索》2016年第3期。
51. 王成荣、王玉军：《老字号品牌价值评价模型》，《管理评论》2014年第6期。
52. 钱明辉、陈丹、郎玲玉等：《中华老字号品牌评价研究：基于新闻文本的量化分析》，《商业研究》2017年第1期。
53. 尉军平：《文化品牌互联网影响力评估研究》，《文化产业导刊》2020年第1期。
54. 刘思强、杨伟文：《基于风险规避的消费者品牌选择行为的经济学分析》，载《消费经济》2010年第1期。
55. 唐世龙：《基于顾客价值优势的品牌竞争力评价分析》，《商场现代化》2006年第26期。
56. 余可发：《基于顾客价值优势的品牌竞争力评价分析》，《商业研究》2006年第8期。
57. 欧阳洁：《基于顾客品牌权益价值的三维度概念模型基本评价框架》，《商业研究》2003年第12期。
58. 纪雪洪、张思敏、杨一翁等：《产品微小属性对品牌评价的影响：基于产品核心价值视角》，《预测》2018年第5期。
59. 周懿瑾、许娟娟、高辉：《广告信息的文化相容性对标志性品牌评价的影响》，《江苏商论》2011年第3期。
60. 蒋熙韬、孟鹏、谭昊桐：《文化品牌价值评价方法研究》，《中国商论》2020年第7期。
61. 刘凤军、李敬强、李辉：《企业社会责任与品牌影响力关系的实证研究》，《中国软科学》2012年第1期。

62. 宋宝香、杨璧霞：《移动互联网时代服装企业提升品牌影响力的路径研究：基于优衣库的案例分析》，《中国棉花加工》2017年第5期。

63. 杨玉新：《"互联网+"背景下大连文化创意品牌的发掘与构建》，《长春大学学报》2017年第5期。

64. 陈珺、陈辛夷、苏宇：《基于大数据的媒体传播分析及影响力评估应用创新》，《中国传媒科技》2017年第10期。

65. 戴艳清、戴柏清：《我国公共数字文化网站互联网影响力评估研究》，《图书馆建设》2019年第5期。

66. 张思怡、钟瑛：《微信公众号影响力指数建构与量化评估》，《重庆邮电大学学报》（社会科学版）2019年第3期。

67. 俞敏、刘德生：《全媒体时代提升科技期刊品牌影响力策略研究》，《中国科技期刊研究》2016年第12期。

68. 金铧：《上海文化品牌国际影响力研究——以东方卫视为例》，《西部广播电视》2014年第19期。

69. 苏勇军：《海洋类节庆品牌影响力提升研究——以中国（宁波）国际港口文化节为例》，《海洋经济》2012年第2期。

70. 潘怿娇：《"互联网+"时代如何提升城市台节目的品牌影响力——以中山广播电视台〈法律天地〉为例》，《视听》2016年第3期。

71. 黄群：《用互联网思维提升邮乐网品牌影响力》，《中国邮政报》2018年第7期。

72. 王黎明、刘文学、王越：《互联网知识经济环境下的茶品开发与设计研究》，《福建茶叶》2018年第10期。

73. 龙湘洋、王忠云：《民族文化旅游品牌资产价值评价研究——以大湘西为例》，《经济研究导刊》2010年第31期。

74. 崔凤军、顾永键：《景区型目的地品牌资产评估的指标体系构建与评估模型初探》，《旅游论坛》2009年第1期。

75. 曹晓鲜：《基于协同的湖南西部民族文化生态旅游品牌资产研究》，《湖南师范大学社会科学学报》2010年第1期。

76. 孟鹏、谭昊桐：《广播媒体文化品牌价值影响因素及评价指标体系研究》，《中国商论》2019年第24期。

77. 吕莹：《出版文化品牌价值影响因素及评价指标体系研究》，《品牌研究》2020 年第 14 期。

78. 赵建坤：《推动质量技术创新，助力制造强国战略——纪念中国质量协会质量技术奖设立十周年》，《中国质量》2015 年第 7 期。

79. 徐浩然：《企业品牌理论研究及战略运用》，《南京社会科学》2008 年第 7 期。

80. 杨振武：《擦亮中国品牌"金名片"》，《人民论坛》2015 年第 15 期。

81. 梁城城、胡智、李业强等：《国际品牌价值评价方法及最新进展》，《管理现代化》2018 年第 6 期。

82. 林深：《亚洲品牌崛起》，《中国经济周刊》2007 年第 21 期。

83. 沙海琴：《品牌定位在市场营销战略中的地位》，《商场现代化》2018 年第 24 期。

84. 华文：《媒介影响力经济探析》，《国际新闻界》2003 年第 1 期。

85. 艳琳：《大数据在生活中如何应用》，《科学大观园》2013 年第 12 期。

86. 唐燕、刘仁权、王苹：《基于 Hadoop 的高校大数据平台的设计与实现》，《信息技术》2017 年第 12 期。

87. 廖亮、虞宏霄：《基于 Hadoop 的医疗大数据分析系统的研究与设计》，《计算机系统应用》2017 年第 4 期。

88. 高洪、杨庆平、黄震江：《基于 Hadoop 平台的大数据分析关键技术标准化探讨》，《信息技术与标准化》2013 年第 5 期。

89. 韩朵朵、刘会杰、许爱雪：《基于 Hadoop 生态系统的大数据解决方案》，《石家庄铁路职业技术学院学报》2019 年第 2 期。

90. 张海涛：《基于 Hadoop 的大数据计算之研究》，《电子测试》2019 年第 4 期。

91. 负佩、晁玉蓉、樊华等：《基于 Hadoop 的数据分析系统设计》，《数字技术与应用》2019 年第 3 期。

92. 秦东旭、徐瑾、吕明等：《基于 Hadoop 的用户行为数据分析系统的设计》，《工业控制计算机》2019 年第 10 期。

93. 何婕：《基于 Hadoop 的数据存储系统的分析和设计》，《商情》2015 年第 11 期。

94. 师昕、赵雪青：《新型的面向新闻评论摘要采集算法》，《计算机系统应用》2017 年第 1 期。

95. 李贵林、杨禹琪、高星等：《企业搜索引擎个性化表示与结果排序算法研究》，《计算机研究与发展》2014年第1期。
96. 张晓凤、王秀英：《灰狼优化算法综述》，《计算机科学》2019年第3期。
97. 马建光、姜巍：《大数据的概念、特征及其应用》，《国防科技》2013年第2期。
98. 廖寒逊、滕欢、卢光辉：《基于MapReduce的电力大数据增量式属性约简方法》，《电力系统自动化》2019年第15期。
99. 勾志竟、宫志宏、徐梅等：《基于Spark的Canopy-FCM在气象中的应用》，《计算机技术与发展》2020年第8期。
100. 李耘书、滕飞、李天瑞：《基于微操作的Hadoop参数自动调优方法》，《计算机应用》2019年第3期。
101. 陈家宇、胡建军：《MobiWay应用中基于Hadoop的多目标多任务调度算法》，《计算机应用与软件》2020年第5期。
102. 曹菁菁、任欣欣、徐贤浩：《基于并行Apriori的物流路径频繁模式研究》，《计算机工程与应用》2019年第8期。
103. 江永洪：《陕西省汽车零部件产业集群网设计与实现》，《微型电脑应用》2019年第12期。
104. 李芳菊：《基于Hadoop的网络行为大数据安全实体识别系统设计》，《现代电子技术》2019年第17期。
105. 林和平、管仁初、王艳：《基于面向对象方法的医疗辅助诊断系统》，《计算机工程》2007年第16期。
106. 卢爱芬：《基于Hadoop的大数据处理系统分析与研究》，《现代信息科技》2020年第4期。
107. 崔杰、李陶深、兰红星：《基于Hadoop的海量数据存储平台设计与开发》，《计算机研究与发展》2012年第1期。
108. 赵彦荣、王伟平、孟丹等：《基于Hadoop的高效连接查询处理算法》，《软件学报》2012年第8期。
109. 焦秀华、刘立群、刘春霞：《基于Hadoop的大规模图像数据处理》，《太原科技大学学报》2020年第2期。
110. 李文航、余恒奇：《基于Hadoop平台的数据分析和应用》，《微型电脑应用》2019年第11期。

111. 甄海涛、王金玉、杨卓林：《基于 hadoop 大数据平台的数据安全研究》，《自动化技术与应用》2019 年第 8 期。

112. 王丹、赵凯、王毅等：《基于 Hadoop 平台的船舶通信数据高效传输方法研究》，《舰船科学技术》2020 年第 10 期。

113. 胡程、叶枫：《一种高效的 Flink 与 MongoDB 连接中间件的研究与实现》，《计算机工程与应用》2019 年第 23 期。

114. 高军、黄献策：《基于 Hadoop 平台的相关性权重算法设计与实现》，《计算机工程》2019 年第 3 期。

115. 勾志竟、任建玲、徐梅等：《基于 Hadoop 的 GA-BP 算法在降水预测中的应用》，《计算机系统应用》2019 年第 9 期。

116. 尹乔、魏占辰、黄秋兰等：《Hadoop 海量数据迁移系统开发及应用》，《计算机工程与应用》2019 年第 13 期。

117. 曾毅、周湘贞：《大数据环境下基于 Hadoop 框架的改进 Apriori 挖掘算法》，《机床与液压》2019 年第 6 期。

118. 潘俊辉、张强、王辉等：《Hadoop 平台下实现关联规则挖掘的优化算法》，《计算机与数字工程》2020 年第 10 期。

119. 余道敏、肖伟明、张重齐：《智慧平安社区大数据云服务平台研究与设计》，《电子设计工程》2019 年第 6 期。

120. 崔英杰：《云雾网络架构的大数据分析平台研究》，《电子设计工程》2020 年第 5 期。

121. 鲁志芳：《基于 Hadoop 技术的大数据分析应用系统的研究与设计》，《电子设计工程》2019 年第 16 期。

122. 罗祖兵、杨晓敏、严斌宇：《基于 Hadoop 和 Spark 的雷达数据序列模式挖掘系统》，《计算机应用》2019 年第 11 期。

123. 袁泉、常伟鹏：《基于 Hadoop 平台的图书推荐服务 Apriori 优化算法》，《现代电子技术》2019 年第 1 期。

124. 戴伟敏：《基于 Hadoop 平台 FP-Growth 算法并行化研究与实现》，《宁夏大学学报》（自然科学版）2020 年第 1 期。

125. 谢国波、姚灼琛：《用于 Hadoop 平台的混沌加密研究与实现》，《计算机应用研究》2019 年第 11 期。

126. 金伟、余铭洁、李凤华等：《支持高并发的 Hadoop 高性能加密方法研究》,《通信学报》2019 年第 12 期。

127. 王晋月:《基于 Hadoop 平台的图书推荐方法研究》,《电子设计工程》2019 年第 24 期。

128. 任树怀:《LUCENE 搜索算法剖析及优化研究》,《图书馆杂志》2014 年第 12 期。

129. 白培发、王成良、徐玲:《一种融合词语位置特征的 Lucene 相似度评分算法》,《计算机工程与应用》2014 年第 2 期。

130. 郭玉栋、左金平:《基于霍普菲尔德网络的云作业调度算法》,《系统仿真学报》2019 年第 12 期。

131. 赵亮、陈志奎:《大数据算法库教学实验平台设计与实现》,《实验技术与管理》2020 年第 6 期。

132. 张素琪、孙云飞、武君艳等:《基于 Spark 的并行频繁项集挖掘算法》,《计算机应用与软件》2019 年第 2 期。

133. 赵桂升、潘善亮:《基于 IRGAN 模型和 Hadoop 的电影推荐系统的设计》,《计算机应用与软件》2019 年第 5 期。

134. 齐小刚、胡秋秋、刘立芳:《基于 MapReduce 的并行异常检测算法》,《智能系统学报》2019 年第 2 期。

135. 刘军、李威、吴梦婷:《Hadoop 平台下新型图像并行处理模型设计》,《计算机工程与应用》2019 年第 2 期。

136. 倪星宇:《基于 Hadoop 云计算平台的构建》,《微型电脑应用》2020 年第 4 期。

137. 刘云恒:《云环境下基于群智能算法的大数据聚类挖掘技术》,《现代电子技术》2019 年第 10 期。

138. 李家华:《基于大数据的人工智能跨境电商导购平台信息个性化推荐算法》,《科学技术与工程》2019 年第 6 期。

139. 张瑞聪、任鹏程、房凯:《Hadoop 环境下分布式物联网设备状态分析处理系统》,《计算机系统应用》2019 年第 2 期。

140. 颜冰、王钟雷:《基于 Storm 的大数据指标实时计算方法》,《计算机系统应用》2019 年第 1 期。

141. 白茹:《基于云计算和 Hadoop 的网络舆情监控系统设计》,《电子设计工程》2019 年第 8 期。

142. 赵恩毅、王瑞刚：《基于 Hadoop 平台的聚类协同过滤推荐方法研究》，《计算机与数字工程》2019 年第 6 期。

143. 伍衡、林志波、于海波：《基于大数据技术的配电网综合分析应用关键技术研究》，《科技通报》2020 年第 7 期。

144. 张志禹、侯凯、李晨曦：《分布式 SVR 在短期负荷预测中的研究》，《计算机测量与控制》2019 年第 2 期。

145. 罗平、武斌：《基于人工智能的网络舆情大数据传播特征挖掘系统》，《现代电子技术》2020 年第 6 期。

146. 须成杰、肖喜荣、张敬谊：《基于 Spark 的大数据分析平台的设计和应用》，《中国卫生信息管理杂志》2019 年第 5 期。

147. 杨挺、王萌、张亚健：《云计算数据中心 HDFS 差异性存储节能优化算法》，《计算机学报》2019 年第 1 期。

148. 刘亚梅、闫仁武：《一种基于密度聚类的分布式离群点检测算法》，《计算机与数字工程》2019 年第 6 期。

149. 阿荣、王丹琦：《基于大数据分析的电子商务平台客户精准服务管理方法设计》，《机床与液压》2019 年第 18 期。

150. 王青松、姜富山、李菲：《大数据环境下基于关联规则的多标签学习算法》，《计算机科学》2020 年第 5 期。

151. 王燕、曹建芳、李艳飞：《融合混合优化组合的大规模场景图像分类算法》，《计算机技术与发展》2019 年第 3 期。

152. 吴瑶瑶、杨庚：《云环境下分布式文件系统负载均衡研究》，《计算机工程与应用》2019 年第 10 期。

153. 陆申明、左志强、王林章：《静态程序分析并行化研究进展》，《软件学报》2020 年第 5 期。

154. 刘倍雄、张毅、陈孟祥：《工业大数据时序数据存储安全预警研究》，《机械设计与制造工程》2019 年第 2 期。

155. 《文化部关于印发〈文化部"一带一路"文化发展行动计划（2016—2020 年）〉的通知》，《中华人民共和国国务院公报》2017 年第 12 期。

156. 崔艳天：《重视平台化发展模式 推动文化产业转型升级》，《行政管理改革》2018 年第 1 期。

157. 郑天一、丛昕、张文学：《"互联网+"时代文化产业发展方向研究》，

《行政事业资产与财务》2019 年第 12 期。

158. 吴花花：《文化工业及其现代性根源——从"文化工业：作为大众欺骗的启蒙"说起》，《东南大学学报》（哲学社会科学版）2015 年第 17 卷。

159. 黎元江：《关于发展文化产业的十个问题》，《文化市场》2001 年第 4 期。

160. 史方倩：《中国文化产业发展的双重效益》，《前沿》2011 年第 16 期。

161. 田海明：《文化产业的资本运作及发展之思考》，《学术界》2011 年第 1 期。

162. 蒯金娜、莫菲：《从提高文化软实力到提高中国文化产业竞争力》，《人力资源管理》2018 年第 8 期。

（三）学位论文类

1. 尉军平：《YZ 公司品牌管理研究》，中国政法大学硕士学位论文，2020。
2. 杨佩夫：《论文化对人的自由发展的作用》，安徽大学硕士学位论文，2010。
3. 吴俊：《品牌价值评估理论与方法研究》，上海大学硕士学位论文，2004。
4. 何丽娜：《品牌创新效应及其测评方法研究》，哈尔滨工业大学硕士学位论文，2006。
5. 严圣杰：《奢侈品品牌资产模型构建与实证研究》，上海交通大学硕士学位论文，2013。
6. 马骏：《品牌价值评估方法及应用》，重庆工商大学硕士学位论文，2012。
7. 柳茂森：《消费者品牌知识对品牌忠诚的影响研究》，重庆大学硕士学位论文，2011。
8. 陈颖：《S 卡通品牌评估及再推广策略研究》，中山大学硕士学位论文，2011。
9. 王晓宇：《微博情境下意见领袖对企业品牌的影响力研究》，安徽财经大学硕士学位论文，2015。
10. 魏然：《城市品牌影响力智能评价与优化策略初探》，河北师范大学硕士学位论文，2008。
11. 肖红民：《浙江联合动力传媒广告公司品牌战略研究》，宁波大学硕士学位论文，2015。
12. 杨卫：《品牌价值评估客观性研究——对 Interbrand 评估方法的几点改

进》，华东交通大学硕士学位论文，2006。

13. 张珂鸣：《创新驱动发展战略背景下我国文化产业发展研究》，山东大学硕士学位论文，2015。

（四）报纸类

1. 本报评论员：《用制度优势开创文化兴国新局面——论学习贯彻党的十九届四中全会精神》，《经济日报》2019年11月7日第5版。

2. 孟晓驷：《高科技、全球化浪潮中的文化创新》，《光明日报》2000年11月16日。

3. 刘平均：《加快推动中国品牌走向世界》，《人民日报》2017年7月17日第7版。

（五）网络类

1. 《关于印发〈文化及相关产业分类（2018）〉的通知》，国家统计局，2018年4月23日，http://www.stats.gov.cn/tjgz/tzgb/201804/t20180423_1595390.html。

2. 《皮尤报告：社交媒体首超报纸 成美国成年人首选新闻读物》，凤凰网，2018年12月11日，https://tech.ifeng.com/c/7iXX449JmcK。

3. 中国互联网络信息中心（CNNIC）发布第47次《中国互联网络发展状况统计报告》，中华人民共和国国家互联网信息办公室，2021年2月3日，http://www.cnnic.cn/hlwfzyj/hlwxzbg/hlwtjbg/202102/t20210203_71361.htm。

4. "2019中国文化品牌互联网影响力指数排行榜"隆重发布，搜狐网，2019年9月11日，https://www.sohu.com/a/340285745_100037449。

5. 《IDC预测：到2025年 大数据将性命攸关 白皮书〈Data Age 2025〉下载》，搜狐网，2017年4月26日，https://www.sohu.com/a/136477972_116235。

6. 《2016年我国文化及相关产业增加值比上年增长13%》，国家统计局，2017年9月26日，http://www.stats.gov.cn/tjsj/zxfb/201709/t20170926_1537729.html。

7. 《2017年我国文化及相关产业增加值占GDP比重为4.2%》，国家统计局，2018年10月10日，http://www.stats.gov.cn/tjsj/zxfb/201810/t2018

1010_1626867. html。

8.《2018 年全国文化及相关产业增加值占 GDP 比重为 4.48%》，国家统计局，2020 年 1 月 21 日，http：//www. stats. gov. cn/tjsj/zxfb/202001/t20200121_1724242. html。

9.《2019 年全国文化及相关产业增加值占 GDP 比重为 4.5%》，国家统计局，2021 年 1 月 5 日，http：//www. stats. gov. cn/tjsj/zxfb/202101/t20210105_1812052. html。

二 英文文献

1. Scott A. J., "Cultural-productsIndustries and Urban Economics Development: Prospects for Growth and Market Contestationin Global Context", *Urban Affairs Review*, 2004, 39 (4): 461–490.

2. Konecnik, Maja, and William C. Gartner, "Customer-based Brand Equity for a Tourism Destination", *Annals of Tourism Research*, 2007, 34 (2).

3. Soyoung Boo, James Busser, Seyhums Baloglu, "A Model of Customer-based Brand Equity and Its Application to Multipled Estinations", *Tourism Management*, 2008, 30 (1).

4. Seric, Maja, Gil-Saura lrene, Mikul ic, Josip, "Customer-based Brand Equity Building", *Journal of Vacation Marketing*, 2017 (2).

5. Yong J. Wang, Noel Capon, Valerie Lynette Wang, Chiquan Guo, "Building Industrial Brand Equity on Resource Advantage", *Industrial Marketing Management*, 2018 (72).

6. Y. Liu, B. Wei, Y. X. Du, F. Y. Xiao, Y. Deng, "Identifying Influential Spreaders by Weight Degree Centrality in Complex Networks", *Chaos Solitons Fract.* 86 (2016) 1–7.

7. S. Wen, J. Jiang, B. Liu, Y. Xiang, W. L. Zhou, "Using Epidemic Betweenness to Measure the Influence of Users in Complex Networks", *Journal of Network & Computer Applications* 78 (2017) 288–299.

8. H. L. Liu, C. Ma, B. B. Xiang, M. Tang, H. F. Zhang, "Identifying Multiple Influential Spreaders Based on Generalized Closeness Centrality", *Phys. A* 492 (2018) 2237–2248.

9. Cheung K. F., Bell M. G. H., Pan J. J., et al., "An Eigenvector Centrality Analysis of World Container Shipping Network Connectivity", *Transportation Research Part E: Logistics and Transportation Review*, 2020, 140: 101991.
10. Khafagy O. H., Ibrahim M. H., Omara F. A., "Hybrid-key Stream Cipher Mechanism for Hadoop Distributed File System Security", 2020 *International Conference on Innovative Trends in Communication and Computer Engineering (ITCE)*, 2020.

图书在版编目(CIP)数据

文化品牌评估系统研发与应用/王建功主编. -- 北京：社会科学文献出版社，2021.11
(品牌评价研究丛书/尉军平主编)
ISBN 978-7-5201-8646-9

Ⅰ.①文… Ⅱ.①王… Ⅲ.①文化产业-品牌战略-研究 Ⅳ.①G114

中国版本图书馆 CIP 数据核字（2021）第 142251 号

品牌评价研究丛书
文化品牌评估系统研发与应用

主　　编 / 王建功
副 主 编 / 尉军平　江　成

出 版 人 / 王利民
组稿编辑 / 周　丽
责任编辑 / 杜文婕
责任印制 / 王京美

出　　版 / 社会科学文献出版社·城市和绿色发展分社（010）59367143
　　　　　 地址：北京市北三环中路甲29号院华龙大厦　邮编：100029
　　　　　 网址：www.ssap.com.cn
发　　行 / 市场营销中心（010）59367081　59367083
印　　装 / 三河市龙林印务有限公司

规　　格 / 开　本：787mm×1092mm　1/16
　　　　　 印　张：18.5　字　数：301千字
版　　次 / 2021年11月第1版　2021年11月第1次印刷
书　　号 / ISBN 978-7-5201-8646-9
定　　价 / 158.00元

本书如有印装质量问题，请与读者服务中心（010-59367028）联系

▲ 版权所有 翻印必究